CX 매니저를 위한
고객 경험 관리 바이블

3500개 브랜드의 서비스 혁신 분석

CX 매니저를 위한 고객 경험 관리 바이블

3500개 브랜드의 서비스 혁신 분석

차례

서문	09
머리말	14
들어가며	22

1부 변화하는 고객과 직원의 세계

1장 새로운 고객이 등장했다 … 40
인간 혁명 vs. 디지털 혁명 … 43
가치의 변화 … 46
목적의 재정의 … 53

2장 요즘 고객은 이렇게 반응한다 … 60
동기: 행동을 이끄는 힘 … 63
관심: 주의를 붙잡는 방식 … 70
연결: 디바이스·정보·관계의 흐름 … 77
시계: 시간과 비용의 균형 … 79
지갑: 고객이 지갑을 여는 순간 … 81
구매 여정 … 82

3장 고객 경험의 출발점은 직원이다 … 87
고객 경험과 직원 경험은 한몸이다 … 93
고객 중심 문화, 왜 정착이 어려운가 … 99
직원 경험은 어떻게 구성되는가 … 103

	직원 여정과 생애주기	107
	평가와 피드백	119
	커뮤니케이션 vs. 이해하기	125
	문제 해결과 직원 몰입	132
	직원 경험에 책임지는 법	136
4장	**고객을 중심으로 조직을 구성한다**	**139**
	문제를 정의하는 방법	141
	고객 여정을 위한 조직화	142
	고객 경험에 실패하는 8가지 요인	146
	실패한 고객 경험을 극복하는 5단계	156
	고객과 연결되는 조직이란?	160
5장	**하나의 전략으로 통합한다**	**170**
	고객 경험 마스터 플랜 만들기	172
	'퍼스트 다이렉트' 사례로 보는 통합 설계	183

2부 탁월한 고객 경험을 완성하는 프레임워크

6장	**고객 경험의 여섯 가지 요소**	**210**
	여섯 가지 요소의 탄생	218
	진실성: 신뢰를 만드는 힘	220
	해결책: 나쁜 경험을 되살리는 기술	233
	기대: 예상을 초과하는 만족 설계	242
	시간과 노력: 마찰을 줄이는 프로세스	248
	개인화: 감동을 만드는 맞춤 연결	257
	공감: 마음을 움직이는 이해의 기술	265

7장	**여섯 가지 요소, 이렇게 활용한다**	272
	브랜드 목적과 여섯 가지 요소	273
	디지털 미래를 향한 고객 경험	278
	무엇부터 바꿀 것인가: 실행 우선순위	285
	직원 경험과 고객 경험의 연결	289
	리더십의 출발점	297

8장	**기억에 남는 경험을 설계한다**	307
	기억에 남는 경험 아키텍처: 서열 위치 효과	310
	여섯 가지 요소와 기억에 남는 경험	317
	고객 여정 설계	321
	디지털 환경에서의 구매 경험	331
	측정 프레임워크	334
	고객 여정 분석	336

3부 고객 경험 90일 플랜

9장	**준비**	342
	게임의 규칙	347
	90일 전, 무엇을 준비할 것인가	349

10장	**첫 30일**	351
	1-15일 차: 외부 세계로 향하는 창 열기	352
	16-30일 차: 조직의 실행 능력 고려하기	353

11장	**두 번째 30일**	364
	기술 스캔	366

	고객 여정 지도 만들기	368
	우선순위 정하기	369
12장	**마지막 30일과 그 이후**	**373**
	중간 관리자의 오너십	376
	트로이 마우스 작전이란?	377
	90일 실행의 마지막 단계: 조직 전체의 참여	379
	거버넌스 구조: 8가지 리더십 전략	381
	결론	386
	감사의 글	388
	참고문헌	390

일러두기

- 대부분의 브랜드명은 영어 병기를 하였으나, 한국에서 잘 알려진 브랜드는 영어 병기를 하지 않았습니다.
- 도서명은《 》, 연구 자료와 논문, 잡지명은 < >로 표기하였습니다.
- 괄호 안의 경제 용어 설명은 모두 옮긴이 주입니다.

| 서문 |

 매일 아침, 각자의 목표와 사명, 존재 이유를 실현하겠다는 다짐으로 하루를 시작한다. 인간은 본능적으로 무언가를 성취하고 싶어 한다. 크고 작은 것들, 기발함, 관련성 있는 것, 지속적인 것, 스쳐 지나가는 것, 기초적인 것, 인생을 바꿀 만한 것, 기억에 남는 것들에 이르기까지 다양한 것들을 성취하고 싶은 욕구가 있다. 마찬가지로 여정 속에서 우리는 고객이자 소비자이며, 비즈니스 중심의 존재이면서도, 직원, 시민, 동료가 될 수 있는 다양한 선택지가 있다. 여기서 변하지 않는 점은 우리 모두가 인간이라는 점이다.
 또한, 우리에게 잘해주는 사람들이 우리에게 어떤 기분을 느끼게 해줄지도 잘 알고 있다. 좋은 경험이 어떤 느낌인지 알고 있고, 그 경험을 가치 있게 만드는 사람들과 함께하기를 원한다. 이것은 경험을

전달하는 사람들과 그 경험을 받는 사람들을 포함하여 경험에 참여하는 모든 주체에게 적용된다.

대부분은 훌륭했던 경험과 끔찍했던 경험에 관한 이야기를 한두 가지쯤은 기억하고, 생생하게 말할 수 있다. 어조, 목소리의 크기, 감정을 통해 앞으로 소중한 시간과 자원, 에너지를 어디에 사용할 것인지, 어디에는 사용하지 않을 것인지를 분명히 드러낸다. 디지털 세계에서는 이러한 관점이 더욱 증폭된다.

전 세계의 고위 경영진과 직원들은 조직의 성장을 촉진하기 위해 고객을 유지할 수 있도록 훌륭한 경험을 제공하고 싶다고 말한다. 매일 아침 전 세계 수천 명의 회사 직원들이 고객 서비스라는 목표를 달성하고자 출근한다. 사람들은 대부분 훌륭한 업무를 하고, 서로 정서적으로 연결되고, 고객을 위해 훌륭한 경험을 만들고 싶어 한다. 운이 좋은 소수에게는 이러한 목표를 추구하는 일이 활기차고 인간적이며 삶의 질을 향상하는 영역에 속하겠지만, 다수의 사람에게는 그렇지 않다. 그들에게는 그저 구식 프로세스, 단절된 시스템, 그리고 깨진 조직문화와 씨름하며 또 다른 좌절된 하루를 보내게 할 뿐이다.

전 세계의 비즈니스 리더들은 높은 성장과 이익 달성을 이뤘다는 증거를 찾기 위해 매달 회사의 거래와 예측 자료들을 연구한다. 그러나 이 과정에서 많은 리더가 신중하게 수립한 전략, 전술, 투자, 열정이 결과물로 이어지지 않았다는 사실을 깨닫고 좌절감을 느낀다. 많은 이들이 기술을 통해 방향을 바꾸려 하지만, 여전히 수익성 있고 의미 있는 고객 경험을 제공하는 방식으로 시장을 변화시키고 대응하는 데 어려움을 겪고 있다.

반드시 그렇게 될 필요는 없다. 탁월성에 이르는 길은 진화하고 있지만, 그 여정 속에는 우리를 도와줄 수 있는 핵심 이정표와 지침들이 존재한다. 각 기업의 여정이 저마다 다르지만, 앞서 나아간 리더들의 경험에서 얻을 수 있는 교훈들이 존재한다. 교훈들은 조직이 의지만 있다면 연구하여 선택할 수 있는 길이다. 이 책은 바로 그 접근 방식에 관한 이야기를 담고 있다.

나의 동료인 데이비드와 팀은 2010년 영국에서 CEEC Customer Experience Excellence Centre를 공동 설립하였다. 그들은 훌륭한 고객 경험을 제공하고, 동시에 기업과 고객, 직원, 주주 모두에게 강력한 성과를 창출하는 리더의 조건을 정량화하고 체계화하였다. 공동 작업을 시작하고서 여섯 가지 요소의 단순함과 강력한 실용성에 깊은 인상을 받았다. 여섯 가지 요소들은 끊임없이 변화하는 시장의 경험적 요구 사항들을 탐색하는 여러 방법에 대해 명확히 설명하고 있었다.

공동 작업 과정에서 이 연구의 대상을 전 세계로 확장하기로 하였다. 처음에는 호주, 미국, 영국과 같은 특정 국가의 보고서가 포함되었으며, 최근에는 34개 세계 시장으로 확장하여, 3,500개 이상의 브랜드를 조사해왔다. 이 조사로 누가 시장을 이끌고, 어떻게 업무를 수행하는지, 그리고 각자가 어려움을 겪고 있는 비즈니스 과제에 이 리더들의 원칙을 어떻게 적용할 수 있는지 알 수 있었다.

조사 결과와 다양한 참고자료를 바탕으로, 저자들은 자신들이 얻은 인사이트를 한 권의 책으로 정리했다. 책에는 더 인간적이고 긴밀한 연결을 바탕으로 비즈니스를 성장시키는 방법이 담겨 있다.

따라서 이 책은 훌륭함을 추구하는 기업들에게 막연한 희망을 제시하는 등대가 아니라, 비즈니스를 앞으로 나아가게 하는 실질적인 안내서이다. 또한, 순차적인 프로세스가 고객, 직원, 시장 참여를 개선하는 과정에 관해 설명한다. 이 교훈들은 수백만 개의 고객 데이터 재무 분석, 비즈니스 리더와 실시한 수백 건의 인터뷰를 토대로 얻은 것이다.

이 책은 고객, 직원, 학생, 주주, 규제 기관 또는 공급업체 등 시장에 참가하고자 하는 모든 사람이 반드시 읽어야 할 필수 서적이라고 생각한다. 각자의 관점에서 상황을 되짚어보고, 이정표마다 어떤 의미가 담겨 있는지 곰곰이 생각해보면 좋겠다.

이 책의 장점은 앞서간 리더들의 지식을 배울 수 있다는 것이다. 다만 아쉽게도, 문제를 단숨에 해결할 방법은 없다. 그동안 고객 전문가와 기술 전문가들이 이렇게만 하면 성공을 보장할 수 있다고 수없이 약속했지만, 하나의 요인만으로 성공을 보장할 수는 없다. 실제로 여정은 다면적이며, 조직이 통합적이고 유기적인 방식으로 여러 과제를 동시에 수행해야 함을 의미한다. 그러기 위해서는 소비자, 직원, 이해 관계자들의 요구 사항들, 즉 끊임없이 변화하는 시장 수요에 대한 올바른 이해가 필요하다. 또한, 실행은 정보에 기반하고, 관리되며, 연결되고, 정렬된 방식으로 이루어져야 한다는 점을 이해하는 수고로움을 요구한다. 각각의 요소는 서로를 강화하는 방식으로 작동해야 한다. 이는 새로운 형태의 리더십을 요구한다.

비록 쉽지 않아 보일 수 있지만, 세계 각국에는 탁월함의 과학과 기술을 선보인 선도 기업들이 있다. 그 중심에는 인간적인, 감정적 연결이 있으며, 이는 고객과 동료들에게 더 나은 경험을 제공하고, 결과적으로 주주에게도 긍정적인 가치를 창출한다.

불확실하고 불안정한 시기일수록, 비즈니스와 사람 중심의 탁월성에 대한 교훈들이 그 어느 때보다 중요하다고 강조하고 싶다.

– 훌리오 헤르난데즈 Julio Hernandez
글로벌 고객 COE 책임자
미국 고객 자문 실무 책임자
미국 KPMG

| 머리말 |

지난 12년 동안 전 세계 고객과 직원들을 대상으로 탁월한 경험에 관한 연구를 진행하였고, 세계 최고의 기업과 가장 발 빠르게 변혁에 성공한 기업들을 조사했다.

처음에 궁금해했던 것은, 브랜드와 서비스를 제공하는 사람들 간의 연결을 과연 무엇으로 정의할 수 있느냐였다. 상호 보상 관계에 있는 감정적 연결은 어떤 형태로 나타나는가? 리더는 이러한 연결을 어떻게 대규모로 구축하는가? 그리고 성공에 대한 인간적, 경제적 보상은 무엇인가?

초기에는, 다섯 가지 목표를 염두에 두었다.

- 고객과 직원의 관점에서 어떤 것이 훌륭한 경험인지 정의하고자 했다. 특정 유형의 감정적 연결이 미래의 소비 행동이나 생산성에 영향을 미치는 이유를 근본적이고 심리적인 수준에서 이해하려고 했다.

- 결정적으로 탁월한 경험을 끊임없이 제공하고 있는 최고의 글로벌 조직의 모범 사례들을 확인하고자 했다. 기술, 시장, 규제의 제약을 받으면서도 상당한 발전을 달성한 조직들과 떠오르는 신흥 강자들을 추적하기 위해 정량적 분석과 리그 테이블(league table, 특정 기간 동안 인수·합병 및 주식자본시장, 채권자본시장 등에서의 실적을 바탕으로 금융회사들의 순위를 매긴 목록)을 활용했다.

- 리더가 어떤 방식으로 일관성과 확장성을 만들어내는지를 체계적으로 정리하고자 했다. 조직은 대부분 때에 따라 훌륭한 경험을 제공할 수 있지만, 이를 모든 상호작용 안에서 일관되게 제공하는 기업은 거의 없다. 이를 위해서는 특별한 무언가가 필요하다. 따라서 모범적인 기업들의 역량과 리더십 패러다임을 정밀하게 분석함으로써, 탁월함을 확장 가능한 형태로 만드는 핵심 요소들을 밝혀내기 시작했다.

- 이를 달성했을 때 제공되는 보상이 무엇인지 정의하고자 했다. 고객과 직원과의 의미 있고 인간적인 연결은 틀림없이 그 자체로 목적이 될 수 있으며, 비즈니스 리더가 설정하는 더 수준 높은 목적이기도 하다. 하지만 여기에 더해, 매출 성장과 비용 절감이라는 두 가지 관점에서 이러한 노력의 경제적 수익성 또한 입증하고자 했다.

- 마지막으로 이 비결을 체계화된 방식으로 정리하여, 성장을 원하는 기업들이 조직 전반에 우수 사례를 내재화할 수 있도록 하고자 했다. 이를 통해 기업들이 성공으로 가는 길을 단축하고, 계획을 더 정교하게 배열하며, 궁극적으로 탁월함을 실현할 수 있도록 돕고자 했다.

이 같은 목표는 KPMG와의 협업을 통해 세계 최대 규모의 고객 경험 탁월성에 관한 장기 연구 프로그램 중 하나로 이어지게 되었다. 지난 12년 동안, 이 연구는 4개 대륙의 34개 시장으로 범위를 확장해서 3,500개 브랜드와 관련된 고객 경험에 대한 400만 건 이상의 소비자 평가를 했다. 연구 결과는 전 세계에 공개되었고 브라질에서 러시아에 이르기까지 100개 이상의 국가에서 활용되고 있으며, 세계 주요 기업의 전략 수립에 영향을 미치고 있다.

연구의 핵심은 직원 경험 및 고객 경험의 탁월성을 정의하는 보편적인 정서적 특징들을 발견하는 것이다. 경험의 여섯 가지 요소는 진실성, 해결책, 기대, 시간과 노력, 개인화, 공감으로 이루어져 있다. 이 각각의 여섯 가지 요소는 행동 프레임워크(framework, 목표 달성을 위해 복잡한 문제를 체계적으로 해결할 수 있도록 설계된 구조), 역량 체계, 그리고 설계 원칙으로 이어지며, 이는 모든 디지털 및 인간 간 상호작용에 적용할 수 있다.

이 요소들은 보편적이며, 정서적으로나 재정적으로 보상해주는 인간관계를 정의한다. 또한, 순고객추천지수(NPS, Net Promoter Score, 고객 경험 프로그램에 사용되는 기준 지표. 단 한가지 질문으로 쉽고 강력하게 고객의 기업 충성도를 측정)와 같은 주요 지표들을 설명해주며, 고객 충성도, 신규 고객 유치, 고객 생애 가치, 서비스 제공 비용과 같은 비즈니스 성과를 예측한다.

이 책을 작업하면서 KPMG의 CEEC에서 발표한 조사 결과들, 기타 작업, 그리고 가장 중요한 부분인 세계 최고의 브랜드들의 모범 사례를 실제로 적용해온 경험들을 참조하였다. 통합된 이 결과들이, 고객 실무자와 디지털 리더에서 CEO를 비롯해 서비스직에 종사하는 모든 이들에게 유용한 가치를 제공하도록 하였다.

이 책은 당신에게 필요한가?

성장을 달성하기 위해 변화를 모색할 필요가 있는가? 전 세계적으로 고객 경험 분야에 수십억 달러가 투자되고 있다. 그러나 몇 가지 주목할 만한 사례들을 제외하면 고객은 아직 눈에 띄는 차이를 느끼지 못하고 있다. 우리가 인식하지 못하는 요인들은 행동이나 지출에 변화를 일으키지 않는다. 한편, 직원들은 자신들의 실제 경험과 조직 리더들이 내세우는 열망 사이에 점점 더 큰 괴리를 느끼고 있다고 보고하고 있다.

많은 경영진이 이 문제를 해결하기 위해 고군분투하고 있다. 그럼에도 불구하고, 고객 경험과 직원 경험을 관리하기 위한 일관되고 과학적인 접근 방식이 없다는 점이 많은 이들을 좌절시킨다. 대부분의 기업은 최근 디지털 전환을 위해 투자를 했음에도 이것이 변화로 이어지거나, 약속된 혜택을 가져오지 못하는 이유를 알고 싶어 한다. 모든 CEO는 성장 목표를 달성하고, 더불어 명확하고 비전 있는 목적과 포용적인 문화를 창출하라는 거센 압박을 받고 있다. 그러나 CEO 대부분은 고객과 직원들을 분리된 방식으로 다루는 접근을 유지하고 있다.

이 같은 상황을 바로잡아서 얻게 되는 보상은 실로 엄청나다. 경험을 창조하는 것이 목적을 실현하는 핵심이다. 전략이 현실이 되는 유일한 방법은 사람들이 실제로 보고 듣는 경험을 통해 이루어진다. 또한, 탁월한 인간 경험을 제공하는 것은, 선한 영향력을 실현할 기회이며, 많은 사람에게 기쁨을 전하는 일이기도 하다. 경제적으로 이를 실천하는 기업이 시장에서 우위를 점한다. 2016년에 시행한 조사를 분석한 결과, 매우 효과적으로 고객 경험을 관리하는 기업이 경쟁사보다 더 높은 수익과 두 배 높은 판매 수익을 달성하는 것을 관찰했다.

그렇기에 이 책은 CEO, HR 담당 임원, CMO, 고객 담당 임원, 실무자를 포함해 모든 기업 관계자를 위해 출간되었다고 할 수 있다. 재무, IT 또는 운영 부서 담당자라면 이 책에서 팀을 보다 고객 중심적으로 이끌고 비즈니스를 개선할 원칙을 찾을 수 있을 것이다. 그뿐만 아니라 다른 사람들을 이끌어 훌륭한 조직 성과를 만들어내야 하는 모든 이들을 위한 것이다. 이 책의 내용은 10년 이상의 연구와 전 세계 비즈니스 리더들과 나눈 수백 건의 대화에서 추출한 것이다. 책에서는 다음과 같은 보편적인 질문들에 답을 제시하고자 한다.

- 고객 중심적인 전략을 추진하기 위한 운영 모델과 구조를 조정하는 데 어려움을 겪고 있다. 어떤 방식으로 조직 내부의 변화를 관리해야 하는가?

- 순고객추천지수를 측정하고 최신 고객 관계 관리 기술에 투자하였다. 그런데 왜 성과 지표는 좀처럼 움직이지 않는가?
- 직원과 고객을 위해 여러 가지 합리적인 원칙들을 제시하였다. 그런데 기업은 왜 이를 무시하는 것일까?
- 성장을 목표로 했지만, 더 많은 변경 요청들과 비용만이 발생하고 있다.
- 고객을 최우선으로 두었다. 하지만 장기적으로는 타당해 보이는 전략과 당장의 규제나 주주의 압력 사이에서 어떻게 균형을 잡아야 할까?
- 기업의 목적과 문화를 정의했지만, 고객과 직원을 위해 이를 현실화하고자 고군분투하고 있다. 비즈니스의 '불문율'을 어떻게 다시 규정해야 하는가?
- 각기 다른 수많은 프레임워크와 이론들을 보유하고 있으며, 인사이트와 컨설턴트 인력이 넘쳐난다. 이렇게 방대한 아이디어들을 실질적인 비즈니스 영향과 어떻게 연결할 수 있을까?

이러한 보편적인 질문이 많이 발생하는 이유는 고객 경험과 직원 경험이 성숙한 관리 규율이나 잘 정리된 경로를 따르고 있지 않기 때문이다. 지난 10여 년 동안 기술 발전과 사회적인 기대는 모든 비즈니스가 성공하는 데 필요한 변화를 재정립하도록 거대한 힘이 되어 왔다. 지금도 대부분의 기업은 변화를 따라잡기 위해 고군분투하고 있다.

결과적으로, 전 세계의 조직에는 수백만 명의 직원들이 장기적으로 일관되지 않은 단편적인 솔루션을 제공하는 수십 명의 컨설턴트들의 지원을 받으며, 어쩔 수 없이 즉흥적으로 문제를 해결해 나가고 있다. 이용 가능한 자료들은 조직이 무엇을 해야 하는지에 대해서는 충분히 설명하지만, 어떻게 실천할지는 구체적으로 제시하지 않는다.

이러한 간극을 해소하는 것이 이 책의 주요 목적이다. 연구는 성공으로 향하는 명확한 경로가 존재한다는 것을 입증한다. 이 경로를 해당 분야의 선도자들이 구축하였다는 점을 알면, 리더와 고객 경험 실무자들도 안심하면서 이 길을 따라갈 수 있을 것이다. 또한, 고객 경험과 직원 경험이 개선될 뿐만 아니라 더 나은 방식으로 비즈니스를 수행할 수 있다.

| 들어가며 |

브룩 나룸Brooke Narum은 은행에서 근무한다. 하지만 그녀가 일하는 곳은 일반적인 은행과는 다르다. 이곳에서의 하루하루는 결코 똑같이 흘러간 적이 없다. 그녀의 고객 중에는 자동차 사고로 아내를 잃은 한 남성이 있다. 그는 초등학교 3학년 때부터 아내를 알고 지냈고, 두 사람은 1981년에 결혼해 두 아들을 낳았다.

아내의 목숨을 앗아간 사고 이후, 브룩은 고객에게 전화를 걸어 의료비부터 장례 비용까지 모든 것을 안내했다. 도움이 필요한 고객에게 브룩의 도움은 강력한 영향력을 발휘했다. 은퇴한 해병대 소령이었던 고객은 그 당시가 어느 때보다도 '전장의 안개'를 느꼈던 순간이었다고 말했다. 그를 도와준 것은 브룩의 공감과 전문성이었다. 그는 "브룩은 여러 가지 업무 절차와 해야 할 일들에 대해 전혀 몰랐던

나를 마치 가족처럼 살뜰하게 돌봐주었습니다."라고 말했다.

　브룩의 역할은 고객의 문제를 해결하는 것이다. 여기에는 문제가 발생하는 방식이나 복잡한 정도는 아무런 영향을 미치지 않는다. 그녀가 근무하는 이 은행의 고위 경영진은 판매나 내부 성과 측정 결과가 아닌, 고객의 경험에 따라 직원에게 보상한다. 즉, 고객이 은행이 자신의 삶에 긍정적인 변화를 가져왔다고 인식하는지를 평가 기준으로 삼는다는 의미다.

　이 은행은 고객과의 친밀함과 고객의 문제에 대한 이해를 바탕으로 시장을 선도하는 지속적인 혁신을 일으키고 있다. 기술에 대한 집착이 아닌 인류애에 대한 집착을 바탕으로 디지털 뱅킹 분야의 세계적 리더로 우뚝 섰다. 또한, 은행 지점을 직접 방문할 여력이 없는 고객을 위해, 사진으로 수표 입금을 가능하게 한 최초의 은행이기도 하다. 종이가 필요 없는 보험 청구 시스템을 개척하여 고객이 사고와 관련된 모든 중요한 사항들을 기록할 수 있도록 하였고, 교체 차량을 신속하게 고객에게 전달할 수 있는 앱을 출시했다. 더불어, 자동차 구매 앱을 출시해 고객이 대출 및 보험을 사전 승인받고, 필요한 사전 점검 절차를 모두 완료할 수 있도록 지원한다. 여기에는 필수적으로 특별 할인이 주어지기 때문에 구매자는 번거롭게 가격 협상을 할 필요가 없어진다. 이를 통해 고객은 자동차를 확인하고 1시간 이내에 영업장에서 자신 있게 차를 몰고 나갈 수 있다.

　또한, 이 은행은 세계에서 가장 고객 중심적인 조직 중 하나다. 텍사스에 본사를 두고 있으며 1,100만 명의 고객과 22,500명의 직원을 보유하고 있고 높은 수익성을 자랑한다. 타 은행과 비교하여 비용의 비중이 가장 낮다. 이는 최저 비용과 최고 수준의 고객 만족도가 함께할 때 뛰어난 결과를 낼 수 있다는 사실을 보여준다.

이 기업은 바로 USAA다. USAA는 주로 미군과 군인 가족에게 서비스를 제공하며 공감을 '무기' 삼아 명성을 쌓았다. USAA에 입사하면 모든 신입 사원은 은행 고객의 삶을 직접 경험해야 한다. 군사 훈련을 받고, 군대식 식사를 하고, 군 관련 행사에 참여한다. 고객을 이해하는 것이 조직 전체에서 핵심 역량으로 여겨진다.

해병대 소령 고객은 브룩에게 받은 도움을 칭찬하기 위해 USAA 고객 관리팀에게 "저는 아내가 USAA를 이용한 것에 깊은 감명을 받았고 큰 축복이라 느껴, 1978년부터 사용해 온 기존 은행을 USAA로 바꾸기로 했습니다. … USAA의 전문성과 가족의 가치를 중시하는 직원들의 도움을 받게 되어 더없이 영광스럽고 감사한 마음입니다."라는 내용의 편지를 보냈다. 공감은 결국 보답한다.

대서양 반대편에 있는 6,400km 떨어진 영국 리즈에서, 또 다른 은행 직원이 어려운 상황에 직면하게 되었다. 그녀는 통화 중에 기분이 매우 우울하다고 말하는 젊은 고객과 이야기를 나누고 있었다. 사실, 그는 심각한 우울증으로 생명이 위태로울 만큼 힘든 시간을 보내고 있었다. 은행 직원은 고객이 어머니와 함께 살고 있다는 사실을 인지했다. 그녀는 조금도 주저하지 않고, 고객과 계속 이야기를 시도하면서 동료에게 도움을 요청했다. 동료는 고객의 어머니에게 먼저 연락을 취한 뒤, 지역 택시 회사를 찾아 요금을 미리 결제했다. 그리고 이 젊은 고객이 어머니가 계신 집으로 안전하게 돌아갈 수 있도록 공감 능력 있고 배려심 있는 운전기사를 배정해 달라고 요청했다. 잠시 후 직원이 고객의 어머니에게 전화를 걸어 모든 상황이 잘 해결되었는지 확인하였다.

그녀는 팀의 리더에게 해당 사건을 보고하였고, 리더는 고객과 회사를 이어준 그녀를 곧바로 영웅으로 치켜세웠다. 이 이야기는 사무실 전체에 공유되었고, 비록 한두 가지 작은 규칙 위반이 있었지만, 고객을 위해 옳은 일을 했다며 칭찬받았다. 핵심은 직원이 고객을 진심으로 생각하고 있다는 것을 행동으로 증명했다는 점이다. 고객을 위해 옳은 일을 하는 것은 결코 잘못될 수 없다.

이 은행은 퍼스트 다이렉트 first direct이며, 세계에서 가장 고객 중심적인 기업 중 하나다. '탁월한 서비스를 선도하는 것'은 이 은행의 핵심 가치를 나타내는 슬로건이다. 고객이 대화를 나누면서 놀라움을 느끼게 하는 데 중점을 두는 것이다. 따라서 직원들은 고객을 깊게 이해하고, 고객이 원하는 것을 정확히 알기 위해 상당한 노력을 기울이며 이를 일관되게 실천하는 방법을 배운다.

수천 마일 떨어진 대만에서, 렉서스 Lexus 영업 사원인 후이-첸 린 Hui-Chen Lin씨는 더욱 이른 날짜에 자동차 인도를 요청하는 고객의 문의 전화를 받았다. 하지만 해당일까지 필요한 모든 세부 사항들을 해결하기에는 시간이 너무 촉박했다. 그러나 린 사원은 고객이 원하는 날짜에 자동차를 인도하는 데 필요한 요건들을 완료하기 위해 회사에서 가능한 모든 메커니즘을 동원하였다.

배송일 전, 고객의 회사에 들러 몇 가지 문서를 전달하였다. 여기서 고객의 아내가 다음 날 화학 요법 치료를 시작할 예정임을 알게 되었으며, 고객과 그의 아내를 위해 깜짝 선물을 준비하기로 하였다.

린 사원은 차량 인도 날짜에 맞춰 고객 부부의 집으로 태고(Taiko, 일본 전통 타악기) 공연팀을 초청하여 고객의 아내에게 행운을 기원하는 격려의 노래를 연주하게 했다. 또한, 건강한 삶을 의미하는 2행시를 작성하였다. 고객의 아내는 감격의 눈물을 흘리며 자신이 받은 최고의 선물이라고 말했다. 린 사원의 행동은 고객을 마치 집에 초대한 손님처럼 대하며, 그들의 니즈를 먼저 예상하고 충족시키는 일본 전통 환대 문화인 '오모테나시'를 따른 것이다.

프랑스 서부의 한 보험 회사는 조직의 모든 기능이 고객 문제 해결에 집중되어 있으며, 그 외에 다른 업무 요구 사항은 없다. 이 보험 회사는 '조직 생활 실무'라는 이름으로 고객을 위해 사실상 모든 종류를 망라하는 일회성 혹은 정기 맞춤 서비스를 제공한다. 아이 돌봄 서비스, 취약 계층 지원, 교육 지원에서 식사 배달 서비스에 이르기까지 그야말로 모든 서비스를 제공한다. 이 회사는 고객 문제 해결을 기업 정신의 중심에 두고, 고객의 삶을 더 편리하게 만들고, 인생의 중요한 순간마다 곁에서 도울 수 있는 존재가 되고자 한다. 이 기업의 이름은 MAIF^{Mutuelle d'Assurance des Instituteurs de France}으로 제품이 아닌 '협업'이라는 철학을 판매한다.

스웨덴의 한 젊은 기업가는 새로운 유형의 약국을 구상하였다. 이 약국은 온라인 전용 약국으로 고객에게 더 정확하고 더 나은 서비스를 제공할 뿐만 아니라, 의약품 유통의 경제 모델을 완전히 바꾸고 있다. 이 약국은 아포테아^{Apotea}라는 스웨덴 최대의 온라인 약국이다. 아포테아는 혁신과 지속 가능성을 토대로 명성을 쌓았다. CEO의 철학은 온라인 쇼핑을 최대한 편리하고 매력적으로 만드는 것이다. 여기에는 제품 정보, 결제, 배송에 이르기까지 모든 과정이 포함된다. 아포테아는 지속 가능성에 집중하고 있으며, 사무실은 소비하는 전력보다 더 많은 전력을 생산한다. 비즈니스의 모든 측면이 지속 가능성의 관점에서 분석된다. 현재 이 회사는 스웨덴 고객 경험 부문에서 1위 브랜드다.

우리는 급격하게 변화하는 시대에 살고 있다. 많은 기업이 단지 고객이 불확실성과 씨름하는 모습을 지켜보는 데 그치지만, 탁월함을 만들어내는 기업들은 이를 하나의 기회로 본다. 즉 탁월성을 발휘할 기회, 고객의 삶에서 더욱 중요한 역할을 할 기회, 차별화할 기회인 셈이다. 그들의 자신감은 고객과 그들의 상황에 대한 깊은 지식에서 비롯된다. 이런 회사는 고객과 매우 친밀하고 깊이 있는 관계를 유지하기 때문에 주변이 모두 변화하는 상황에서도 관련성을 유지할 수 있다.

고군분투하는 많은 임원진이 복잡한 기존 사업 구조로 인해 보이지 않는 한계(유리 천장)에 대한 어려움을 토로한다. 실리콘 밸리의 유니콘 기업들이 가진 첨단 디지털 기술과 유연한 문화가 없다면, 발전은 종종 어렵게 느껴지고 실패는 용인되어야 할 것이다. 주목할 점은 MAIF와 USAA는 모두 120년이 넘는 역사가 있으며, 상대적으로 신생 기업인 퍼스트 다이렉트 역시 수십 년에 걸쳐 구축한 유산이 있다는 것이다. 고객과의 관계를 유지하고 정서적 연결을 형성하는 일은 신생 기업만의 전유물이 아니라, 모든 기업이 지속적으로 추진해야 할 프로젝트이자 끊임없는 재창조의 과정이다.

이러한 훌륭한 경험의 사례는 우연히 또는 단독으로 발생하지 않는다. 이 같은 선도 기업들은 몇 가지 공통된 특징이 있다. 그들은 고객과의 완벽한 조화를 바탕으로, 매일 비범한 일이 일어나는 문화를 만들었으며, 구성원들 역시 지속적인 목적의식을 중심으로 하나로 결집되어 있다. 그 안에서는 자연스럽게 새로운 탁월함의 이야기들이 생겨나고, 주주에게 이익을 넘어서 존재할 이유가 있다. 따라서 그들이 존재하지 않는다면 세상은 특별한 것을 놓치게 될 것이다.

선도 기업들은 시간이 지나면서 능숙하고 의도적인 방식으로 고객 접근 방식을 발전시켰다. 그들은 고객 접근 방식이 마케터와 디지털 전문가의 영역인 프런트 오피스라는 보호 구역을 뛰어넘어, 오히려 기업의 모든 부문에 걸쳐 실행되는 모든 기능과 역량을 연결하는 '황금 실'이라고 판단했다.

KPMG와의 글로벌 공동 연구를 통해, 우리는 지속적으로 탁월함을 달성하고 시장을 선도하는 상위 5%의 드문 기업들과 분석 및 협업을 진행해 왔다. 그 결과, 이들 조직이 특별한 물질적 우위 요소가 있는 것은 아니라는 점에서 공통된 결론에 도달하였다. 그들은 여러 부문, 지역, 규모에 걸쳐 존재한다. 이들의 공통점은 바로 프로세스에 따라 글로벌 리더십의 위치를 구축했다는 점이다.

이것이 바로 이 책에서 체계적으로 정의하고 설명하고 있는 프로세스다. 이 프로세스는 인간의 본성을 이해하는 데 뿌리를 두고 있다. 탁월한 성과를 내는 조직은 우리가 감정적인 존재임을 인식하고, 그 감정적 특성을 모든 활동에 반영한다. 결정적으로 이 프로세스는 모든 회사가 따를 수 있는 체계다. 탁월성을 추구하는 모든 기업, 부서, 부처, 사회적 기업은 이 프로세스를 구축하여 탁월성을 달성할 수 있다. 이를 위해서는 리더십과 경영 전문성이 필요하지만, 특별한 기술은 거의 필요하지 않다. 그저 전통적인 비즈니스 규범이 더욱 손쉬운 방법을 제시할 때 포기하거나 타협하지 않겠다는 의지가 필요할 뿐이다.

  이 책은 이 프로세스를 중심으로 크게 세 부분으로 나누어 구성된다.

1부: 변화하는 고객과 직원의 세계

  위대한 기업은 자신들이 서비스를 제공하는 고객을 깊이 이해한다. 1부에서는 상업 세계를 형성하고 있는 거시적 추세를 살펴본다. 이 추세에 의하면 조직은 미래에 대응하기 위해 비즈니스 모델의 적절성, 고객에 대한 실제 지식의 범위, 직원의 역할, 사회적 목적 및 조직 설계의 민첩성을 재고할 필요가 있다.

  위기는 거시적 추세를 가속화 하고, 미래를 앞당기는 습성이 있다. 코로나19의 어려움을 겪으면서 인류는 영구적인 변화를 경험하고 있다. 이로써 새롭게 변화된 고객과 직원은 기존과는 다른 몰입과 참여 방식을 요구한다. 새로운 경험의 필요성이 대두되었고, 목적의식이 있고 공감적이지만 디지털 기반 방식으로 사회적 거리를 두면서 더욱 편리하게 이용할 수 있는 경험이 필요해진 것이다.

1장: 새로운 고객이 등장했다

1장은 성공적인 기업들에 대한 이해, 그리고 이들 기업이 조직의 전략, 구조, 프로세스를 재고하도록 이끄는 특별한 변화들에 관한 우리의 연구를 바탕으로 설명한다. 주요 브랜드의 사례 연구와 모범 사례들을 소개하며 성공적인 기업들이 지닌 모습과 느낌을 파악해 간다. 우수한 브랜드는 더 높은 목적을 실현하기 위해 서비스를 제공할 때 일관되고 감정적인 연결을 구축한다. 그들은 특정 고객 그룹의 니즈와 경험에 깊이 있게 초점을 맞추면서, 동시에 자신들이 얻는 것보다 더 많은 가치를 이 세상에 투명하게 전달해야 한다.

2장: 요즘 고객은 이렇게 반응한다

새로운 환경 속에서 코로나19가 거시적 추세를 가속화 하고 있다는 사실을 알게 되었다. 2장에서는 소비자 행동이 어떻게 변화했고, 이것이 구매 경로에 어떠한 영향을 미치는지 검토한다. 고객 행동에 영향을 미치는 요인을 이해하는 방법으로 '고객의 구매 결정을 구성하는 5가지 요소'를 소개하고, 이 개념을 생활 사건들이 변화하는 상황의 맥락에서 어떻게 적용될지 확실하게 규정한다. 사람들은 환경 문제와 윤리적 가치에 점점 더 많은 관심을 보이며, 이에 따라 '정직성 기반 경제'로의 전환이 필요하다는 인식도 높아지고 있다.

3장: 고객 경험의 출발점은 직원이다

고객과 직접 마주하든, 디지털 경험을 설계하고 개발하며 간접적으로 만나든, 고객 경험의 중심에는 언제나 직원이 있다. 하지만 많은 브랜드에서 내부의 직원 경험은, 직원이 외부에 반복적으로 제공하라고 요구받는 고객 경험과 서로 충돌한다. 여기에는 진정성을 훼손하고 성공을 좌절시키는 커다란 단절이 있다. 이에 대응하여 리더는 서번트 접근 방식을 채택하고 있다. 서번트 리더의 역할은 직원들이 고객과 직원들 서로를 위해 최선을 다할 수 있도록 권한을 부여하고, 능력을 키우고, 몰입시키는 것이다. 이제 최고의 CEO는 고객 경험과 직원 경험을 관리하며, 단기적인 재무 성과보다는 장기적 관점의 인간관계에 중점을 둔다.

4장: 고객을 중심으로 조직을 구성하다

4장에서는 기업이 성공을 위해 어떻게 조직화해야 하는지 살펴본다. 빅토리아 시대의 전통적인 비즈니스 모델은 이제 고객의 니즈 또는 여정 중심의 조직 설계로 대체되고 있다. 고객을 중심으로 조직을 구성하는 기업은 직원들이 고객의 요구를 이해하고, 자신의 인간다움을 드러낼 수 있도록 돕는다. 이러한 조직은 많은 전통적인 기업들이 가진 제약에서 벗어나 보다 나은, 더 혁신적인 결과를 훨씬 손쉽게 달성한다.

5장: 하나의 전략으로 통합하다

5장에서는 여러 기업의 성공 사례들을 알아보고, 특히 고객 경험 부문에서 세계를 선도하는 영국 은행인 퍼스트 다이렉트의 확장 사례 연구를 소개한다. 고객, 직원, 조직 설계에 대한 퍼스트 다이렉트의 접근 방식을 검토하며, 기업이 큰 성공을 거둘 수 있었던 이유와 방법을 분석하고, 다른 기업들이 이를 배우고 따라 하려면 어떻게 해야 하는지 살펴볼 것이다. 많은 기업이 기존에 구축된 시스템과 기술 때문에 변화가 어렵다고 느끼지만, 반드시 불가능한 것은 아니다.

2부: 탁월한 고객 경험을 완성하는 프레임워크

KPMG 글로벌 연구 결과에 따르면, 실패한 기업은 각기 다른 모습이지만, 성공한 기업은 모두 보편적인 면에서 탁월하다는 것을 알 수 있다. 수백만 건의 고객 인터뷰에서 추출한 여섯 가지 요소들은 세계를 선도하는 기업을 정의하는 특징이다.

6장: 고객 경험의 여섯 가지 요소

여섯 가지 요소의 뿌리는 인간 심리학과 신경 과학에 있다. 6장에서는 직접 대면하는 방식이나 디지털 방식으로 이루어지는 모든 상호작용에서 여섯 가지 요소들이 어떻게 작용하는지 살펴본다.

- 진실성: 신뢰할 수 있고 신뢰를 불러일으키는 것
- 해결책: 나쁜 경험을 훌륭한 경험으로 전환하는 것
- 기대: 고객의 기대 수준을 관리하고, 충족하고, 초과로 달성하는 것
- 시간과 노력: 고객의 노력을 최소화하고 마찰 없는 프로세스를 정립하는 것

- 개인화: 감성적인 연결을 유도하기 위해 사람들과 이들이 처한 상황에 주의를 기울이는 것
- 공감: 고객의 상황을 이해하여 폭넓은 공감대를 형성하는 것

여섯 가지 요소들을 성공적으로 달성한 기업은 시장을 선도하며 고객의 옹호와 충성을 받고 상업적인 수익을 성취할 수 있다.

7장: 여섯 가지 요소, 이렇게 활용한다

여섯 가지 요소들은 전략 수립에서부터 경험 설계, 변환, 지속적인 측정에 이르기까지 탁월성을 조직 안에 내재화하는 체계적인 접근 방식을 제시한다. 이 접근 방식이 모든 디지털, 물리적 환경 안에서 어떻게 전통적인 고객 기능들에 적용되는지 설명한다. 여섯 가지 요소 시스템을 구축하는 것은 고객과 직원을 중심으로 회사의 모든 측면을 황금 실로 연결하는 것과 같으며, 모든 단계에서 사람과의 연결에 일관된 모범 사례를 제시한다. 고객 중심주의를 효과적으로 실천하기 위해서는 CFO를 신뢰할 수 있는 수준이어야 한다. 고객 중심적 접근이 성장으로 연결되지 않으면, 모든 이사회는 비용 관리와 위험 통제라는 전통적인 업무의 방식으로 되돌아갈 것이다. 이는 규율의 실패이며, 여섯 가지 요소는 낮은 비용과 뛰어난 경험 사이의 잘못된 이분법을 제거함으로써 이를 해결하는 데 도움을 줄 수 있다.

8장: 기억에 남는 경험을 설계하다

전 세계의 모든 기업은 고객의 기억 속에 계속 남아서 고객이 스

스로 브랜드를 옹호하고, 충성을 유지하고, 지출을 늘리도록 영감을 주는 경험을 만들고 싶다는 열망이 있다. 기억에 남는 경험, 특히 상업적으로 유익한 행동으로 이어질 경험의 심리적 구조를 구성하는 것이 무엇인지 파악하기 위해 기억의 형성 원리를 이용한다.

3부: 고객 경험 90일 플랜

마지막 3부에서는 글로벌 리더처럼 탁월성을 달성하려는 사람들을 위해 한 단계씩 앞으로 나아갈 방법을 제시한다. 이는 위에서부터 시작하여 조직의 마음을 변화시키는 것에 달려 있다. 또한, 전체가 부분의 합보다 훨씬 큰 자기 강화적인 결과물을 생성하는 데 필요한 활동들의 순서를 살펴본다. 일반적인 함정들, 즉 왜 많은 기업이 선도 기업을 모방하면서 극복할 수 없는 장벽에 부딪히는지를 알아본다. 그런 다음 인과적인 요인들을 파악하고 이러한 장벽들을 어떻게 체계적으로 극복할지 통찰력 있는 관점을 제시한다.

조직이 꼭 광범위한 디지털 전환에 착수하거나, 고객 중심적인 문화를 구축하고자 시도한 적이 없더라도, 추진 중인 프로그램을 모범 사례의 체크리스트와 비교하여 둘 사이의 격차와 기회를 파악할 수 있다.

9장: 준비

변화는 새로운 고객의 등장으로 임원진과 이들이 이끄는 팀이 도전 과제들에 직면하는 것에서부터 시작된다. 지난 10여 년 동안 사회적 발전과 디지털의 발전이 이루어지면서 고객과의 단절은 과거에 성공한 많은 기업을 쇠약하게 하는 질병으로 발전했으며, 이를 신속하게 치료하는 방법을 알아본다.

10장: 첫 30일

많은 기업은 세상을 뒤집어 바라본다. 그들은 자신의 행정적 편의, 편견, 불문율, 시야를 제한하는 편향된 인식을 통해 입력된 모든 내용을 필터링한다. 결과적으로 그들은 주어진 기회를 활용하지 못하게 되며, 설상가상으로 고객과의 관련성이 점점 떨어지고 직원과의 관계도 줄어든다는 것을 깨닫게 된다.

성공적인 변화의 핵심 동력은 임원진이 신규 고객 담당팀과 그들이 겪는 도전을 직접 이해하고 몰입하는 데 있다. 이것은 전통적인 '고객의 소리'를 한 단계 발전시켜 더욱 다양한 목소리를 반영하는 '고객의 서라운드 소리' 접근 방식이다. 고위 팀의 직원이라면 정기적으로 고객과 함께 일한 지 꽤 오래되었을 것이다. 평상시에는 이것이 경쟁에서 상당히 불리하다. 지난 10여 년간 사회와 디지털 기술이 발전하면서, 고객과의 친밀감 부족은 한때 성공을 거둔 많은 기업들을 쇠퇴하게 만든 심각한 문제로 떠올랐다. 이 문제를 해결하기 위한 신속하고 효과적인 접근법도 함께 살펴볼 것이다.

11장: 두 번째 30일

11장은 더 나은 미래로 향하는 길잡이가 되는 내부 경로 지도를 중점적으로 살펴본다. 먼저 어떤 역량을 키울 것인지, 변경된 포트폴리오를 어떻게 관리할지에 대한 방법을 다룬다. 단순히 프로젝트를 진행하는 것이 아니라, 다양한 상태들을 통해 조직 전환을 달성하는 변화 접근법을 검토한다. 이 접근법은 단순한 핵심 경로, 분석, 상호의존성을 넘어서는 개념으로, 특정 시점에 조직이 하나의 실체로서 무엇을 할 수 있을지를 정의한다.

조직구조를 전면적으로 재편할 준비가 되지 않은 경우에도 글로벌 탁월성 센터를 설립할 필요성이 있는지 검토해볼 것이다. 여기에는 고객 여정이 계속될 것이며, 여정을 어떻게 개선할 것인지 정의하고 중앙에서 일관되게 관리를 하려면 일관된 방법론이 필요하다는 인식을 반영한다.

12장: 마지막 30일과 그 이후

12장에서는 변화를 위한 추진력을 만들고, 역량 로드맵 구축에 대해 논의한다. 조직이 새로운 궤적을 따라가려면 우선 작지만 광범위한 상징적인 변화를 실천한 뒤에, 더 근본적인 변화를 위한 기반을 마련하도록 권장한다. 이것은 비즈니스의 새로운 패러다임을 구현하겠다는 의도를 알리는 신호다. 또한, 기업의 전 직원에게 미래에 상황이 어떻게 달라질 것인지 알릴 기회다. 우리는 이처럼 작은 변화들이 지닌 힘을 간략히 설명한다. 이렇게 작은 변화들을 계속해 나가는 것이 한 번에 대규모로 변화를 시도하는 것보다 성공적인 결과로 이어지는 경우가 많다. 물론 잠재 고객의 활용 가능성을 파악하는 일은 쉽지 않다. 하지만 고객의 문제를 해결하고, 고객 여정을 개선하며, 직원의 업무 환경을 보다 간단하고 보람 있게 만드는 실용적인 방법을 찾아야 한다는 점은 분명히 강조되어야 한다.

필요한 모든 수단을 동원하여 조직의 새로운 비전을 통합하고자 변함없이 노력하는 것이야말로, 조직이 탁월함을 위한 발판을 마련하는 마지막 단계이자 필수 단계다.

— 1부 —

변화하는 고객과 직원의 세계

01. 새로운 고객이 등장했다

02. 요즘 고객은 이렇게 반응한다

03. 고객 경험의 출발점은 직원이다

04. 고객을 중심으로 조직을 구성한다

05. 하나의 전략으로 통합한다

01
새로운 고객이 등장했다

어떤 기업이든 탁월성을 갖추기 위해서 반드시 갖추어야 할 첫 번째 덕목이 있다. 바로 고객을 이해하는 것이다. 그런데 최근 몇 년간 전 세계적으로 환경이 변화하면서 고객을 이해하는 것이 녹록지 않은 일이 되었다. 팬데믹, 디지털 전환, 정치적 변화, 그리고 사회적 진보가 이어진 지난 10년은 전 세계의 사람 대부분에게 미묘하면서도 깊은 영향을 끼쳤다. 행동 과학이라는 관점에서 보면, 구매 빈도의 변화와 과거보다 디지털화된 방식 때문에 더 축소된 범위의 브랜드들과 상호작용을 하고 있다. 이 같은 변화를 심리학적인 관점에서 보면, 보다 근본적이고 흥미로운 특징이 나타난다. 새로운 태도와 신념이 의사 결정 방식뿐 아니라, 무엇을 가치 있게 여기고 어디에 시간을 투자할지를 새롭게 정의하고 있다. 바로 이러한 변화 속에서 '새로운 고객'이 등장한 것이다.

'새로운 고객'은 소비자이자, 사회적 존재이며, 시민이자 직원인 우리 각자에 대한 묘사이다. 무엇인가를 신뢰하기까지는 시간이 걸리지만, 복잡성과 모순을 안고 있으며, 진실성과 목적을 갈망한다. 그리고 삶의 방식은 어느 때보다 디지털화되었지만 근본적으로는 진정한 인간관계를 추구하고자 한다. 이러한 동기 덕분에 이제는 고객과 브랜드 사이의 관계가 과거의 관계를 초월한다. 새로운 고객은 냉소적이고 현명하고 모든 것을 아는 듯하지만, 그 어느 때보다 경이로움과 도피를 추구한다.

이제 기업은 이러한 새로운 고객을 완전히 이해해야 비로소 탁월해질 수 있다. 물론 비즈니스는 모든 부분이 중요하지만, 기업이 숨쉬고 성장하고 번성할 수 있게 하는 것은 오직 고객뿐이다. 기업은 재무팀의 실패를 견디고, 불안정한 HR 프로세스, 경영진의 부재 또는 제대로 작동하지 않는 디지털 시스템 도입 같은 문제를 겪더라도 버텨낼 수 있다. 그러나 이 모든 것이 고객 없이는 아무 소용이 없다. 고객의 요구 사항을 충족하지 못하면 그 어떤 비즈니스도 존재할 수 없다. 그러나 지난 10년 동안의 변화 속도를 살펴보면 오늘날의 리더들은 여전히 과거의 도전 과제를 해결하기 위해 기업을 재조정하고자 고군분투하고 있다. 대부분의 기업은 이러한 니즈를 이해하거나 충족할 준비가 되지 않은 것이다.

이 같은 변화가 발생한 기원은 어렵지 않게 확인할 수 있다. 2020년 상반기만 보더라도, 몇 달간 이어진 국가 봉쇄와 재택근무 등 비즈니스 환경의 변화에 사람들이 적응하면서 인위적으로 진화하는 세대가 발생하였다. 사티아 나델라Satya Nadella 마이크로소프트 CEO는 "단 두 달 만에, 수년에 걸쳐야 가능할 디지털 전환이 눈앞에서 전개되는 것을 목격했습니다."라고 언급하였다.

기존의 행동 패턴을 바꾸고, 이전과는 다른 방식으로 일하고 소비해야 했다. 그렇지만 이 같은 변화에 상응하여 우리의 가치, 신념, 니즈에 대해서 전 세계적인 차원의 변화가 일어났다. 기존 트렌드는 더욱 가속화되면서 새로운 트렌드 또한 끊임없이 생겨나고 있다. 고객들은 최근 자신의 생활이 그 어느 시점보다 취약하고, 덜 안전하다고 느끼며 더 많은 압박감을 받는다. 가치는 비즈니스 리더의 새로운 요구 사항들과 함께 진화하며, 리더는 사회적 목적, 직원 경험, 다양성 및 정치적 변화의 옹호자이자 주주 가치의 수호자이다.

이에 따라 고객들의 의사 결정 기준이 바뀌었다. 이 토대는 모든 비즈니스의 기반이 되는 기본 요소이다. 그런데도 모든 기업은 경쟁에서 살아남고 성장하기 위해, 이미 유효하지 않은 고객에 대한 가정을 기반으로 수년에 걸쳐 미세한 조정만 해왔다. CEO와 고객 리더들은 지금까지 이러한 성격의 도전에 직면한 적이 없다.

이러한 변화를 배경으로 고객 인사이트는 그 어느 때보다 중요해졌다. 고객의 감성, 행동, 기타 데이터를 체계적으로 수집한 고객의 소리는 기업의 관리 능력을 보여주는 매우 중요한 기준이 되었다. 이러한 데이터를 올바르게 사용할 경우, 모든 비즈니스 결정에 긍정적인 영향을 미칠 수 있고, 리더들이 변화의 시기에 민첩성을 유지할 수 있도록 조기 경고 또는 예측 시스템을 제공할 수 있다.

그러나 이러한 체계가 과연 잘 작동하는가? 실상은 그렇지 않은 듯하다. 영국의 시장조사학회MRS, Market Research Society에 따르면 고객에게 영향을 미치는 의사 결정 10건 중 1건만이 고객 인사이트를 기반으로 이루어졌다. 이러한 사실은 나머지 90%의 결정이 경험에서 비롯된 추측이나 직관에 기반한다는 것을 의미한다. 하버드 비즈니스 리뷰Harvard Business Review는 고객 중심의 핵심 영역이라 할 수 있는 마케팅 분야에서, 전체 의사 결정의 단 11%만이 마케팅 인사이트에 기반해 이루어진다는 조사 결과를 제시하며, 이와 유사한 결론에 도달했다. 하지만 이러한 경험이나 추측이 이제는 유효하지 않거나 현실과 맞지 않는다면 어떤 일이 발생하게 될까? 이에 대한 답은 냉혹하다. 바로 과거의 성공한 기업들이 서서히 몰락하는 것이다.

코로나19 이전의 고객 경험은 최후의 경쟁이 이루어질 전쟁터 중 하나로 인식되었다. 하지만 이제 이러한 도전이 훨씬 더 커지고 있다. 경쟁력의 차별화뿐만 아니라 혁신, 적응 아니면 퇴출의 문제와도 직결되고 있다.

인간 혁명 vs. 디지털 혁명

모든 비즈니스 리더는 미래의 경쟁에서 살아남기 위해 새롭게 변화하는 고객 환경에 과거보다 빠르게 적응해야 한다. 고객 중심은 분명 과거에 없던 새로운 주제가 아니다. 이것은 실로 익숙한 도전 과제가 아니겠는가?

평론가와 전문가들이 수년간 '고객의 시대'에 대해 열정적으로 논의를 한 것은 사실이다. 2010년과 2020년 사이에 산업계 전반에 걸쳐 고객 컨설턴트와 고객 경험 전문가들이 생겨났고, 이들은 어떻게 하면 조직을 가장 효과적으로 변화시키고, 최적화하며, 진화시킬 수 있는지를 조언해왔다. CEO 대부분은 '고객 중심'을 자신들의 전략에 포함하고, 진행 상황을 보고하도록 요구하고, 전통적인 회계 보고서와 더불어 순고객추천지수와 고객만족도점수를 자랑스럽게 비즈니스에 포함했다.

하지만 안타깝게도 이 같은 방식은 효과를 거두지 못하고 있다. KPMG 고객 경험 탁월성 센터의 데이터를 2010년부터 2020년까지 살펴보면, 고객의 관점에서 전 세계적으로 개선된 수준은 크지 않았다는 점을 알 수 있다.

이와 유사하게 '디지털 전환'은 대부분의 기업 조직이 레거시 시스템(legacy systems, 오래되었지만 여전히 사용되고 있는 구식 IT 시스템이나 소프트웨어)과 유선 네트워크 시스템을 체계적으로 교체하면서 가장 큰 비용을 들인 분야다. 2023년까지 이 분야는 6조 8천억 원 규모의 산업으로 성장할 것으로 예측된다. 그러나 막대한 기술 투자가 반드시 조직의 탁월성으로 귀결되지는 않는다. 디지털 퍼스트 전략은 다수의 조직이 온라인상에서 기존의 프로세스들을 복제하며 외친 슬로건이었다. 이 같은 방식의 프로세스가 지속된 이유는, 조직이 고객들의 문제 해결 방식에 대한 근본적인 평가 대신 과거의 경험에 의존하였기 때문이다. 그 결과 실제로 오직 소수의 기업만이 디지털 방식에서 탁월한 고객 경험들을 제공하는 데 성공하였다. 여기서 중요한 것은 온라인 또는 오프라인 방식에서 투자가 조직의 목적을 어떻게 실현하고, 고객의 삶을 얼마나 편리하게 만들지가 성공을 결정짓는 요인이라는 점이다.

다소 느린 속도의 발전은 팬데믹 이전, 코로나19가 수많은 규칙을 다시 쓰기 전의 일이었다는 점을 되새겨볼 필요가 있다. 미래에 펼쳐질 진정한 변화를 떠올려보면, 과거에 논의되던 '고객의 시대'나 '디지털 전환'은 그저 부차적인 설명에 불과했음을 알게 된다. 우리가 직면한 것은 질서 있는 고객의 시대로의 전환이 아니라, 하나의 혁명이다.

이제 디지털 전환이라는 관점은 새로운 고객을 이해하는 출발점이 아니며, 과거의 비즈니스 모델도 더는 유효하지 않다. 이러한 상황에서 과연 리더들은 어디서부터 기업의 탁월성을 달성하기 위한 여정을 시작해야 할까? KPMG의 글로벌 연구에 따르면, 고객 부문 리더 기업들과 가장 빠르게 변화하는 기업들은 뚜렷한 특징이 하나 있는데 바로 절대적으로 명확한 목적이 있다는 점이다. 이것은 단지 비전이나 원칙보다 더 큰 의미가 있고, 심지어 이윤 동기를 뛰어넘는 중요성을 가진다. 기업의 목적을 명확하게 규정하고, 이를 모든 고객과 직원 경험에 포함하는 것이 바로 비즈니스의 변혁으로 이어지는 것이다. 현재의 고객 혁명 속에서 탁월한 경험은 좋은 목적을 일관적으로 추구하는 것에서 시작한다.

가치의 변화

탁월함은 고귀한 목적에서 비롯된다. 2010년부터 우리는 목적이 지닌 지속적인 힘을 추적해 왔다. 단순히 수익을 뛰어넘는 상징성이 있는 브랜드는 시장 수익률을 능가하는 경향이 있다. 고객은 이러한 상징성을 기업이 수행하는 모든 업무의 토대를 이루는 진실성으로 경험한다. 조직들은 점차 '환경, 사회, 거버넌스' ESG 관련 활동을 통해 이를 관리하고 있다. 하지만 목적과 진실성은 그 범위가 때로는 훨씬 광범위하며, 더 빠르게 성장하는 기업과 강력한 내부 문화의 기반을 형성한다.

코로나19 이후, 공중 보건과 안전, 노동시장 현황, 건전한 거버넌스, 그리고 사회적 불균형 문제는 기업과 정부의 단기적 우선순위로 부각될 전망이다. 새로운 현실 속에서 비즈니스에서의 높은 진실성을 추구하는 움직임이 활발해졌다. 코로나 시대의 새로운 현실에 대응하기 위한 많은 기업의 출발점은 올바른 목적을 설정하는 데 있다.

2020년 KPMG CEO 전망 보고서에서 CEO의 79%가 팬데믹 이후 자신의 목적을 재검토하고 비즈니스 환경 및 사회 전반에 어떻게 관련되어 있는지 재평가할 필요가 있다고 응답하였다.

새로운 고객 연구에 따르면 우리는 제품 및 서비스만큼 조직의 윤리가 중요한 '신뢰 경제'에 진입하고 있다. 소매업체 전문 컨설턴트인 메리 포터스 Mary Portas가 언급한 것처럼 사람들은 '구매에서 구매로' 이동하고 있다. 영국 인구의 64%가 그들이 거래하는 회사의 배경에 더 관심을 보이게 되면서, 이제는 지역 사회에 대한 기업의 책임과 사회적, 환경적 영향 문제를 기업의 사회적 책임부서에서만 담당할 수 없게 되었다. 이러한 이슈들은 기업 브랜드의 핵심에 자리를 잡아야 하며, 커뮤니케이션을 통해 전달될 뿐만 아니라, 궁극적으로는 매일매일 제공되는 경험을 통해 실제로 구현되어야 한다.

코로나19를 거치며, 그리고 당분간은, 사람, 이윤, 지구라는 세 가지 요소로 구성된 '트리플 바텀 라인(TBL, Triple Bottom Line, 기업 경영 활동을 수행하면서 경제적, 환경적, 사회적 책임의 세 기준을 모두 고려해야 한다는 원칙)'이 그 어느 때보다 중요해 졌다. 트리플 바텀 라인은 리더들이 오랫동안 세상을 바라보는 방식이기도 했다. 성공적인 리더는 세 가지 요소가 공생관계에 있다는 사실을 인지한다. 즉 사람과 환경에 초점을 맞추면 비용을 절감할 수 있고 더 많은 고객을 브랜드에 참여시킬 수 있다는 것이다. 인터페이스Interface의 CEO인 레이 앤더슨Ray Anderson은 2003년에 지속 가능성이 '더 큰 수익을 내는 더 좋은 방법'이라고 언급하며, "지속 가능성을 올바른 방법으로 실천하면 비용이 들지 않습니다. 오히려 이익이 됩니다."라고 했다.

예를 들어 이케아는 2020년까지 사용전력의 100%를 재생에너지로 공급하도록 약속하였고, 현재는 사용량보다 더 많은 양의 재생에너지를 생산하고 있다. 이케아는 전 매장에 70,000개의 태양광 패널 설치를 투자하여 추가 에너지를 판매하고 새로운 수익원을 창출하였다.

막스앤스펜서 푸드M&S Food는 플랜 A 프로그램을 통해 자사가 환경, 공급업체, 고객 복지를 위해 어떤 노력을 하고 있는지 매장 내 포스터를 활용한 무의식적인 홍보 등으로 고객들에게 끊임없이 알리고 있다.

영국 은행 퍼스트 다이렉트는 '탁월한 서비스를 선도하는 것'을 분명한 목적으로 삼고 있다.

러쉬Lush는 "브랜드로서 내리는 선택들을 통해 세상을 변화시키려고 노력합니다."라고 한다. 러쉬는 기업의 사회적 책임 활동이 업무의 중심에 있는 브랜드이다. 비즈니스의 모든 측면에서 세상을 더 좋고 책임감 있는 곳으로 만들고자 노력하고 있다.

몬조Monzo 은행은 금융상품 판매보다는 고객 문제 해결에 초점을 두며, "세상을 보다 나은 곳으로 만들고 사람들의 삶을 바꾸고 싶습니다."라고 말한다.

리츠칼튼Ritz-Carlton은 목적과 고객 집착을 불가분의 관계로 본다. 매일 전 세계 모든 리츠칼튼 팀은 전날 고객을 위해 어떤 훌륭한 일을 수행했는지 공유한다. 또한, 직원들은 어떤 모습을 보여야 고객에게 멋진 인상을 줄 수 있을지 고민하며 하루를 시작한다. '독창적이고 기억에 남으며, 개성 있는 고객 서비스 경험'이라는 리츠칼튼의 목적은 모든 직원의 활동을 통해 주입된다.

사우스웨스트 항공Southwest Airline은 스토리텔링의 힘을 빌려 목적을 전달하고, 46,000명의 직원이 기업을 가장 사랑받고 가장 많이 이용하는 항공사로 만든다는 비전을 매일 추구하도록 한다. 사우스웨스트 항공은 "우리는 친절하고 신뢰할 수 있으며, 저렴한 항공 여행을 통해 사람들이 삶에서 중요한 것을 연결할 수 있도록 존재합니다."라는 공통된 목적을 중심으로 직원들을 결집해 이를 실천하고 있다.

기업 커뮤니케이션은 실제 사례와 흥미로운 스토리텔링으로 구성되어 있어, 직원들이 목적의 각 단계를 시각적으로 이해하고 느낄 수 있도록 돕는다. 매주 게리 켈리 Gary Kelly 사우스웨스트 CEO는, 훌륭한 고객 서비스를 제공하고자 자신의 업무 그 이상을 실천한 직원들에게 '감사의 한마디'라는 공개 칭찬을 전달한다. 매달 사우스웨스트의 〈스피리트(Spirit)〉 잡지는 이처럼 기대 이상의 업무 능력을 보여준 직원들의 이야기를 소개한다. 사우스웨스트는 다양한 시상과 포상 제도를 통해 직원들이 긍정적인 행동을 실천하도록 강조한다. 이렇듯 목적 지향적인 조직이 내일 사라진다면, 이 기업의 고객은 의미 있는 무언가를 놓치게 될 것이다. '목적'은 조직의 존재 이유이며, '무엇을 할 것인가'인 미션과 '어디로 나아갈 것인가'인 비전과 나란히 존재한다. 그것은 '우리는 무엇을 만들고, 하고, 판매하는 것을 넘어서 왜 존재하는가?'라는 질문에 대한 답이다.

버진 머니(Virgin Money)
CEO 데이비드 더피

영국 은행 버진 머니는 기존 금융 시장 시스템의 현상 유지를 흔드는 데 초점을 맞춘 '챌린저 뱅크(challenger bank, 디지털 기술을 기반으로 하는 소규모 서비스 특화 은행)'다. 약 6,500명의 직원, 6백만 명의 고객 및 750억 파운드의 자산을 보유하고 있는 영국에서 여섯 번째로 큰 은행이다.

버진 머니는 '돈으로 고객을 행복하게 한다.'라는 목적을 굳게 믿는다. 고객이 학생, 가족, 노숙자이든 상관없이 고객을 대하는 버진 머니의 목적은 사람들이 돈을 맡기면서 편안함을 느낄 수 있게 하는 것이다. 즉 고객을 진정으로 생각하는 사람들이 자신의 돈을 관리한다는 사실을 알고 안심할 수 있게 하는 것으로, 이는 회사의 영업 원동력이기도 하다. 직원들에 의해 도출된 이 목적은, '우리의 모든 행동에 깃들어 있고, 우리는 목적이 이끄는 대로 움직인다.'라고 설명할 수 있다.

버진 머니는 조직의 목적에 대한 헌신을 비즈니스 전반에 걸쳐 실천한다. 리더십 팀이 내리는 모든 결정은 버진 머니의 목적을 추진할 방법과 수단에 대한 개요를 제시해야 한다. 오늘날 금융업에서 데이터는 어디에나 존재하며, 버진 머니도 그 예외가 아니다. 그러나 데이비드 더피는 "이 같은 데이터 관리에는 큰 책임이 따르기 때문에, 우리는 점차 목적에 맞게 데이터를 정렬시키고 있습니다. 이를 통해 업무 상황을 점검하는 한편, 가능한 윤리적인 방법으로 데이터를 처리합니다."라고 말한다.

버진 머니가 고객 경험에 관심을 기울이고 있다는 것을 강조하기 위해, 리더십 팀의 한 임원이 CXO(최고 고객 경험 책임자)의 역할을 맡고 있다. 이 역할은 고객의 목소리를 전달하고, 고객 경험에 미치는 영향을 먼저 고려하여 모든 의사 결정을 내리는 것이다. CXO는 최종적으로 고객 경험이 뛰어나고, 목적, 제품, 브랜드 및 기술이 모두 조화를 이루도록 보장하는 책임을 지고 있다. CXO의 역할은 물론 종합적이고 건설적이지만, 그런데도 강력한 메시지를 전달하기도 한다. 그는 "자신들의 방식이 옳다고 믿는 팀은 언제나 존재하기 마련이며, 모든 조직에는 방향을 이끄는 역할과 이를 따라 견인하는 역할이 공존합니다. 이는 조직 문화의 일부이기도 합니다. 이러한 역할을 제대로 수행하려면, 항상 고객에게 유리하게 작용하고 최상의 결과를 낼 수 있는 올바른 프로세스를 갖추는 것이 필수적입니다."라고 말하였다.

조직이 가장 중요한 일에 집중할 수 있도록 성과에 따른 보수를 촉진하는 목표를 설정한다. 이러한 목표는 고객, 동료, 재무, ESG라는 서로를 강화하는 지표 전반에 걸쳐 설정되어 있다. 또한, 장기 인센티브 프로그램의 동력이 되며 은행 관리 방식의 핵심 요소로 작용한다.

목적은 단순한 브랜드 포지셔닝을 넘어, 조직의 가치, 문화, 그리고 정신을 반영한다. 이는 진정성의 근원이면서 고객 경험 전반에 걸쳐 브랜드의 활기를 불어넣는 토대를 이룬다. 조직의 목적은 모든 고객 접점에 걸쳐서 통합, 정렬 및 응집 효과를 달성하기 때문에 중요한 연결자 역할도 한다. 오늘날 비즈니스와 사회적 영향은 서로 조화를 이루어야 한다. 정보화 시대에 소비자들은 수많은 정보에 노출되고, 과도하게 상호 연결되어 있으며 지나치게 회의적인 것이 특징이다. 따라서 소비자들은 특정 브랜드가 진실한 '목적'을 추구한다고 주장하더라도 실제로는 높은 손익 성과를 추구한다면 해당 브랜드에 마음을 열지 않는다. 우리 인간은 목적에 의해 영감을 받기에 유대감과 의미를 추구하려는 욕구가 있다. 이것은 고용 이상의 의미를 통해 달성하고자 하는 만족감이다. 만족감을 주는 목적은 직원과 고객 모두에게 지지를 끌어낸다. 그 첫 번째 단계로 기업은 신규 고객에게 기업 목적의 연관성을 명확히 정의할 필요가 있다.

목적이 없다면 고객 경험은 무의미하고 진정성을 담기 어렵다. 기업의 목적 중심에는 통제 가능한 아이디어가 수립되어 직원과 고객 모두에게 깊은 반향을 불러일으킬 수 있는 길잡이 역할을 한다. 이 아이디어는 내부적으로는 직원을, 외부적으로는 고객의 경험을 형성한다. 시장 선도 기업은 사람과 기업의 목적을 탁월하게 연결한다.

목적 주도 기업의 예는 다음과 같다.

- 최고위층에서 주도하는 기업

  CEO가 목적 아젠다를 설정하며 비즈니스 영향을 훨씬 뛰어넘는 아이디어를 구체화한다. 러쉬, 아마존, 스펙세이버스Specsavers와 같은 기업의 경우 목적을 중심으로 비즈니스를 마무리하는 일은 설립자가 담당한다. 퍼스트 다이렉트와 같은 기업에서는 1989년에 수립한 목적을 각 신임 CEO가 현재 시대에 맞게 유지하고 발전시키는 역할을 한다.

- 개방적이고 투명한 기업

  기업은 목적과 비즈니스의 연결 방식을 외부에 공개하는 동시에 사회에 긍정적인 영향을 발휘할 필요가 있다. 여기에는 적절한 스토리텔링 접근 방식을 취하는 것이 필수적이다. 이것은 공유 가치의 창출과 관련된 사람들 모두에게 왜 유익한지 쉽게 설명할 수 있어야 한다.

- 참여형 기업

  오늘날 소비자는 행동이 말보다 더욱 중요하다는 것을 알고 있으며 자신들의 행동이 변화를 가져오기를 원한다. 바로 이 점이 성공적인 브랜드가 고객이 함께 비즈니스에 참여하고 공동 창작의 기회를 제공하는 이유이다. 최근 상위 기업들이 조직 내에서 자발적인 참여 문화를 실천하고, 고객의 참여를 적극 장려하는 것은 결코 우연이 아니다.

목적의 재정의

단순히 설득력 있는 목적을 규정하는 것으로는 충분하지 않다. 구현 방법을 확대하는 지침이나 원칙이 필요하다. (이어지는 문장은 표 1.1 끝나는 지점에서 계속됨)

	표 1.1 고객 목적과 간단한 규칙들	
USAA	**고객 목적:** 구성원의 삶에 긍정적으로 기여할 것 **간단한 규칙들:** 깊고 심오한 수준으로 고객을 이해할 것 자신이 대접받고 싶은 대로 고객을 대접할 것 **경험:** 특별한 수준의 공감과 정서적 연결	

디즈니 파크
(Disney Parks)
	고객 목적:
	다른 사람들을 행복하게 하기
	
	간단한 규칙들:
	• 모든 경험을 마법처럼 만들 것
	  - 긍정적인 이미지와 에너지를 전달한다.
	  - 모든 고객에게 공손하고 존중하는 태도로 대한다.
	  - 평상시대로 역할을 수행한다.
	  - 기대 이상의 업무 능력을 발휘한다.
	• 자신이 대접받고 싶은 대로 고객을 대접할 것
	
	경험:
	70%의 재방문율을 끌어올리는 마법 같고 매혹적인 '와우(wow)' 경험.	

아마존 (Amazon)	**고객 목적:** 고객을 우선시할 것 **간단한 규칙들:** • 항상 고객을 관리할 것 • 세계에서 가장 고객 중심인 기업이 될 것 • 고객을 즐겁게 하고 영감을 제공할 것 **경험:** 아마존은 고객을 위한 온라인 쇼핑 경험을 정의를 제시하였다.	

퍼블릭스 (Publix)	**고객 목적:** 쇼핑을 즐거운 경험으로 만들기	
	간단한 규칙들: • 이익을 창출하는 것이 올바른 일을 하는 데 방해가 되지 않도록 할 것 • 식품을 스타로 만들 것 • 뛰어난 고객 서비스와 가격 경쟁력을 제공할 것	
	경험: 고객들이 퍼블릭스에서의 쇼핑 경험을 즐긴다.	
웨그먼스 (Wegmans)	**고객 경험:** 고객을 진정 최우선이 되도록 하기	
	간단한 규칙들: • 직원들은 행복하고 지식을 함양하고, 탁월하게 훈련받을 것 • 고객을 내 손님처럼 대접할 것 • 고객이 충분히 시간을 가지고 긴장을 풀고 경험을 즐길 수 있도록 할 것 • 모든 사람의 웰빙에 관심을 가질 것 • 높은 기준을 삶의 방식으로 삼을 것	
	경험: 푸드 테마파크에서 일하는 능력 있고 열정적인 직원은 고객과 거의 불가분의 관계를 형성한다. 직원 자체가 이곳을 찾는 목적이 된다. 포춘지의 '일하기 좋은 100대 기업'에서 미국 최고의 고용기업 중 하나로 선정됨	
자포스 (Zappos)	**고객 목적:** 흔하지 않은 서비스	

	간단한 규칙들:
	• 다음을 기반으로 고객 문화를 만들 것
	  - 서비스로 '와우' 감동을 전할 것
	  - 변화를 수용하고 추구할 것
	  - 재미와 약간의 기이함을 제공할 것
	  - 모험심과 창의성, 그리고 개방성을 갖출 것
	  - 성장과 배움을 추구할 것
	  - 개방적이고 정직한 관계 구축할 것
	  - 긍정적인 팀과 가족 정신을 구축할 것
	  - 적은 비용으로 더 많이 작업할 것
	  - 열정과 결단력을 가질 것	

	경험: 계속해서 자신의 기대를 뛰어넘을 것	

마케팅 담당자나 고객 서비스 팀의 단순한 기능적 구성뿐만 아니라 기업의 모든 부분과 연결되어야 한다. 재무팀이나 기업 서비스 담당 부서가 목적에 대한 믿음이 없다면 이것은 진정한 목적이라 할 수 없다. 모든 고객 접점에서 일관된 경험을 보장하는 것은 바로 이 같은 간단한 규칙들 또는 디자인 원칙들이다.

철새를 통해 생각해볼 수 있다. 응집력과 통합적인 특성을 가진 철새들은 기후가 따뜻한 지역으로 날아가려는 단 한 가지 목적이 있다. 그러나 비행 컨트롤을 연습하는 방식은 몇 가지 간단한 규칙들을 바탕으로 한다. 옆에서 함께 비행하는 파트너와의 최적의 거리를 유지하고, 자신들의 속도를 조절하며, 모든 방향에서의 비행 전환을 예측한다. 응집력을 발휘시키는 몇 가지 간단한 규칙들의 영향력은 오랫동안 잘 알려져 왔다. 그러나 글로벌 리더들은 확실한 이익을 달성하기 위해 이를 활용하였다. (표 1.1 참조.)

디즈니 파크(Disney Parks)

월트 디즈니는 테마파크를 세우면서 경험을 정의했는데, 이때 중심 목적은 행복을 만드는 것이었다. 이에 맞춰 간단한 규칙들이 백설 공주에 나오는 일곱 난쟁이 캐릭터들에서 영감을 받아 만들어졌다. 1950년대에 적용되었던 이 규칙들은 오늘날에도 모든 비즈니스에 유효하다.

- 해피Happy처럼 행동할 것 - 고객과 눈을 맞추고 미소 짓기!
- 스니지Sneezy처럼 행동할 것 - 모든 고객에게 일일이 인사하고 환대 정신

을 널리 실천할 것
- 배쉬풀Bashful처럼 하지 않을 것 - 적극적으로 고객 접촉을 시도할 것
- 닥Doc처럼 행동할 것 - 즉각적인 서비스 회복을 실천할 것
- 그럼피Grumpy처럼 하지 않을 것 - 항상 적절한 보디랭귀지를 사용할 것
- 슬리피Sleepy처럼 행동할 것 - 꿈을 선사하고 마법과 같은 고객 경험을 간직할 것
- 도피Dopey처럼 행동하지 않을 것 - 모든 고객에게 감사할 것!

간단한 규칙들을 통해 목적을 달성하기
모질라(Mozilla)

모질라는 샌프란시스코에 기반한 비영리 재단으로 파이어폭스Firefox에 이어 4번째로 가장 많이 이용되는 웹 브라우저다. 모질라의 조직은 인터넷상의 평등한 접근과 투명성을 지향하며, 임무 주도방식으로 운영된다. 파이어폭스의 월 3억 명의 이용자들은 크롬, 사파리, 엣지를 제치고 이 브라우저를 이용한다. 그 이유는 모질라가 자신들의 개인 데이터를 보호하고 온라인상에서 자신들의 활동 추적에 제한을 설정하도록 설계된 덕분이기도 하다.

2015년 야샤 케이카스-울프Jascha Kaykas-Wolff가 모질라 CEO로 부임하였고, 취임 즉시 기업의 목적을 명확히 설정하도록 지시하였다. 그는 모든 사람에게 인터넷을 오픈하고 접근할 수 있도록 하는 것이 모질라의 책임이라고 언급하였다. 그러나 이처럼 수준 높은 주장도 실제로는 기업이 이를 실천할 수 있는 능력 수준에서 그 가치를 발휘한다. 울프는 일부 기술 분야 비즈니스에 '애자일(agile, 부서 간 경계를 허문 다기능 조직 구조)' 방식의 시스템 개발 방법을 수립하였고, 간단한 규칙들을 일부 적용함으로써 목적을 일상 활동에 적용할 수 있는 메커니즘으로 애자일 전략을 단계적으로 구사하

기 시작하였다.

그는 비즈니스에 근본적인 문제가 있음을 알아차렸다. 모질라는 기능적 전문지식을 기반으로 사일로(silo, 조직 내에서 외부 부서와 소통하거나 협업하지 않고, 폐쇄적으로 운영되는 부서) 문화를 형성하는 데 매우 능숙한 기업이었다. 이러한 구조는 진전을 방해하고 부서 간에 장벽을 만들어냈다. 그래서 그는 '사일로'에서 벗어나는 데 집중했다. 이를 위해서는 협업을 기반으로 한 새로운 접근 방식이 필요했다. 여기에는 다른 비즈니스 부문에서 사용되는 린(lean, 고객에게 전달되는 가치를 극대화하면서 불필요한 낭비를 최소화하도록 설계된 생산 방식) 방식과 애자일 프로젝트 관리 프로세스를 마케팅, 제품 그리고 중앙 부서에 적용하는 방법을 배우는 과정을 포함했다. 표면적으로는 마치 소기업처럼 보이는 다기능 업무팀을 구축하는 것이 사일로에 의해 생겨난 인위적인 장벽을 허무는 방법이었다. 이를 통해 과거에 서로 분리된 분야들을 통합하여 상호 이해와 통찰력을 높일 뿐만 아니라 더 나은 결과까지도 얻을 수 있었다.

이 접근 방식은 또한 최상위 경영진의 생산성 속도를 높였다. 카일라스 울프와 그의 동료 비즈니스 리더는 애자일 전략을 채택하면서 일주일에 세 번씩 애자일 방식의 '스탠드업' 회의를 개최하였다. 이 회의는 각 경영진이 그날 가장 중요한 이슈에 관해 이야기하는 7분짜리 경영진 모임이다. 전술 회의는 일주일에 한 번 열리고, 그 자리에서 중요한 고객 통찰력을 논의한 뒤 새롭고 더 나은 제품과 기능을 신속하게 개발하는 데 필요한 자원들의 조합을 결정한다.

이처럼 새로운 방식으로 달성한 성과는 2020년 현재 파이어폭스가 새로운 월간 업데이트 주기를 달성하게 될 것이라는 발표를 통해 입증되었다. 이 주기는 기존보다 두 배 빠른 업데이트 속도로 과거에는 불가능했을 수준이다. 또한, 사용자는 강화된 온라인 보호 기능을 통해 다양한 신제품에 대

> 한 영감을 얻었다. 이러한 제품들은 과거의 사일로 방식이 아닌, 협업을 기반으로 개발되었다. 새로 개발된 제품에는 '커피숍'과 같은 공용 인터넷 액세스를 사용할 때 보안을 향상하는 사설 네트워크 기술과 데이터가 해킹에 노출되었을 경우 사용자에게 경고하는 무료 파이어폭스 모니터 서비스가 있다.
>
> 모질라는 이제 간단한 애자일 방식들을 바탕으로 고객의 이익을 위해 목적을 신속하게 달성함으로써 이익이나 주주 가치가 아닌 조직의 의사 결정을 주도하는 목적 중심의 조직이 되었다.

뚜렷한 목적이 모든 조직의 영혼을 결정짓는 '진실성의 경제'에서는 목적이 단순히 브랜드, 사회적 가치, ESG, 윤리적 책임 또는 고객 경험이라는 단일 목적의 측면보다 훨씬 광범위하며, 오히려 이익 이상의 가치를 대변하기에 필요한 근본 요건이다. 2부에서 다루는 내용에서도, 이 같은 진실성을 추구하는 기업의 헌신은 모든 경험을 구축하는 데 필수적인 기반을 형성한다.

주요 시사점

1. 세계는 짧은 기간 동안 극적인 변화를 경험하고 있고, 이미 그 증거로 나타난 거시적인 추세는 팬데믹으로 인해 가속화가 되었으며 새로운 추세들이 등장하였다.
2. 팬데믹 이후의 새로운 세상에서 탁월성은 고객 경험의 숙달과 기업의 목적의 토대 위에서 달성된다.
3. 고객의 근본 가치는 기업이 스스로 어떻게 행동하고 환경과 어떻게 관련되며 어떤 고귀한 목적을 추구하느냐에 더욱 집중되고 있다.
4. 고객들은 자신의 가치, 세계관, 지역 경제에 가져오는 가치를 공유하는 기업에 더 큰 매력을 느낀다.
5. 기업은 자사의 정체성과 존재 이유, 그리고 기업이 사라질 경우, 세상이 무엇을 잃게 될지를 명확히 정의할 필요가 있다. 만약 그 질문에 대한 답이 '아무것도 없다'라면, 기업은 자신이 누구를 위한 존재인지, 지향하는 이상적인 모습은 무엇인지, 그리고 더 큰 가치를 위해 어떤 이바지를 할 수 있을지를 일관성 있게 고민해야 한다.

02

요즘 고객은 이렇게 반응한다

기업이 명확한 정체성을 확립하는 것은 필수적이다. 그러나 개별 고객은 언제나 복합적이고 다양한 특징을 가진다. 우리는 이성적이고 감성적인 니즈, 신념, 동기의 집합체라고 할 수 있다. 모든 기업이 고객에게 이들의 니즈를 충족시킬 수 있는 제안, 즉 경험을 설계하기 이전에 (2부의 핵심 주제), 기업은 누구를 대상으로 서비스를 제공하는지를 분명히 할 필요가 있다.

이것은 시장 세분화의 전통적인 보존 방식으로, 이 분야는 지난 수십 년 어느 때보다도 오늘날 더 중요하고 정교해졌다. 진행 속도가 느리거나 변경할 것이 제한적이던 시대에는, 최고 마케팅 책임자 또는 고객 서비스 팀이 몇 년 단위로 비즈니스 모델들을 업데이트할 수도 있었다. 대부분의 기업에서 수많은 고객 모델이 연구팀, 디지털 페르소나 및 광고 기능 전반에 걸쳐 존재한다. 여기에는 복수의 데이터 스트림과 통찰력이 중복되어 있었다. 이솝우화의 장님과 코끼리 이야기처럼 고객은 다양한 언어와 수많은 관점을 통해 설명되었다. 더욱 단순한 시대에는 이것이 실망스럽고 혼란스러울지라도 치명적인 결과로 이어지진 않았다.

고객 혁명에 마주하면서 조직이 서비스 제공 대상이 누구인 지에 대해 일관되고 보편적인 관점이 없다면, 이것은 리더십의 중대한 실패다. 다가오는 변화와 기회를 효과적으로 대응하기 위해서는, 모두가 고객이 누구인지 명확히 이해하고, 고객에 대해 정확하게 논의할 수 있는 공통의 언어를 가져야 한다.

이를 실천하는 데에는 여러 가지 접근 방식이 존재한다. 어떤 방식은 전술적 자동화나 의사 결정을 내리는 데에 더욱 적합한데, 예를 들어 마케팅 기술을 최적화하여 제안을 생성하거나, 고객 관계 관리 데이터베이스를 설정해 서비스 상호작용을 미세하게 개인화하는 것이다. 이 중 가장 좋은 방법이 실시간으로 업데이트되며 고객을 각 그룹에 할당하기 위해 다양한 신호들을 가져오고, 머신 러닝을 바탕으로 최적의 전략이 추천된다. 또 다른 모델들은 소비자 동기, 니즈, 경제적 동인에 중점을 두는 전략적인 특징이 있다. 기업이 기술에 심도 있게 접근하기에 앞서 다음의 과제를 먼저 수행하도록 권장한다. 즉 기업은 어디에 가치를 두고 고객이 무엇을 기대하는지에 대해 일관성을 가질 필요가 있다.

여기서 기업은 선택할 수 있는 유용한 모델이 여러 가지가 있고, 각기 고유한 요인과 결정 요인들로 구성된다. 이를 논의하기 위해

KPMG는 전 세계에서 수행한 다양한 연구를 분석했다. 그 결과, 새로운 고객과 그들의 동기 및 행동을 이해하는 데 핵심적인 다섯 가지 일관된 요소가 도출되었다. 이 요소들은 고객이 점점 더 구매 결정을 내릴 때 기준으로 삼는 것들이다. '고객의 구매 결정을 구성하는 5가지 요소'로 불리는 이 개념은, 조직 전반에 걸쳐 일관된 이해를 돕기 위한 유용한 프레임워크를 제공한다.

고객은 이러한 모든 과정에서 크게 변화해왔다. 새로운 현실에서 경쟁하기 위해서는 이러한 요소를 잘 파악하는 것이 모든 경쟁 우위를 달성할 수 있는 출발점이 될 것이다.

> **1. 동기:** 신뢰, 진정성 및 사회적 가치는 오늘날 소비자의 선택에 중요하지만, 무형의 동기 부여 요인이다.
> **2. 관심:** 소비자의 관심을 끌기 위한 경쟁이 그 어느 때보다 치열해지고 있으며, 이러한 상황은 전례 없이 많은 양의 콘텐츠를 이용할 수 있게 되면서 가속화되었다.
> **3. 연결:** 오늘날의 기술은 인간과 정보를 연결하고 서로를 연중무휴 24시간 연결하여 사회적 상호작용과 행동의 변화를 주도한다.
> **4. 시계:** 시간의 제약을 이해하고 생애 전반에 걸친 변화를 예상하는 기업은 가장 큰 영향을 미치는 순간들에 고객을 참여시키고 고객의 니즈를 정면으로 충족시킬 수 있다.
> **5. 지갑:** 고객이 삶의 단계와 중요한 생활 사건에 걸쳐 지갑 점유율을 조정하는 방법이 변화하고 있다. 이러한 변화는 단일 카테고리에 그치지 않고, 그들이 돈을 할당하는 모든 영역에 걸쳐 연쇄적인 변화를 일으키고 있다.

동기: 행동을 이끄는 힘

구매 유발 요인은 구매 결정을 안내하고 우선순위를 결정하는 의식적이고 잠재 의식적인 삶과 개인의 목표에 따라 형성된다. 경제학자 테오도르 레빗Theodore Levitt은 "사람들은 4분의 1인치 드릴을 사고 싶은 게 아닙니다. 그들은 4분의 1인치짜리 크기의 구멍을 원하는 것입니다."라고 이야기했다. 미국 화장품 기업 레블론Revlon의 창립자인 찰스 레브슨Charles Revson은 "공장에서 만드는 것은 화장품이지만, 가게에서 파는 것은 희망입니다."라는 유명한 일화를 남겼다.

고객이 파손된 파이프를 수리하는 데에 필요한 부품을 구매하려고 DIY 매장을 방문할 때와 2주 후 정원용 가구를 구매하기 위해 다시 해당 매장을 방문할 때 갖게 되는 동기, 우선순위 및 기대 수준은 각각 다르다. 고객이 필요로 하는 경험을 결정하는 것은, 고객이 처한 상황과 구매를 유도하는 요인이다.

이제 이러한 배경에서 전통적인 형태의 '전략적' 세분화는 충분한 통찰력을 제공하지 않는다. 가장 많이 사용되는 세 가지 유형의 세분화는 인구 통계, 지리, 심리적 세분화다. 전통적으로 마케팅 실무자들은 사람들을 연령, 성별, 위치, 라이프 스타일, 직업 등 뚜렷한 유사성을 가진 그룹으로 분류한다. 하지만 이제는 인구 통계만으로 고객의 구매 행동을 신뢰성 있게 설명할 수 없다. 예를 들어, 영국의 찰스 왕자와 헤비메탈 밴드 보컬인 오지 오스본Ozzy Osbourne은 비슷한 연령대에 유사한 삶의 단계에 속하지만, 이 두 사람이 유사한 구매 행동을 보일 가능성은 지극히 낮다.

최근에는 기술이 행동 기반 타겟팅을 가능하게 하여, 사용자의 의도를 파악할 수 있게 되었다. 이는 '전술적' 세분화 방식이다. 하지만 기업들은 이제 단순히 제품을 판매하는 것을 넘어, 신체적·감정적·의식적·무의식적 차원에 걸친 복합적인 삶의 문제를 해결하는 포괄적인 솔루션을 제공하는 방향으로 나아가고 있다. 즉 고객의 다양한 상황을 파악하는 것이다. 고객 대부분이 여러 채널, 접점, 미디어를 통한 여정 안에서 미래의 행동을 결정하는데, 이것은 가장 정교한 디지털 플랫폼으로도 구축하기 매우 어려운 일이다. 따라서 고객과 이들의 동기를 이해하기 위해 새로운 방법이 필요하다.

새로운 접근법의 출발점은 고객의 개인적인 상황과 그 결과로 발생하는 의도다. 이러한 상황을 이해함으로써, 경험들을 고객의 매우 개인적인 니즈와 우선순위에 맞춰진 경험을 설계할 수 있으며, 이 경험들이 독특하고 특별하다고 느낄 수 있다. 예를 들어, 흡연자를 저위험 제품으로 전환시키려는 기업의 전략이 있다. 이러한 시도는 흡연자들이 금연을 결심한 동기를 이해하는 데에서 시작되었다. 사람들이 금연을 결심하는 이유는 다양했다. 후각적으로 냄새를 더 잘 맡기 위해, 건강해지기 위해, 가족을 보호하기 위해, 모범을 보여주기 위해, 돈을 절약하기 위해 그리고 기대 수명을 증가하고자 하는 등의 이유가 있었다. 회사는 사람들이 포기하게 되는 몇 가지 분명한 이유를 발견했다. 연령, 성별, 지리, 경제적 상황과 관계없이 흡연자 대다수가 이러한 이유 중 하나에 해당하였다. 회사는 일단 주된 이유를 파악한 후, 금연해야 하는 이유를 계속해서 강화하고 흡연자가 그들의 목표 달성을 향해 가는 과정을 보여주는 경험을 설계할 수 있었다.

많은 기업이 특정 시점에 고객을 인식하는 '고객 알기' 전략에 집중하고 있다. 이는 종종 규제 요구 사항(규정 준수 입증) 또는 상업적 목표(클릭 전환) 등을 충족해야 하기 때문이다. 그러나 '고객을 이해하기' 즉 고객의 삶에서 일어나는 일을 더욱 폭넓게 연결하고 직원들이 적절한 도움을 제공할 수 있는 프레임워크를 성공적으로 제공한 회사는 거의 없었다.

미국 은행 USAA는 미국 KPMG 100대 지수에서 꾸준히 1위를 차지하고 있다. 은행은 고객의 삶에 긍정적인 변화를 주는 것에 자부심을 가지고 있다(실제로, 고위 임원들은 이 기준에 따라 보상을 받는다). USAA는 고객의 상황, 동기, 촉발 요인을 가장 잘 이해하며, 세계 시장을 선도하는 기업이다. 직원들은 먼저 고객의 삶의 단계와 맥락을 결합한 상황 기반 세분화로 시작한다. 직원들은 상황, 촉발 요인, 생활 사건들, 고객의 최종 목표를 점검한다. 고객은 자신의 상황에 따라 특정 지점에서 은행의 커뮤니케이션 전략에 참여할 수 있고, 그다음에는 비슷한 삶의 단계를 거치는 다른 고객들과 유사한 경로를 따라 참여하고 안내받는다.

커뮤니케이션은 고객과 생활 사건에 근접한 것을 기반으로 시작된다. 예측 기술을 활용하여 고객이 생활 사건에 진입하는 시기와 적절한 커뮤니케이션을 시작할 수 있는 시기를 결정한다. USAA가 보유한 다양한 유형의 연락처에는 수백만 가지의 잠재적인 조합이 존재하기 때문에, 잠재적으로 각각의 조합들이 모든 경우에 고유성을 가질 수 있다. 이 경우 접촉 전략은 기술과 비즈니스 규칙에 따라 조정되지만, 상황과 심리적 결과에 그 뿌리를 두고 있다.

파괴적 혁신 이론의 아버지인 클레이튼 크리스텐슨Clayton Christensen이 마이클 레이노Michael Raynor와 공동 집필한 《성장과 혁신(The Innovator's Solution)》에 따르면 기업이 개발하는 모든 신제품 개발 노력의 60%는 시장에 출시되기 전에 중단된다. 시장의 빛을 보는 40% 중에서 40%는 수익을 내지 못하고 시장에서 철수된다. 저자들은 이처럼 높은 실패율의 원인이 제품 속성과 고객 속성을 비교하고 마케터가 둘 사이의 관계를 찾고자 하는 속성 기반의 세분화 기법을 추구하는 회사의 기능 때문이라고 믿는다.

두 저자는 상황 기반의 세분화 전략을 제안한다. 분석의 핵심 단위가 고객이 아닌 상황인 것이다. 이들은 자신들의 핵심 요점을 증명하는 데 사례 연구를 제시하였다. 이 사례에서는 밀크셰이크를 판매하는 패스트푸드 기업이 등장한다. 이 회사는 매출과 이익을 개선하고자 속성 기반의 세분화 전략을 취하였고, 밀크셰이크를 구매할 가능성이 있어 보이는 고객을 프로파일링하였다. 그런데 이 같은 시도에도 불구하고 회사의 실적은 개선될 기미가 전혀 보이지 않았다.

이에 연구자들은 밀크셰이크 구매자에 대한 민족 지학적 연구를 토대로 상황 기반의 접근 방식의 전략을 추진하였다. 그 결과 놀랍게도 가장 많은 소비가 이루어지는 것이 오전 시간대의 포장 구매였다. 연구자들은 아침에 매장을 방문한 고객들을 인터뷰하면서 사람들이 출근길의 무료함을 달래고자 밀크셰이크를 구매하는 것을 알게 되었다. 베이글, 도넛 등 다른 아침 식사에 비해 밀크셰이크가 가장 좋은 선택처럼 보였다. 천천히 먹을 수 있고, 먹을 때 지저분해지지 않으면서, 운전자의 손이 끈적하나 운전에 방해가 되지도 않았다. 이 날 늦은 오후에 구매한 밀크셰이크는 대부분 부모가 아이들에게 '안 돼'라고 씨름하며 힘든 하루를 보낸 후에 자녀들을 달래기 위해 구매한 것이었다. 아침에 밀크셰이크를 구매한 운전자들은 밀크셰이크의 되직한 농도를 높이 평가했지만, 오후에는 아이들이 좀 더 빨리 마시고 싶어 했기 때문에 똑같은 밀크셰이크를 끝까지 마시지 못하는 경우가 많았다.

상황 기반 연구를 마치고 난 뒤 해당 레스토랑은 밀크셰이크 매출과 이익을 개선할 방법에 대해 명확한 그림을 가지게 되었다. 아침에 고객들이 구매한 밀크셰이크는 좀 더 오래 먹을 수 있고 쉽게 구매할 수 있어야 하고, 과일이나 새로운 맛의 밀크셰이크를 제공하여 소비자들에게 어필할 수 있어야 했다. 오후에 판매된 밀크셰이크는 소비 시간이 더 짧아야 하고, 젊은 소비자의 관심을 끌어야 한다. 이 같은 상황은 밀크셰이크를 좀 더 묽게 만들고 크기가 작고 재미있는 모양의 컵에 담아 제공하는 것과 같은 전략을 제시한다. 상황 기반 시장 세분화는 기업이 고객이 원할 만한 제품을 제공하고 있는지를 판단할 수 있는 강력하고 전략적인 방법을 제공한다.

고객 알기
QVC

QVC는 연간 90억 달러의 수익을 내는 미국의 TV 홈쇼핑 전문 텔레비전 채널이다. 이 회사는 높은 수준의 브랜드 약속을 회사명에 포함했다 (Quality(품질), Value(가치), Convenience(편리함)). QVC는 고객에게 브랜드 약속을 매일 실천하고 있다. 그 결과 영국 뷰티와 여성복 시장에서 최대 업체 중 하나로 성장했다. QVC의 구매자들은 끊임없이 좋은 가치의 상품을 찾고 있으며 이것을 QVC에서 발견한다. 이 기업은 전 세계에서 가장 충성도가 높은 고객들을 보유하고 있다. 고객 유지율은 평균 90%로 소매업계에서 유례없는 수준이다.

QVC는 직원 참여와 뛰어난 고객 경험을 제공하는 데 주력했다. 그 결과 매년 KPMG 지수가 거침없는 상승세를 보이며 2017년에는 1위를 달성하였다.

QVC 성공의 핵심은 소비자 심리학자들이 '준사회적 관계'라고 말하는 예술과 과학에 숙달한 덕분이다. 준사회적 관계는 사람들이 유명인이나 허구의 인물과 느낄 수 있는 일방적인 친밀감이다. 이 용어는 1956년 연구원 도널드 호튼Donal Horton과 리처드 볼Richard Wohl이 처음 소개한 개념이다. 그들은 이를 거리 속의 친밀함이라고 표현했다. 또는 연구에서 한 참가자가 QVC의 TV 진행자를 '상상 속의 친구'라고 설명하는 것과 같은 맥락이다.

QVC는 자사 고객의 심리를 깊게 이해하고 있다. 고객의 심리를 이해하기 위해서는 대상 고객에 대해 매우 자세한 설명이 필요하며, QVC는 해당 고객을 매우 주의 깊게 설명한다. 한 여성 고객(고객의 86%가 여성)은 쇼핑이 삶의 중요한 요소로 자리 잡은 사람이다. 이 고객은 쇼핑을 치료(금융 치료)뿐만 아니라 세상과 소통할 수 있는 필수 요소라고 생각한다. 쇼핑은 이 여성 고객이 휴식하고, 놀거리를 찾고, 자신의 가치를 결정하는 방법이다.

QVC는 고객이 이러한 가치들을 공유하는 다른 사람들을 보고 상호작용할 수 있도록 도와준다. 여기에는 독특하고 심오한 연결고리가 존재한다.

매일 QVC의 TV 진행자는 시청자에게 공감하는 표정을 보여준다. 이들의 진행 스타일은 방송을 보는 고객들이 쉽게 공감할 수 있는 친근한 스타일로 마치 친구 사이에 토론을 주고받는 것 같은 느낌을 주는데 이것이 바로 쇼핑 경험의 필수적인 요소다. 따라서 TV 진행자를 신중하게 선발하여 고객에게 어필하고 의사소통하는 방법을 (최대 6개월) 교육한다. 이 같은 방식을 '담장 너머의 대화'라고 설명한다. 호스트들은 해당 제품이 고객에게 왜 필요한지 설명해주는 친구인 셈이다. 방송이 진행되는 동안 제품을 강매하는 분위기 없이, 제품 품질에 초점을 맞추면서, 제품이 고객에게 어떤 느낌을 선사할 것인지 주력해서 설명한다.

호스트는 기대 수준을 설정과 함께 프로그램을 시작한다. "오늘 저희는 여러분을 위해 알찬 방송을 준비했습니다.", "이번 방송에서는 여러분이 다시는 볼 수 없는 제품 구성이 준비되어 있습니다."라는 식의 설명으로 방송을 시작한다. 고객 센터 직원은 고객의 말을 경청하고 감성적으로 연결되는 관계를 구축하도록 훈련받는다. 고객을 진심으로 걱정하는 훌륭한 사람들을 확보하는 것이 QVC가 최고의 서비스를 제공할 수 있는 능력과 힘을 갖추도록 하는 중요한 요소다. 실제로 공감은 QVC가 성공을 거둘 수 있었던 토대라고 할 수 있다.

제품은 착용 시 본인의 모습이나 느낌에 따라 표현된다. 예를 들어, 장신구는 착용했을 때 어떤 느낌일지 설명한다. 상황에 따라 '유혹적이고, 자신감 있고, 우아하고, 개성 있고, 아름답다' 등의 느낌들을 통해 제품을 설명하는 것이다. 특히 시청자가 만지거나 느낄 수 없는 향수 같은 제품은 상대방에게 선물을 주는 느낌에 비유하여 설명한다. 이것은 모두 시청자의 기대와 관련이 있다. 바로 고객의 마음속에 기대감을 심는 것이다. 소유하는 것만큼이나 원하는 것이 중요한 경우다.

관심: 주의를 붙잡는 방식

Z세대의 주의집중 시간은 8초, 밀레니얼 세대의 경우는 12초라고 알려져 있다. 그 이전 세대의 인구통계학적 집단의 경우 주의집중 시간이 좀 더 길지만, 이 시간도 줄어들고 있는 현실이다. 우리는 과거보다 주의집중 시간이 짧아졌으며 우리의 정서적 처리시간에 관련하여 여러 가지 경쟁적인 요구 상황에 직면해 있다. 이는 모든 마케팅 순간이 중요하다는 것이다.

선택지는 넘쳐나고, 고객의 주의력은 분산된 지금, 구매 시점에만 고객의 관심을 끌고자 하는 방식은 이제 유효한 전략이 아니다. KPMG 지수 상위권 기업과 최근 가장 빠르게 순위권에 진입한 기업은, 판매 간 고객 관계를 구축하기 위해 기술을 활용하는 법을 터득한 기업들이다. 따라서 이들 선도 기업들은 고객이 삶 속에, 특히 정말 중요한 순간에 고객의 마음속에 심리적으로 존재한다.

조 지라드(Joe Girard)

조 지라드는 최초의 슈퍼 세일즈맨이다. 그는 1963년부터 1978년까지 한 달에 평균 100대 이상의 자동차 판매를 달성하면서 새로운 성취의 기준을 세웠다. 1년에 1,425대의 자동차 판매로 기네스북에 등재된 기록을 경신하기도 하였다. 그는 할인도, 더 좋은 차량도, 어떤 인센티브도 제안하지 않았다. 단지 경쟁자들과는 다른 판매 접근 방식을 취했을 뿐이다. 그는 상품 판매나, 거래 기반의 판매 영업에 집중하지 않았다. 지라드는 신뢰를 바탕으로 깊은 개인적인 관계를 판매하였다.

지라드는 고객들과 지속해서 연락을 유지하면서 고객의 삶 속에 심리적으로 자신의 존재를 각인시켰다. 평균 자동차 교체 주기가 4년이라는 점을 감안할 때, 고객과의 지속적인 상호작용은 단순히 그가 다시 시장에 나왔을 때 연락하는 것을 넘어서는 의미를 갖는다. 그는 고객 커뮤니케이션을 관리하기 위해 비서 두 명을 고용하였고 매달 고객들에게 개인적인 안부 메모를 작성하였다. 지라드는 거의 고객의 가족 구성원 같은 존재가 되었다. 그는 고객이 바로 네트워크의 관문이라는 사실을 인식했다. 지라드의 기본 원칙은 항상 고객들에게 그들이 얼마나 중요하고 특별한 존재인지 인지시키고, 고객과의 비즈니스를 당연하게 생각하지 않는다는 것을 알게 했다. 그의 결정적인 영업 전략은 자동차 소유권의 수명주기를 처음부터 끝까지 관리한 것이었다. 지라드는 진정한 판매는 바로 판매 후에 시작된다고 믿었다. 결과적으로 그의 사업 대부분은 기존 고객들의 소개로 이루어졌다. 지라드는 '고객 옹호 전략'이 주목받기 훨씬 이전부터, 이미 탁월한 고객 관리 능력을 갖춘 인물이었다.

물론 오늘날 기술은 두 명의 비서를 대체하고 개인화된 상호작용을 할 수 있다. 고객의 삶에서 중요한 사건에 맞춰서 맞춤화된 상호작용을 제공하여 흥미롭고 연관성 있는 커뮤니케이션을 이끌고, 관계를 구축할 기회를 마련할 수 있다.

많은 경우 고객의 삶에서 중요한 순간들은 판매가 아닌 관계를 구축하는 순간들이다. USAA, 미 해군연방신용조합Navy Federal, 에드워드 존스Edward Jones, 찰스 슈압Charles Schwab과 같이 구매 간의 간격이 긴 금융 기업이든, 에이치이비H-E-B, 퍼블릭스, 웨그먼스처럼 구매 빈

도와 접점이 많은 기업이든, KPMG의 CEE 지수 상위권에 오른 기업들의 비결은 같다. 디지털 기술을 매개로, 구매 사이의 공백 기간에도 고객 곁에 신체적·심리적으로 함께하는 것이다.

뇌는 주의집중 필터가 미리 장착되어 있다. 이 필터를 통해 우리는 삶의 많은 것들을 자동으로 탐색할 수 있다. 또한, 중대한 상황이 발생했을 때, 신중한 판단을 내릴 수 있도록 방향을 제시해준다. 이것이 바로 우리가 사람들로 북적이고 시끄러운 방 너머에서 누군가가 내 이름을 불쑥 부르는 것을 들을 수 있는 이유다.

소비자는 자기 삶의 목표, 삶의 문제 및 정서적 만족에 대한 욕구와 관련된 것들에 매력을 느끼게 된다. 조용히 휴식을 취하기, 아기의 탄생 등, 생활 사건들은 산업별로 관련성이 다르지만, 이 사건들은 뚜렷한 고객의 니즈의 동력이 되고, 이러한 니즈의 분석은 충족되지 못한 고객의 니즈를 또한 나타낸다. 따라서 넷플릭스, QVC, 힐튼Hilton, 퍼스트 다이렉트와 같은 선도 기업들은 이 니즈를 중심으로 고객 경험을 설계한다.

이벤트는 고객의 삶에서 발생하는 중요한 요소이며, 고객이 목표 달성을 위한 여정을 시작하는 계기를 제공한다. 이는 고객이 주어진 환경 속에서 해결해야 하는 문제들을 발생시키며, 일부는 예측할 수도 있지만, 대부분은 그렇지 않다. 이벤트는 고객의 사고방식과 심리적, 신체적 만족 측면에서 고객이 추구하는 것에 영향을 미친다. 앞서 언급한 사례와 같이 파손된 파이프를 수리하기 위해 DIY 매장에 곧장 달려가는 고객의 사고방식은 일주일 후에 정원용 가구를 둘러보기 위해 매장을 다시 방문할 때 지닌 사고방식과 매우 다르다는 것을 알 수 있다.

대부분의 산업은 이벤트의 중요성에 대한 이해를 발전시켜 왔지만, 이를 활용해 고객 경험을 설계하는 기업은 드물다. 이를 잘 활용한 기업들은 KPMG 지수에서 매우 탁월한 성과를 기록한다. 선도적인 조직은 고객이 과업을 처음부터 끝까지 어떻게 수행하려 하는지를 관찰하고, 고객이 성공적인 완료를 어떻게 정의하는지를 파악한 뒤, 그 과정에서 마주하는 장애물과 방해 요소를 기록한다.

마지막으로 선도 기업은 고객들이 제품과 서비스를 원하는 방식으로 활용할 수 있도록 어떻게 지원할 것인지 분석한다. 고객들은 자신이 받은 서비스에 만족하지 못했을까? 기존 제품이 불충분한가? 만일 그렇다면, 혁신을 위한 기회가 있는 것이다.

이벤트에 대한 업계의 설명은 다양하지만, 그 속에는 공통적인 맥락이 흐르고 있다. 그것은 표 2.1과 표 2.2에서 정의된 바와 같이 모두 삶에 관한 측면을 다루고 있다.

우리는 사람들의 삶에서 일어나는 사건들이 미래의 행동을 잘 보여준다는 점을 오랫동안 알게 되었다. 더욱 많은 기업이 이벤트, 즉 고객의 삶 속에서 필요한 작업을 발생시키는 순간들, '해야 할 일', 또는 클레이튼 크리스텐슨 교수가 설명한 대로 '해결 과제'에 초점을 맞추고 있다. 종종 이러한 작업은 문제가 있는 상황을 완화하기 위한 것이다. 바로 이 문제를 해결하는 것이 혁신의 핵심이다. 훌륭한 조직은 기존 제품과 서비스가 부적절하거나 고객의 니즈가 제대로 충족되지 않는 부분에 초점을 맞추고 새로운 접근 방식으로 고객에게 가치를 창출하는 분야를 찾아낸다.

USAA는 고객에게 제공하는 경험에 '해결 과제' 접근 방식을 적용한다. 예를 들어 표 2.3에 요약된 자동차 구매 서비스를 살펴보자. 고객 가족 구성원의 사별과 관련된 업무를 담당하는 회사의 업무 프로세스도 '해야 할 일' 형식을 따른다. 가족 구성원의 죽음은 당연히 정서적인 어려움을 수반하지만 완료해야 하는 다양한 과제인 '해야 할 일'이 있다는 것을 의미한다. USAA는 이러한 모든 작업을 검토하고 고객을 위해 처리할 작업과 솔루션을 제시할 작업에 대해 의식적인 결정을 내렸다. 이 과정에서 전체 접근 방식의 중심이 되는 이벤트 가이드는 고객의 전체 이벤트 관리에 유용한 체계적인 경로 맵을 제시한다.

표 2.1 업계별 고객 이벤트 예시

업계	이벤트
소매	구매하는 순간
금융 서비스	주요 생활 사건들 (첫 내 집 마련, 자녀 탄생, 은퇴)
헬스케어	에피소드 (질병 발생)
보험	걱정되는 순간들 (도난, 교통사고)
자산 관리자	중요한 생애 결정 순간들 (고객이 투자 방법과 대상을 재조정할 필요가 있는 부분)
유틸리티	계절, 주소 변경 (월동 대비, 이사)
통신, 하이테크	개별 애플리케이션 사용 기회

표 2.2 회사별 고객 이벤트 예시

회사	이벤트
QVC	엄마의 '나만의 시간', 여자들만의 밤 외출, 생일
막스앤스펜서 푸드	저녁 식사, 2인용 가정 식사, 오늘의 식사메뉴
퍼스트 다이렉트	생애 이벤트, 생일, 퍼스트 다이렉트 가입 기념일
프리미어 인	출장, 가족 주말 외출
러쉬	목욕하기, 혼자만의 시간
넷플릭스	프로필 보기 설정, 친구들과 밤새 오붓한 시간 보내기, 패밀리 타임
에미레이트	출장, 생애 경험, 가족 모험
퍼블릭스(미국)	오늘의 저녁 메뉴 (모든 재료를 한 곳에 준비해 놓고 직원들이 식사 준비하는 것을 지켜보기)

표 2.3 이벤트와 해결 과제: 차량 구매

이벤트	'해결 과제'
차량 구매	차량 선택
	구매 시기
	딜러 찾기, 할인 협상
	구매 자금
	지원금 또는 정부 할인 신청
	보증기간 연장
	세금
	보험 (현역 복무 중에는 보험료 할인) 소셜 미디어 공유

표 2.4 이벤트와 해결 과제: 사별

이벤트	'해결 과제'
사별	출생, 사망, 결혼 기록청에 신고
	다이렉트 메일 중지
	콜드 콜 중지
	정부에 신고
	은행, 공과금 신고
	생명보험 청구
	연금 및 혜택
	유언 집행
	자산 관리

사별 관련 업무는 고도로 훈련을 받고 정서적으로 뛰어난 역량을 가진 직원들로 구성된 '유족 관계 팀'이 운영을 담당하고 있으며, 어려운 시기를 겪는 고객에게 상담과 지원을 제공한다. 표 2.4는 USAA가 유족 관계 팀이 고객의 '해결 과제' 수행을 어떻게 지원할지 예를 제시하고 있다. 표에서는 팀이 할 일들을 구분 짓고, 이정표를 놓을 방향을 제시한다.

> **사례연구**
>
> **힐튼 호텔**
>
> 신규 앱 출시를 구상 중인 힐튼 호텔은 한 비즈니스 고객의 체크인 경험을 매우 자세하게 조사하였다. 이 고객의 특정한 니즈는 비즈니스 행사에 참석하기 위해 호텔에 숙박하는 것이었다. 힐튼은 고객 상황별로 다양한 니즈가 있다는 것을 알게 되었다. 비즈니스 고객에게 초점을 맞춰 다음과 같은 니즈를 확인하였다.

- 일반적이지 않은 도착 및 출발 시간으로 인해 호텔이 규정한 오후 3시 체크인, 오전 11시 체크아웃 이외의 시간에 객실을 이용하려는 욕구
- 자주 투숙하는 고객들의 적립 포인트와 보상 혜택을 관리할 필요성
- 여행 후 피로감을 느끼며 리셉션에서 줄을 서서 시간을 보내고 싶지 않음.
- 객실 찾기, 늦은 체크아웃 준비, 식사 예약, 호텔 찾기와 같은 추가적인 '해결 과제' 탐색

힐튼이 선택한 대응 방식은 전통적인 호텔 체크인 프로세스를 완전히 앞지르는 앱 개발이었다. 고객은 이 앱을 통해 객실을 온라인으로 예약할 수 있고, 오후 3시 이전 또는 오전 11시 이후에 객실이 비어 있는지 상태를 확인할 수 있고, 마음에 드는 객실을 예약할 수 있으며, 포인트를 적립하고 사용할 수 있었다. 이 앱은 호텔 주변과 객실을 탐색할 수 있도록 하였고 최종적으로는 객실 전자 키를 제공하였다.

연결: 디바이스·정보·관계의 흐름

비즈니스에서 중요한 연결은 크게 세 가지 측면에서 발생한다. 첫째, 브랜드와 제품 그리고 서비스와 직접적인 심리적 연결. 둘째, 우리가 브랜드 주변에서 구축하는 관계. 셋째, 모든 개인이 인플루언서 네트워크와 구축하고 있는 연결.

첫 번째와 두 번째는 조직의 목적과 관련이 있다. 그러나 세 번째 상황에서의 연결은 디지털 시대에 기하급수적으로 증폭되었다. 여

기서는 조직이 고객과 고객의 가치를 인식하는 방식을 재고해야 한다. 인플루언서로 갖는 가치는 소비자로서의 가치를 훨씬 능가할 수 있다.

코로나19는 브랜드 충성도에 상당한 영향을 미쳤다. 시장조사 그룹인 닐슨Nielsen은 전 세계 소비자의 단 8%만이 스스로 브랜드 충성자를 자처한다고 분석했다. 수많은 디지털 상호작용이 검색 엔진과 유료 광고를 매개로, 즉각적인 만족을 추구하는 내재적 욕구와 결합할 때 브랜드 충성도는 쉽게 무너질 수 있다. 실제로 KPMG는 전체 소비자의 87%가 중요한 구매 결정을 내릴 때 다른 사람들의 영향을 받는다고 밝히고 있다.

고객은 브랜드에 대한 신뢰가 줄어들었을 뿐만 아니라, 소셜 그룹에 훨씬 더 많은 영향을 받는다. 사회적인 인정, 즉 친구들이 나를 부러워함으로써 자존감 향상으로 이어지는 상황은, 단순한 제품 만족보다 정량적인 관점에서 더 중요한 요소가 되었다. 사회적 연결에 대한 충성도와 사회적 그룹에 대한 소속감이 브랜드 충성도보다 더욱 중요해졌다. 즉 다른 사람들의 행동이 중요한 것이다. 이제 사회적 증거는 구매 결정의 주요 요소가 되었다.

이제 고객은 수동적인 소비자가 아니라, 브랜드, 시장, 그리고 서로 간의 상호작용 속에서 역동적인 관계망을 이루는 하나의 노드이다. 기업은 이러한 네트워크가 고객의 구매 여정의 길을 제시하고 고객과 함께 가치를 창출할 수 있는 새로운 방법을 모색해야 한다.

고객을 고객 관계 관리의 개별 데이터나, 관리해야 할 순간의 상호작용으로 생각하는 대신, 연결된 네트워크로 인식할 필요가 있다. 이

네트워크에서 노드를 이해하는 것은 상당한 가치가 있다. 가치기반 신념 시스템과 공통 관심사를 가진 새로운 고객 그룹은 마케팅 커뮤니케이션의 대상이 되는 방식을 재정의하고 있다. 소셜 미디어 플랫폼은 특정 관심사를 중심으로 그룹화하도록 적극적으로 권장한다.

콜롬비아 경영 학교의 데이비드 로저스^{David Rogers} 교수는 고객 네트워크를 디지털 도구와 상호작용을 통해 조직과 서로 연결된 기존 및 잠재 고객의 모든 집합으로 설명한다. 고객 네트워크가 중요한 이유는, 모두가 디지털 기기를 통해 소통하고, 상호작용하며, 추천하는 활동에 점점 더 광범위하게 연결되어 있기 때문이다. 이러한 네트워크 구축은 구매 행동 결정하거나 심지어 통제할 수 있으며, 궁극적으로는 재무 성과에도 영향을 미친다. 과거의 조직들은 대중 시장모델을 토대로 성공을 거두었다. 하지만 이들은 개별 고객과 의사소통할 수는 있었지만, 직접 상호작용할 수는 없었다. 바로 이 같은 한계가 디지털 도구의 활용으로 바뀌게 되었다. 이제 성공의 열쇠는 역동적이고 열정적으로 참여하는 연결된 개별 고객 네트워크를 기반으로 기업이 고객의 목소리를 경청하고 상호작용하면서 혁신을 추구하는 고객 네트워크 모델에서 찾을 수 있다.

시계: 시간과 비용의 균형

경제학자들은 기회비용에 대해 오랫동안 이야기해 왔다. 즉, 개인은 다양한 선택을 할 때 시간과 금전적 비용 간의 절충 과정을 거친다는 의미다. 얼마나 많은 시간이 있는지 또는 얼마나 많은 시간이 있다고 생각하는지가 타인과 다양한 서비스, 그리고 기업과의 상호작용 방식에 영향을 미친다. 그리고 삶의 전반에 걸쳐 작업을 자동화하거나 가속하기 위해 더 많은 기술을 사용하고 있다. 정기적인 식료품 및 가정용품 주문, 또는 알고리즘을 활용해 다음에 구매할 제품, 시청할 콘텐츠, 들을 음악을 추천받는 것 등이 이에 해당한다.

하지만, 정신없이 돌아가는 삶의 속도, 기하급수적인 선택 폭의 증가, 더욱 정교해지는 디지털 기술, 상시 켜져 있는 '올웨이즈 온always on' 생활 방식은 '시간 빈곤'이라는 현상을 초래하여 개인이 통제할 수 있는 시간이 더 적다고 느끼게 된다. 이것은 우리의 행동에 여러 가지 방식으로 영향을 미칠 수 있으며, 편의성(클릭 및 수집), 속도(음식 배달), 용이성(직접 접촉보다 가상 접촉 선호)을 우선시하게 만든다.

게다가 우리는 정보에 목말라 있으면서도 가장 간단하고 소화하기 쉬운 형태로 정제된 이유식을 받아먹는 아기처럼 정보를 받고 싶어 한다. 상황에 따라 긴급성, 즉시성, 즉각적인 만족감이 모두 시간에 대한 인식을 형성하는 데 중요한 역할을 한다. 결국, 적당한 행복보다 짧은 시간의 강렬한 기쁨을 선호한다.

Z세대와 밀레니얼 세대인 신흥 주요 고객 그룹에 실질적인 변화가 일어나고 있다. 이들은 돈을 저축하는 것보다 경험에 시간을 투자하는 것을 선호하는 거시적인 고객군이다. 영국의 한 주요 소매업체의 경우 인테리어 디자인, 청소, 정원 꾸미기에서부터 지속적인 가사 관리와 수리에 이르기까지 모든 것을 버튼 클릭으로 이용할 수 있는 대중 시장 컨시어지 서비스를 실험하고 있다. 이제 힘든 집안일에 시

간을 들일 필요가 없어 보인다.

고객이 특정 상호작용에 투자한 시간을 통해 무엇을 얻고자 하는지 이해하는 것은 중요하다. 신경과학자 대니얼 카너먼^{Daniel Kahneman}은 그의 저서 《생각에 관한 생각(Thinking, Fast and Slow)》에서 처음 48분 동안 최고의 노래를 선보이고 마지막 2분 동안 형편없는 노래를 공연한 50분 콘서트는 훌륭한 노래를 부른 시간은 훨씬 짧지만 한 곡을 아주 잘 부르고 훌륭한 피날레로 장식한 콘서트보다 덜 즐거운 경험으로 회상될 것이라고 설명한다. 대니얼 카너먼은 '피크엔드법칙(peak end theory, 인간은 전체 경험이 아니라, 가장 강렬한 절정의 순간과 마지막 순간에 느낀 감정으로 경험을 판단한다는 법칙)'으로 정리했다. 이 책의 2부에서 조직이 이러한 현상에 어떻게 대응할지를 논의할 것이다.

지갑: 고객이 지갑을 여는 순간

기존의 인구통계학적 모델을 넘어서는 수준의 통찰력을 얻기 위해, KPMG의 연구는 소득, 소비, 지출 구성, 그리고 축적된 자산 간의 관계를 이해하는 데 초점을 맞출 것을 제안한다. 그리고 중요한 것은, 이 관계가 세대별로 삶의 단계에 따라 어떻게 달라지는지를 파악하는 것이다.

우리의 지갑을 여닫게 되는 외부적 환경이 큰 변화를 겪고 있다. 2020년 코로나 대유행 시기 동안 일부 인구는 경제적으로 발전하였지만, 대다수는 그렇지 않았다. 과거의 경제적 충격의 파장(2008년 9

월, 2001년 2월)이 발생했을 때 소비자의 가처분소득과 미래를 대비해 가족을 보호하려는 니즈에 따라 형성된 가치 중심 시장 세분화 모델의 등장을 보여주었다. 팬데믹의 영향이 경제를 황폐화하게 되면서 향후 몇 년간 지속될 가능성이 있는 새로운 부문이 등장하였다. 많은 사람에게 제품은 필수 카테고리(필수품, 간식, 연기 가능 소비재, 소모품)로 분류되고 사람들의 재정적 태도에 따라 조정된다.

잠재 수익력과 가처분 소득은 세분화 및 고객 가치를 판단하는 데 오랫동안 활용돼 온 주요 기준이다. 그러나 신기술의 대중화와 '온디맨드 경제(on-demand economy, 고객의 수요에 맞춰 필요한 시점에 물품과 서비스를 공급하는 방식의 거래 형태)'의 부상은 다양한 카테고리 전반에 걸쳐 소비자들이 기꺼이 수용하는 절충의 기준을 변화시키고 있다. 수많은 조직은 여전히 동일 산업 내 경쟁 기업이 자신들의 주요 경쟁상대라는 시대착오적인 믿음을 가지고 있지만, 실제로는 고객 지갑점유율을 확보하고자 하는 모든 기업이 진정한 경쟁 대상이다.

구매 여정

고객의 여정을 이해하려면 전략적으로 사고하고 전체적인 맥락을 고려하는 것이 중요하다. 이는 어떤 프레임워크를 선호하느냐와는 무관하다. 이러한 맥락은 시간이 지나면서 나타난다. 콜 스크립트, 고객확인제도, 마케팅 전환지표 등에 최적화되어 있는 순간적인 상호작용이 아니라, 수 시간에서 수개월에 걸쳐 이어지는 고객 참여가 중요하다. 고객 여정은 이러한 상호작용을 설명하는 핵심 단위이자, 고객 경험을 측정하는 일종의 가치 기준이다. 이 책의 후반부에서는 이를 성공적인 리더들이 어떻게 관리 도구로 활용하는지를 자세히 살펴본다.

이러한 고객 여정은 고객에 대한 이해를 직조하듯 엮어야 할 바탕

표 2.5 구매 경로 최적화

구매 경로 단계	새로운 고려 사항	델타 모멘트: 구매 경로가 방해와 변경에 취약한 경우
트리거 – 소비자 목표를 활성화하고 행동을 촉구한다.	**동기:** • 고객이 직면하거나 계획중인 사건 • 고객의 안전과 보호 • 고객의 의식적 그리고 무의식적 안에 존재하는 삶의 목표 • 고객의 가치관과 신념 • 해결해야 할 예상 문제들 • 예상되는 보상	① 고객의 안전과 개인의 안녕이 보장된 경우 ② 예측적인 분석 – 이벤트가 발생할 가능성이 높은 경우 ③ 공감적 민족지 관찰법 – 고객의 삶과 일상 및 삶의 문제에 대한 상세한 이해 ④ 브랜드 가치/고객 가치 조정 – 명확한 목적에 반응하고 회사의 가치를 공유하는 고객
목표를 만족시킬 수 있는 선택 가능한 옵션에 대한 인식	**관심:** • 현저성 – 내 제품과 회사의 유형 • 관련성 – 상황, 사건, 욕구, 문제, 니즈에 대한 연결 • 적시성	① 목적의 전달 ② 목적에 부합하는 기업 행동 ③ 생활 사건에 시간을 맞춰서 커뮤니케이션 수행
고려 사항 – 대안을 평가하기 위한 결정 중재자	**연결:** • 정보 • 관련 사회/이익 집단의 의사 결정 및 동의 • 자존감에 미치는 영향	① 시기적절한 커뮤니케이션 ② 판매가 아닌 교육 ③ 인플루언서를 통한 커뮤니케이션 및 관련 소셜 그룹 타겟팅 ④ 부러움과 사회적 증거의 마케팅

구매 경로 단계	새로운 고려 사항	델타 모멘트: 구매 경로가 방해와 변경에 취약한 경우
구매 – 억제제와 선택의 동적 균형	시간/지갑 절충 및 억제제: • 무엇을 구매할 여유가 있는가? • 이 구매와 관련하여, 내 시간의 가치는 더 높은가 혹은 낮은가 (직접 구매할 것인지 또는 다른 사람을 통해 구매할 것인지)?	① 구매 접점 방해 – 억제제 감소 ② 가치 기반 경험 ③ 지갑 점유율에 대한 경쟁력 이해
구매 후 즉각적인 반영	결정 확증 편향 및 구매 강화 요소: • 고객의 사회 집단의 반응 • 기대에 어긋나는 성과 • 머릿속에 그려둔 사용 상황에 부합했는지 여부	① 구매 후 강화 ② 인지 부조화를 피하기 ③ 기대를 뛰어넘기

이기도 하다. 이것은 서술적인 통찰력이나 벽보 이상을 의미한다. 조직, 더 정확하게는 조직 구성원들이 실행하는 조치들에 동의하는 명확한 프로세스가 필요하다.

 이에 대한 좋은 예로 구매 여정을 들 수 있다. 구매 여정은 거의 모든 기업에서 고객을 이해하는 가장 중요한 영역 중 하나다. 많은 여정과 마찬가지로 구매 여정에서는 오랜 기간에 걸쳐 형성된 고객의 습관들을 직면하게 될 것이고 이를 바꾸기 어려울 수 있다는 점을 인지하는 것이 중요하다. 이 같은 고객 이해를 돕고자 글로벌 마케팅 조사기관인 닐슨은 일상적이고 반복적인 구매에서 많은 사람이 보여주는 자동 조종장치와 같은 행동인 '오메가 룰(omega rules, 소비자들이 습관에 의해 구매 결정하는 것)'의 개념을 정확히 설명했다. 만일 당신이 가장 최근에 방문한 슈퍼마켓과 당신이 고민 없이 신속하게 고른 브랜드 목록을 떠올려보면 틀림없이 오메가 룰이 열심히 적용되고 있다는 사실을 깨닫게 될 것이다.

이와 함께 닐슨은 '델타 모먼트(delta moment, 소비자들이 습관에 의거한 구매 결정에 도전하여 의식적인 평가를 하게 되는 순간)'라는 개념을 제시하였다. 즉 고객 여정에서 사전에 프로그래밍이 된 행동이 중단될 수 있는 특정한, 종종 인지하기 어려운 순간들을 의미한다. 이 순간들은 때로는 새로운 자극을 해야 하는데, 이것은 무의식적인 의도를 의식적으로 재평가하도록 요구한다.

오메가 룰과 델타 모먼트 개념은 고객을 이해를 위한 프레임워크와 함께, 조직이 통찰력을 바탕으로 행동해야 하는 경우를 명확하게 제시한다. 표 2.5는 오메가 룰과 델타 모먼트가 구매 경로 안에서 어떻게 작용하는지 보여준다.

주요 시사점

1. 고객은 끊임없이 변화한다. 새로운 가치, 새로운 행동 및 새로운 우선순위가 구매 행동에 중대한 영향을 미친다. 기업은 고객의 가치, 관심사 및 생활 사건의 영향 등 고객이 어떻게 변화하였는지 명확하게 이해할 필요가 있다. 이를 위해서는 인구 통계보다는 상황과 맥락에 중점을 두는 새로운 세분화 방법이 필요하다.
2. 전 세계적인 팬데믹은 기업이 더욱 폭넓은 사회적, 경제적, 환경적 맥락에 참여해야 한다고 인식하는 방식을 재설정하였다. 고객은 이윤보다 가치를 중시하는 기업을 선호하며, '신뢰 경제'의 등장을 목격하고 있다.
3. 이제 고객은 구매와 관련해서 단독으로 행동하지 않는다. 이들은 네트워크의 구성 요소인 노드와 같다. 고객 이해를 위해서는 이들의 네트워크, 즉 영향을 주고받는 대상들이 포함되어야 한다.
4. 구매 경로는 구매를 유발하기 이전, 고객의 동기를 이해하는 단계에서부터 시작되어야 한다. 또한, 구매 이후에도 고객의 일상과 심리에 깊이 자리하며 오랫동안 지속된다.
5. 고객도 직원이다. 고객과 진정한 상호작용을 이루기 위해 직원 경험이 변화해야 한다는 것은 이제 더 이상 놀라운 일이 아니다. 다음 장에서는 새로운 고객의 기대에 부응하기 위해 직원 경험이 어떻게 진화해야 하는지를 살펴본다.

03

고객 경험의 출발점은 직원이다

세계 최고의 브랜드는 고객을 위해 좋은 성과를 낼 뿐만 아니라 일반적으로 일하기 좋은 직장이기도 하다. 이것은 조직 탁월성의 주요 속성 중 하나다. 견고한 광고, 고객과 깊은 관계뿐만 아니라 행복하고 의욕적인 동료들은 탁월한 조직을 구성한다. 이러한 조직은 직원이 일상적으로 체험하는 경험과 직원이 고객에게 제공하는 경험 사이에 불가분의 관계가 있다는 점을 인식하고 있다. 물론 열외가 되는 아웃라이어가 존재하지만, 고객 탁월성을 가장 잘 예측하는 강력한 요소는 바로 직원 경험의 탁월성이다. 따라서 고객 경험을 개선하기 위한 첫 번째 작업은 바로 직원에서부터 출발하는 것이다.

직원 몰입은 상업적인 관점에서 폭넓게 이루어진다. 23,910개 기업을 대상으로 한 갤럽Gallup의 연구는 직원 몰입도가 상위 25%에

속하는 기업과 하위 25%에 속하는 기업의 결과를 비교했다. 그 결과 몰입도 점수가 하위 4분위에 속하는 기업은 직원 이직률이 평균 31~51% 더 높았고 재고자산 감모손실은 51% 더 높았으며 사고 발생률도 62% 더 높았다. 몰입도 점수가 상위 4분위인 기업은 고객 지지도가 평균 12%, 생산성은 18%, 그리고 수익성은 12% 더 높았다.

이 연구는 89개 조직의 주당순이익 성장률도 조사하였는데, 몰입도 점수가 상위 25%에 속하는 조직은 평균 이하의 점수를 기록한 조직과 비교해서 2.6배 높은 성장을 기록했다.

직원 경험과 고객 경험 간의 관계를 연결하는 두 개의 영향력 있는 연구들을 살펴보자. 첫 번째는 1994년에 제안된 이후 널리 인용되어 온 서비스 수익 체인이다. 2008년 <하버드 비즈니스 리뷰(Harvard Business Review)>는 '서비스 수익 체인 실현'이란 고전적인 모델을 업데이트하여, 수익성과 고객 충성도, 직원 만족도, 충성도 및 생산성 간의 관계를 설명했다고 밝혔다. 이 모델에 따르면, 고객 충성도는 고객 만족에서 비롯된다.

만족도는 고객이 받는 서비스 가치에 크게 영향을 받는다. 직원이 높은 만족감을 느끼고, 충성도와 생산성이 높을 때 가치가 창출된다. 결과적으로 직원 만족도는 직원이 고객에게 결과를 제공할 수 있도록 하는 고품질 지원 서비스 및 정책에서 주로 비롯된다.

흔히 '행복한 직원이 행복한 고객을 만들고, 행복한 주주를 만든다.'라고 표현되는 단순해 보이는 연결고리다. 그러나 이 단순성은 매력적이지만, 개별 기업이 고객 만족도와 직원 만족도 사이의 인과 관계에 대한 깊은 이해를 갖춰야 한다.

> **사례연구**　**버진 머니(Virgin Money)**
> **CEO 데이비드 더피**
>
> 행복한 직원이 고객을 행복하게 한다. 이는 과거에서부터 지금까지 그래왔다. 직원을 행복하게 하고 직원이 성공하는 데 필요한 수단을 제공하는 것이 리더로서 해야 할 역할이다. 일상적인 행동에서 나타나는 기업의 문화는 가치, 직원과 고객 경험을 안내하는 중요한 결정 요소들에 의해 형성된다. 진심 어린 서비스(따뜻한 진정성), 지칠 줄 모르는 호기심(지속적인 학습), 혁신적인 변화(혁신적이고 중요한 것들을 기꺼이 뒤흔들 의지), 강렬한 연관성(대담하고 진보적), 솔직함(명확한 신뢰 구축) 그리고 유쾌하도록 놀라운(큰 변화를 불러오는 작은 일들을 찾기) 것들이다.
>
> 이 요소들은 단순히 우리의 업무 수행 방식을 구축하는 것을 뛰어넘는 의미가 있다. 우리는 직원들이 최고의 삶을 살고, 할 수 있는 한 최고가 되기를 바라며, 이것을 가능하게 하려고 조직의 프로세스와 작업 방식을 조정하고 있다.

두 번째로 미시건로스 경영대학원의 경영학 교수인 데이비드 울리히_{David Ulrich}는 직원 몰입과 비즈니스 성과 간의 연관성 연구에서, 원인효과를 파악하고 각 변수가 다른 변수에 미치는 영향을 정량화하고자 했다. 울리히 교수의 연구에서는 직원 몰입 수준이 10% 증가할 때마다 회사의 고객 서비스 수준이 5%, 이익이 2% 증가한다는 것을 보여주었다.

연구에서 최상위에 속하는 조직은 올바른 환경을 조성할 뿐만 아니라 직원 경험과 고객 경험이 같은 원칙에 따라 구축될 수 있다는 단순한 진실을 이해하고 있었다. 흥미롭게도 조직 대부분은 완전히 다른 장소에서 고객 전략과 인재 전략을 책임지면서 기능과 어휘를 달리하는 조직 설계를 갖추고 있다. 비록 인간은 같은 동물이지만 평등한 대우를 받는 것은 규칙이라기보다는 예외에 가깝다. 이 같은 사실은 언어, 비전 및 목적의 혼란을 초래하는데, 이는 내부 가치와 고객 목표에 대한 인재 전략 간의 서투른 연결을 통해 가장 흔하게 나타난다. 최악의 경우, 조직은 냉소적으로 조지 오웰식의 이중언어 Orwellian doublespeak를 쓰는 것으로 비친다. 즉, 고객에게 야심 찬 약속을 내걸지만, 정작 그것을 실현할 수 없는 실패한 조직 문화를 지니고 있다.

직원은 고객 경험을 제공하고 지속적으로 개선하는 데 있어 가장 핵심적인 수단(지렛대)이다. 연구에서 가장 큰 투자 예산이나 가장 인상적인 디지털 아젠다를 가진 브랜드보다는 인간의 본질을 제대로 이해하는 브랜드가 더 나은 성과를 거두었다. 기업의 과제는 직원의 경험이 고객이 원하는 경험과 일치하도록 하는 것이다. 즉, 고객 경험 결과를 염두에 두고 직원 경험을 설계하는 것이다.

고객과 마찬가지로 직원들도 근본적으로 변화하고 있다. 결국, 그들도 같은 사람이며, 단지 다른 관점에서 바라볼 뿐이다. 행동과 신념, 그리고 가치관의 변화는 인력 혁명의 핵심 동력이 되고 있다. 연구에 참여한 리더들은 기술, 다세대 인력, 글로벌 경제의 변화 속에서 균형을 이루며 이 같은 변화에 성공적으로 대응하고 있다.

기업은 직원과 직장 환경에서 급격한 변화를 경험하고 있다. 생활 사건은 삶의 단계에 얽매이지 않으며, 밀레니얼 세대도 베이비붐 세대처럼 간병인이 될 수 있고, 75세 이상의 사람 중에는 결혼이나 재혼을 하는 경우가 있다. 생애주기의 재정의는 고객뿐 아니라 직원들의 삶에도 영향을 미친다. 코로나19는 재택근무를 크게 가속화 하였고 새로운 리더십 스타일, 높은 직원 신뢰 및 협업 업무를 위한 새로운 메커니즘이 필요해졌다. 이러한 변화는 거의 모든 조직의 규칙을 바꾸고 있으며, 문화와 전반적인 변화 관리에 대해 생각하는 방식에 영향을 미친다. 이처럼 관리자와 리더의 역할은 빠르게 진화하고 있다.

직원의 특성도 변화하고 있다. 오늘날의 직원은 과거보다 디지털화되어 있고, 보다 글로벌하며, 다양성을 갖추고 있고, 미디어 활용에 능하며, 상호 연결성도 높다. 보다 근본적으로 밀레니얼 세대와 Z세대는 자신의 삶에서 일의 역할에 대해 이전 세대와는 상당히 다른 관점을 가지고 있다. 이들은 균형 잡힌 일과 삶 그리고 고용주가 세상에 의미 있고 뚜렷한 변화를 줄 것이라는 기대를 하고 직장에 출근한다.

그렇다면 오늘날 CEO가 탁월한 직원 경험을 제공하기 위해 이해하고 직면해야 하는 새로운 과제는 무엇일까?

- 밀레니얼 세대와 베이비붐 세대에서 Z세대에 이르기까지 노동력의 인구통계학적인 통합이 더욱 다양해지고 있다. 세대 간 가치관과 사고방식의 차이로 인해, 고객 접근 방식처럼 세대별 특성을 고려한 맞춤형 접근이 필요하다.

- 직원은 고용주가 자신의 건강에 적극적인 관심을 보여주기를 기대한다. 이는 전통적인 '해를 끼치지 않는 인간'이라는 안전 관리 방식을 뛰어넘는 것이다. 또한, 지속적인 변화에 직면한 직원들의 정신 건강이 기업의 관심 영역이 되면서 신체적인 영역을 뚜렷이 초월하고 있다.
- 다시 말해 목적은 성공적인 비즈니스의 핵심이다. 이전에 논의한 모든 규칙이 적용되지만, 직원에게는 목적이 절대적인 진정성을 가져야 한다. 직원들이 순간의 모순과 위선을 알아차릴 것이라고 예상하라.
- 기술은 서로를 연결하는 동시에 분리하는 역할도 한다. 과거 수십 년 동안 집에서 더 많은 시간을 가지길 원했던 직원들이 이제는 직장으로 출근하는 것을 갈망한다. 재택근무는 물리적으로 같은 장소에 있는 코로케이션이 만들어내는 공동체 의식, 자발성, 그리고 의미를 잃게 한다.
- 직원 여정은 이제 널리 통용되는 변화의 현상이다. 고객 문제만큼이나 통점과 불만, 마찰을 제거하는 일이 중요하다. 목표는 단순히 '인적 자원'을 관리하는 것이 아닌 적정 규모의 정서적인 연결고리를 만드는 것이다.
- 이제 사일로 방식의 업무는 용납되지 않는다. 부서 간 연결과 협업 능력은 핵심 역량으로 자리 잡고 있으며, 한 분야에 깊은 전문성을 가지면서도 이를 다양한 영역에 적용할 수 있는 폭넓은 경험을 가진 T자형 인재가 큰 수요를 얻고 있다.
- 업무 환경에서 활용되는 기술에 대한 기대는 소비자 기술과 동

일한 기준인 아름답고 유용하며 가치 있는 것이다. 훌륭한 기술이 직원의 경험을 만들지는 않겠지만 기술의 부재는 확실히 높은 성과를 달성하는 데 방해가 된다.
- 리더십은 분명히 핵심 사항이며 다음 내용에서 논의된다. 리더는 모든 논의 안에서 조직의 목적을 구체화하면서도 인간적이고, 접근 가능하며 공감하고 진정성을 보여야 한다는 압박감이 그 어느 때보다 높아지고 있다.

고객 경험과 직원 경험은 한몸이다

<하버드 비즈니스 리뷰>에서 데니스 리 욘Denise Lee Yohn은 고객 중심을 달성하는 데 가장 흔하면서도 큰 장벽이 바로 조직 내 고객 중심(또는 인간 중심) 조직 문화의 부재라고 지적했다. 대부분의 기업 문화는 철저히 제품 중심적이고 판매 중심적이다. 이것은 수익 창출을 위해 협력할 필요성을 의도치 않게 크게 등한시한 결과다. 종종 고객 중심주의는 명목상으로만 따르게 되어 외부 열망과 내부 현실 사이의 큰 단절로 이어진다.

기업이 고객 중심의 전략과 운영 모델을 성공적으로 구현하려면 내부 조직 문화와 외부고객을 조화롭게 정렬하는 문화가 있어야 한다. 직원들에게 필요한 마인드와 가치를 의도적으로 함양시키는 리더가 반드시 있어야 한다.

선도 기업의 특징은 공유된 고객 목적에 대한 굳은 신념을 가지고 조직을 정렬한다는 것이다. 선도적인 조직을 위한 조정의 중심에는 직원 경험과 고객 경험을 잇는 연결고리가 있다. 이러한 조직의 '중추'가 되는 것은 모든 비즈니스가 인간관계를 상업적 가치로 변환시키는 방법이다. 그것은 문화에서 시작해서 상업으로 끝을 맺는다.

KPMG와의 공동 연구에서 이러한 개념을 그림 3.1에서 나타내는 바와 같이 '인간 형평성 연속체'라고 규정했다.

앞서 논의한 바와 같이, 많은 조직에서 이러한 각 영역에 대한 책임은 각기 다른 부서에서 맡는다. 문화는 공식적으로 HR 부서에서 담당하거나 전환 담당 부서에 점차 집중적으로 이관되고 있다. 비공식적으로는 조직은 기업 내 모든 리더가 소유하고 모든 불문율에서도 존재한다. 반면, 공식적인 규칙에 따른 동료 경험은 HR에서 종종 설정하지만, 조직 전반에서 다양한 방식으로 구현되거나 전복된다. 마찬가지로 비즈니스 고객 대면에서 직원 행동은 현지 경영진이 설정한 규칙에 따라 결정된다. 이는 마치 다섯 개의 엔진이 제각기 다른 방향으로 움직이고, 지도자들이 서로 다른 언어로 지시하는 혼란스러운 상황과 같다. '공정성 연속체'에 있는 각 연결고리는 성장의 동력이다. 따라서 이들이 제대로 작동하지 않으면 단순한 조직의 비

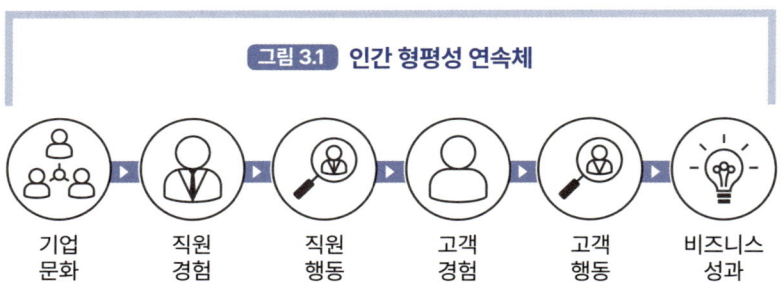

그림 3.1 인간 형평성 연속체

기업 문화 → 직원 경험 → 직원 행동 → 고객 경험 → 고객 행동 → 비즈니스 성과

효율을 넘어, 기대 이하의 비즈니스 성과로 이어진다.

그러나 최고의 기업은 이러한 가치 엔진을 정렬하는 데 초점을 두고 훌륭한 전략과 철저한 실행 간의 격차를 성공적으로 좁혔다. 이들은 다섯 개의 엔진이 모두 같은 방향으로 움직이도록 비즈니스 조직의 원동력 사이에 존재하는 격차를 해소하는 데에 주력해왔다. 마찬가지로 일부 기업은 고객이든 직원이든 모든 인간 상호작용에 공통된 원칙과 방법을 적용하고 있다. 2부에서는 모든 리더가 이러한 공통원칙을 이해하는 데 도움이 되는 여섯 가지 핵심 요소를 살펴본다.

모든 가치의 뿌리에는 문화가 있다. 이것은 조직의 변화 또는 관성을 이끄는 보이지 않는 손이다. 문화는 변화를 가속하거나 전복시킬 힘을 가지고 있다. 경험적으로 조직 변화를 시도하는 기업 대부분이 문화적인 제약으로 인해 반복적으로 방해를 받은 것을 보았다. 일부 브랜드는 이러한 문제로 잘 알려져 있는데, 조직 깊숙한 곳에 자리한 불문율에 맞서려다 실패한 CEO들이 줄줄이 퇴장한 기업의 묘지를 남긴 것이다. 현실은 많은 기업이 세상이 어떻게 움직이고, 조직이 세상에 어떻게 참여해야 하는지 바라보는 조직의 정신적 모델이 되는 조직 문화에서 시대에 뒤처져 있다는 것이다. 기껏해야 조직 문화가 효과적인 경쟁을 위해 무엇이 필요한지에 대해 시대착오적인 관점을 제시할 뿐이다. 최악의 경우에는 오히려 비참한 직원들과 불만을 품은 고객을 만드는 '반 인간적인' 업무 수행 방식으로 가득하다. 경영진이 던질 수 있는 가장 강력하면서도 훌륭한 질문 하나는 '기업 문화가 우리의 전략에 도움이 되는가, 아니면 오히려 방해되는가?'이다.

직원 경험은 문화에서 비롯된다. 기업 대부분은 이 개념을 명확하게 정의하거나 문서로 규정하지는 않는다. 그렇다고 해서 직원 경험이 존재하지 않는 것은 아니다. 직원 경험은 조직이 직원의 역할에 대해 가지고 있는 정신적 모델에 따라 결정된다. 직원은 통제와 관리의 대상인가? 아니면 권한을 부여받고 능력을 발휘하는 존재인가? 조직 대부분은 핀 공장 이야기로 잘 알려진 18세기 경제학자 애덤 스미스가 즉시 알아볼 수 있을 만큼 익숙한 방식으로 관리되고 구조화되어 있다. 사일로 문화 즉, 기능적, 부서별 구조, 고객이 아닌 전문지식의 코로케이션을 기반으로 하는 조직구조다. 오늘날의 과제를 제대로 반영하기보다는, 증조부모 세대의 원칙에 기반을 둔 리더십 모델과 조직 설계이다.

이러한 경험이 고객 경험을 낳고 고객이 미래에 어떻게 행동할지 결정하는 직원 행동으로 이어진다는 것은 놀라운 사실이 아니다. 직원 행동은 경험과 문화의 기능이며 수많은 불문율에 의해 형성된다. 이 규칙의 기원은 세월이 흐르면서 잊혀가지만, 오늘날 사람들이 협업하는 방식에는 큰 영향을 미치고 있다.

글로벌 리그 테이블에서 최악의 성과를 기록한 기업들을 살펴보면 정교한 디지털 플랫폼, 여정 매핑, 순추천고객지수 등 고객 중심성이라는 덫에 너무 큰 비용을 지출한 경우가 부지기수다. 가장 흔한 사례로는 직원의 행동과 문화가 조직에 방해되는 경우인데, 탁월성을 이루고자 하는 꿈을 제한하는 불문율인 것이다.

비슷한 제약 조건으로는 언어가 있다. 긍정적인 문화와 좋은 직원 경험을 가진 기업조차도 내부적으로 세상을 묘사하는 방식이 고객을 대하는 외부전략과 단절되는 경우가 많다. 가치, 지향점, 역량 프레임워크 또는 신념과 관계없는 비즈니스의 내부 원칙은 외부 원칙과 상대적으로 단절된 상태에서 구축되는 경우가 많다. 단순히 이러한 요소들을 한데 모으고, 외형적으로 새 단정을 한다고 해서는 동료나 고객을 위해 지적이고 일관된 비전을 수립하는 데 거의 도움이 되지 않는다.

W 호텔

W 호텔은 1998년 스타우드 호텔앤드리조트Starwood Hotels and Resorts의 혁신연구소인 '스타랩Starlab'에서 출발했다. 이 연구소는 재정적으로 부유한 젊은 인구의 등장에 대응하여 미래 지향적인 호텔 형식에 초점을 맞추었다. 이에 젊고, 패션에 민감한 여행자들을 겨냥하여 독특한 경험을 선사하는 라이프 스타일 호텔인 W 호텔이 탄생했다. 'W'는 '와우wow'의 약자로, 브랜드 약속인 '무엇이든whatever, 언제든지whenever'에 담겨 있는 고객 경험을 표방한다. 모든 차원의 고객 경험은 이 목표 고객군에 어필하도록 설계되었다.

경험의 중심에는 물리적 환경, 직원 문화 및 브랜드 약속이 있으며 이를 결합하여 다중 감각적인 경험을 만든다.

직원은 신중하게 채용한다. 보스턴 W 호텔이 오픈할 당시 지원자가 7천여 명이 몰렸는데, 지역 신문은 W 호텔에 취직하는 것보다 하버드에 들어가는 것이 더 쉽다는 논평까지 했다. 직원들은 모든 경험이 기억에 남을만한 서비스를 제공하도록 동기 부여와 인센티브를 받는다. 직원들은 고객에게 영감을 주고, 즐겁게 해주며 이들을 더 좋은 장소로 안내하는 거의 연극 극단처럼 보이기도 한다. 언어와 규정된 정의는 문화를 형성한다. W 호텔은 자체적인 언어를 개발하였다(특히 'w'로 시작하는 모든 단어를 활용하였는데, 예를 들어 호텔의 물리적인 경험을 형성하는 단어로 '기발한whimsical'을 사용). 따라서 직원은 '인재', 유니폼은 '옷장', 그리고 시설관리 담당은 '스타일리스트'라고 부른다. 호텔 구역도 재정의하였는데, 로비는 '거실', 수영장은 '웨트wet', 수영장 바는 '웨트 데크wet deck'라고 명명하였다.

직원 행동은 브랜드 가치에 기반을 두고 있다.

- 유희적인: 유치하지 않으면서도 유쾌하게, 재치 있고 영리한 방식으로 장난치듯 농담하며, 고객과 함께 즐거운 분위기를 만들 것
- 인사이더: 시대 흐름에 맞춰, 고객의 자아와 연결될 수 있는 각종 이벤트와 해프닝에 연결하고, 소속감 및 주류 집단 안에 환영받는다는 느낌을 심어 줄 것
- 탈출: 재충전하고 자신감을 회복하며, 나의 관심사와 다시 연결하기 위해 찾는 곳

또한 직원(인재)은 사고방식에 따라 선택된다. 예를 들어, 에너지와 활력이 넘치는 성격이 있다. 인터뷰 대상자들은 자신이 고객에게 감동을 선사했던 순간들을 이야기하고 이곳에서 어떻게 고객을 감동하게 할 수 있을지를 설명하게 된다. 신입 사원은 파파라치에 노출된 유명인사처럼 대우를 받고 고객에게 제공해야 할 경험을 직접 체험하게 된다. W 호텔이 이야기하듯이, 그것은 모두 느낌에 관한 것이며, 직원들은 이러한 경험들이 어떤 느낌인지 알기 때문에 고객에게도 그 감정을 불러일으킬 수 있다.

호텔은 브랜드의 진실의 순간에 집중하며, 좋은 경험을 훌륭한 경험으로 만드는 세부 사항에 중점을 두며, 직원들은 고객 서비스의 7가지 비결을 실천하는 훈련을 받는다. 이것은 경청에서 시작된다. 적극적인 경청은 고객이

원하고 필요로 하는 것을 잘 듣고 문제를 조기에 식별하여 해결할 수 있도록 하는 핵심 역량이다. 여기에는 미소 짓기, 손님의 이름을 부르기, 기회가 있을 때마다 능력을 발휘하는 것이 포함된다. 모든 세부 사항은 브랜드 일관성을 유지하기 위해 검토되고 가차 없이 실행된다.

W 호텔이 조직의 가치를 공유하는 고객층에 집중하고, 지향하는 가치 속에서 자신을 발견할 수 있도록 설계해 온 방식은 매우 흥미롭다.

음악, 디자인, 패션 및 최신 정보에 중점을 두고 계속해서 새로운 것을 제공하며, 업계 최고의 점유율과 시장 최고의 객실당 매출을 자랑하는 W 호텔은 단순한 경험을 넘어 상업적으로 성공을 의미한다.

고객 중심 문화, 왜 정착이 어려운가

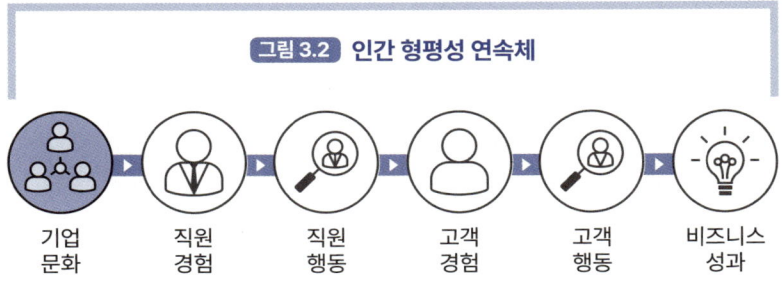

그림 3.2 인간 형평성 연속체

그림 3.2에서 비즈니스 모델이 문화로 시작한다는 것을 알 수 있다. 리더십과 문화는 자연스럽게 불가분의 관계에 놓여있다. 내부에 서비스 중심의 문화가 자리잡으면, 당연히 외부에도 서비스 중심의 문화가 형성된다. 이와는 반대로 절약 중심의 문화나 불신이 팽배한

조직에서는 고객 경험 또한 같은 방식으로 형성된다.

연구에 참여한 선도 기업들은 이 점을 잘 알고 있다. 여러 모범 사례를 보면, 조직 문화는 창립자에 의해 구축되어 그가 머무는 동안 유지되는 경우가 많다. 하지만 후임 리더는 의식적이든 무의식적이든 문화에 변화를 일으키고, 때로는 이를 새롭게 재형성하기도 한다. KPMG 지수에서 가장 우수한 기업들은 자신들의 비즈니스 문화를 잘 이해하고 있으며, 언제 넛지나 육성이 필요한지도 판단할 수 있다.

하지만, 다수의 기업은 그렇게 운이 좋지 않다. 그들은 수십 년에 걸친 인수합병의 산물이며 이러한 레거시에 수반되는 혁신지향형(adhocracy, 기존의 관료제에서 탈피하여 다양한 분야의 전문가들이 해결해야 할 문제를 중심으로 조직된 임시적 체계)의 문화가 존재한다. 불행히도 대부분의 고객 경험 노력은 조직 문화를 변화시키는 일이 얼마나 어려운지 상당히 과소평가한다. 리더는 조직원들의 업무 수행 방식의 실제 원동력을 제대로 이해하지 못하기 때문에, 조직 문화를 변화시키는 데 성공한 기업은 거의 없으며 여기에는 다음과 같이 다양한 이유가 있다.

- 문화에서 고객 경험 그리고 보상에 이르기까지 업무 명확성이 부족하다. 흥미로운 에피소드들은 많이 있지만 '성장 엔진'을 연결하려는 지적인 훈련이나 리더십 차원의 약속은 없다. 결과적으로 성공적인 비즈니스 변화로 이어지지 않는다.
- 정의된 고객 목표, 비전, 조직 목적에 대한 명확한 설명이 조직

내외부적으로 존재하지 않는다. 고위급 임원이 고객의 모습, 소리, 느낌을 설명할 수 없다면 미래 지향적 TO-BE(미래의 이상적인 지향점을 찾아 이를 달성하기 위해 확신을 추구하는 것) 문화의 달성 목표가 없다.

- 문화가 가지는 실제 의미에 대한 진정한 이해 또는 관련 모델이 부족하다. 제도화된 리더와 중간 관리자는 자신들의 비즈니스를 운영하는 '불문율에 의한 문화적 규칙'에 대해 공식적인 이해도가 없으며 자신들을 둘러싼 환경에 둔감하다.
- 문화를 형성하고 움직이는 요인들을 충분히 세밀한 수준에서 이해하지 못한 결과, 기존의 방식들을 강화하고 고착시키는 보이지 않는 규범들이 여전히 강력하게 작동하며 변화에 저항하게 되는 것이다.
- 리더들은 장기적인 문화 변화를 추진할 유인도, 정치적인 지지도 부족하다. 한 은행 임원은 고객 중심 전환의 시간 계획을 설명하며, "프로젝트가 완료될 때쯤이면, 우리는 모두 다른 일을 갖게 될 것입니다."라고 농담처럼 이야기했다. 단기 비용에 초점을 맞추거나 위험 관리에 집중하는 것이 기업 대부분에 더 안전하고 더 나은 보상경로를 제공한다.
- 리더가 '내부 서번트'로서의 역할을 할 만큼의 인지적 다양성이나 감정적 역량이 부족하다. 앞서 논의한 바와 같이, 아주 최근까지 회사 임원들(주로 남성)은 무엇보다도 비감성적이고, 분석적인 비즈니스 규율에서 좋은 성과를 달성하도록 장려되었다. 조직은 조직의 특성과 문화와 근본적으로 상충하는 이상

적인 고객 경험 비전을 제시한다. 그 결과, 조직의 이니셔티브 (initiative, 조직이나 집단 내에서 다른 사람을 이끌고 방향을 제시할 수 있는 권한)는 고객의 실제 경험에 눈에 띄는 변화를 가져오지 못한다.
- 여러 가지 문화가 고립된 기능에 걸쳐서 존재하며, 가장 일반적으로는 고객 중심의 '프런트 오피스(영업, 서비스, 마케팅)'는 프로세스 중심의 '백 오피스(인사, 재무, IT)'와 충돌한다. 둘 사이의 단절은 문화를 약화하고, 성과를 저해한다.
- 올바른 리더십은 갖추어져 있지만, 문화적 변화에는 설득력 있는 비전이나 길잡이가 부족하다. 그 결과, 변화는 차별화된 고용주 브랜드를 위한 대담한 외침이 되기보다는 단지 '조금 더 잘하자'라는 점진적인 시도들의 나열로 축소되고 만다.

이 문제들은 해결하기 어려운 과제들이다. KPMG의 CEE 미국 지수 1위를 기록한 USAA는 고객을 중심으로 조직화해야 한다고 결정했을 때, 과거에 조직적 사고를 지배했던 제품팀의 권한을 해제해야만 했다. 뒤이어 고객 관계 유지에 필요한 고객과 경험을 관리하였던 다기능 업무팀이 새롭게 출범하였다. 다기능 업무팀의 역할은 고객을 이해하고 제품 부서에 어떤 제품이 필요한지 지정하는 것이었다. 과거에는 제품팀이 문제를 해결하고 고객을 매우 제품 중심적인 관점에서 바라보았다. 이제 그들은 고객에게 가장 가까운 사람들에 의해 결정된 사양에 따라 작업하는 공장 기능에 좀 더 가까운 역할을 하게 되었다.

한 영국 은행이 은행 업무에 인간성을 회복하려고 시도했을 때, 그들은 인간적인 접근이 배제된 채 기능 중심으로 운영되던 준법 감시팀의 과도한 개입과 마주해야 했다. 준법감시팀은 조직의 규정 준수를 보장하지만, 고객과의 정서적 연결을 고려하지 않은 세부 행동 지침으로 인해 고객에게 감동을 줘야 하는 직원을 로봇처럼 바꿔버렸다. 은행은 준법감시 책임자가 준법감시위원회 회의를 주재하도록 하여 항상 고객이 논의의 중심에 있도록 하고, 의사 결정이 고객에게 미치는 영향을 완전히 이해하도록 함으로써 이러한 딜레마를 해결하였다.

또 다른 사례를 살펴보면 미국의 웨그먼스, 영국의 온라인 유통기업 오카도Ocado, 프랑스의 보험 회사 마이프MAIF와 같은 세계 최고의 기업들은 목표 고객 경험에서 출발하여 역으로 업무를 수행한다. 그들은 필요한 직원 행동을 먼저 정의한 뒤, 그 행동이 자연스럽게 나타나기 위해 어떤 직원 경험이 필요할지를 결정하고, 이에 맞춰 조직 문화의 지렛대를 조정한다. 이러한 업무 명확성 개념은 문화에서 비즈니스 결과로 이어지는 필수적인 연결고리인 인간 가치의 중심에 있다.

직원 경험은 어떻게 구성되는가

그림 3.3은 문화가 직원 경험을 형성한다는 것을 보여준다. 직원 경험은 '직원이 속한 조직의 업무 환경이, 자신의 목표를 달성하고

중요한 니즈를 충족시키는 데 있어, 본인의 역량에 얼마나 긍정적인 영향을 미치는지를 인식하는 이성적이면서도 정서적인 반응'으로 정의된다.

  기업은 고객뿐 아니라 직원에 대해서도, 무엇이 중요한지, 어떤 요소가 동기를 유발하는지, 업무가 삶에 어떤 의미를 지니는지를 깊이 이해하는 것에서 출발해야 한다. 앞서 살펴본 바와 같이, 이는 리더가 팬데믹에서 벗어나 새롭게 변화한 직원뿐만 아니라 인력을 구성하는 다양한 부문과도 자연스럽게 친밀감을 느낀다는 것을 의미한다. 최근 기업들은 업무 몰입도 향상에는 많은 노력을 기울였지만, 직원 경험 전반을 총체적으로 이해하고 전략적으로 설계·구현하는 데에는 다소 미흡한 모습을 보였다.

  높은 몰입도가 필요하지만, 당신이 고객에게 제공하고자 하는 경험을 직원이 제공하도록 보장하는 것만으로는 충분하지 않다. 일반적으로 직원 경험은 시간이 지나면서 실행된 여러 가지 이니셔티브의 기본 결과물이다. 그것은 규칙과 실용성의 혼합물이다. 변화하는 직원, 시장, 외부 환경에 맞춰 적절하게 유지되고, 명확하게 정의되거나 모니터링이 유지되는 경우는 거의 없다.

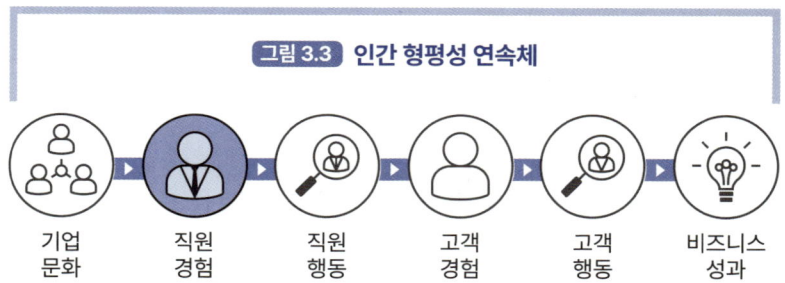

그림 3.3 인간 형평성 연속체

그러나 선도 기업들은 직장을 하나의 '경험'으로 받아들이고 있다. 이는 직원이 규정된 고객 경험을 제공할 수 있도록 활력을 불어넣고 영감을 줄 수 있도록 업무의 모든 측면을 신중하게 설계하고 배치하고 제어하는 것이다. 그 이유는 무엇일까? 그것은 혁신, 창의성, 열정, 헌신, 그리고 고객을 위해 위대한 일을 해내고자 하는 의지는 결국 직원으로부터 시작되고, 직원에게서 완성되기 때문이다.

직원들은 업무 수행에 대한 압박감도 상당히 높다. 직원과 고객 간 상호작용의 연결점에는 감정 노동이 있는데, 현대적인 고객 경험에서는 최전선의 직원이 내면적 감정과 항상 일치하지는 않는 방식으로 행동할 것을 요구한다. 다양한 니즈와 개성을 지닌 고객에게 감정적으로 연결된 맞춤형 경험을 제공하는 일은 고도의 공감 능력과 감성 지능, 그리고 회복 탄력성을 필요로 한다.

개인이 가지고 있는 감성 지능의 수준은 매우 다양할 수 있다. 따라서 선도 기업은 채용인력의 유형, 가치, 동기 및 자연스러운 배려 능력에 큰 중점을 둔다. 그들은 정서적 노동이 스트레스를 유발한다는 사실을 인식하고 웰빙 서비스와 정신적 지원 프로그램으로 사람들을 지원한다. 예를 들어 스타벅스는 직원들의 정신적 피로가 증가하는 것을 인식하고 정신적 지원 서비스와 웰빙 서비스를 무료로 직원에게 제공하는 많은 회사 중 하나다.

그러나 직원이 고객 앞에서 써야 하는 '가면'과 내부 경험이 충돌할 경우, '감정노동'을 수행하고 좋은 성과를 내는 일은 몇 배나 더 어려워진다. 이 문제를 극복하기 위해, 조직들은 고객을 바라보는 시각과 동일한 시각으로 직원을 바라보고 있으며, 인재 유치, 동기 부여, 유지율 향상을 위해 마케팅과 세일즈 중심의 전략을 적용하고 있다. 이것은 제안, 경험, 여정 및 개인의 성장에 걸쳐 있으며 고객 집착 문화 안에서 발현된다.

그들은 고객과 마찬가지로 개인과 직장 사이에 깊은 감정적, 경험적 연결고리를 만들고자 한다. 이 과정은 선발, 채용 및 온보딩 전략으로 시작하여 모든 이해 관계자, 특히 고객의 궁극적인 이익을 위해 조직 내 고용 수명주기 전반에 걸쳐 지속된다.

고객과 마찬가지로, 직원 경험의 모범 사례는 이해로부터 출발하지만 명확한 태피스트리에 투영되어야 한다. 여기에서 직원 수명주기의 개념과 우리 각자가 선택하는 여정의 개념이 특히 유용한 부분이다.

스타벅스
세분화 전략

커피 전문점 업계의 선두주자인 스타벅스는, 무엇이 직원의 유입을 유도하고 동기를 부여하며, 장기적인 고용 유지로 이어지는지를 파악하기 위해 고객을 대상으로 사용하던 '행동 기반 세분화' 접근 방식을 적용했다. 결과에 따르면 세 개의 군집이 발견되었는데, 첫째는 다른 열정을 지원하기 위해 주로 일을 하는 '스키어들', 둘째는 공동체 지향적이고 사회적 책임을 다하는 고용주를 원하는 '아티스트', 셋째는 회사 내에서 장기적인 경력 성장을 추구하는 '경력자들'이다. 이들 세 그룹은 관리자가 프로그램들을 직원들의 다양한 니즈에 맞춰서 제공하는 데 도움이 되고, 회사가 유연적인 근무 일정 또는 학비 지원과 같이 그룹 전반에 걸쳐 필요한 니즈를 파악할 수 있도록 해주었다.

직원 여정과 생애주기

엔드투엔드(end-to-end, 입력부터 출력까지의 전 과정을 별도의 처리 단계 없이 하나의 신경망으로 직접 처리하는 방식) 관점에서 직원 경험 수명주기를 이해하지 않고는 의도대로 고객 경험을 설계하고 달성할 수 없다. 여기에는 적절한 직원을 유치하고 온보딩하며 잠재력을 개발시키고, 직원과 소통하고 이들의 노력을 관리하고 직원을 회사에 유지하기 위한 노력이 포함된다.

직원과 정서적 유대감을 형성하고자 하는 기업은 직원들의 직장과 직장 외의 생활을 모두 고려하고 이 둘을 연결할 수 있는 메커니즘을 찾아야 한다. 생활 사건들이 소비자의 구매 습관과 우선순위에 영향을 미치는 것과 마찬가지로 직원의 업무 니즈와 요건에도 영향을 미친다. 실제로 이러한 생애 사건들과 그에 대한 대응 방식은, 직원의 전체 근무 여정에서 중요한 결정적 순간으로 작용한다.

2부에서는 여섯 가지 경험 요소라는 관점을 통해 우리가 어떠한 종류의 몰입을 만들 것인지 자세히 살펴볼 것이다. 고객과 마찬가지로 수명주기의 각 단계에서 서로 다른 유형의 정서적 연결이 강조되어야 한다. 공통 언어, 단일 원칙 세트를 사용하여 직원과 고객의 세계가 어떻게 연결되어 모든 '성장 엔진'들을 공통 목표 및 언어와 일치시킬 수 있는지 알아볼 것이다.

이제 직원 수명주기 관리에 필요한 요구 사항과 세계 우수 기업들이 이를 어떻게 대처하고 있는지 살펴보고자 한다.

1. **현장에 권한을 부여하기.** 기업은 훌륭한 고객 서비스를 제공하기 위해서 고객 문제를 가장 가까이에서 접하는 직원들이 재량권을 가지고 합리적인 결정을 내려야 한다는 점을 인식한다. 결과적으로, 기업은 직원들에게 권한을 부여하는 것이 어떤 의미인지 분명하게 할 필요가 있다. 이것은 결국 직원이 할 수 있는 것과 할 수 없는 것, 직원이 자신의 임무를 수행하는 방식에 대한 개인적인 통제 강화 및 성과에 대한 책임 강화를 설명하는 프레임워크로 이어진다. 리츠칼튼은 오랫동안 직원 권한 부여에 대한 모범이 되어 왔으며 직원들이 고객 문제 해결을 위해 최대 2,000달러까지 지출할 수 있도록 허용되었다. 싱가포르 항공Singapore Airlines은 최전방의 승무원에게 고객 서비스 관련 의사결정 권한과 문제 발생 시 이를 바로잡을 수 있는 시정 조치 권한을 부여한다.

2. **역량 강화에 집중하기.** 이 말은 직원이 필요한 시점에 프로세스, 서비스 및 경험을 개선할 수 있도록 명확한 방법과 기법을 사용하여 비즈니스 일부를 발전시키는 데 적합한 도구와 기술에 접근할 수 있도록 보장하는 것을 의미한다. 고객들은 직원들이 현장에서 취하는 행동이 얼마나 성공적인지에 대해 계속해서 피드백을 제공한다. 고객의 소리 시스템은 직원의 소리 프로세스와 통합되어 고객 및 직원 문제에 대한 360도 관점을 제공한다. 애플 스토어는 직원 경험과 직원들이 스스로 고객 문제를 해결할 수 있다고 느끼는 정도에 따라 고객 피드백을 모니터링하고 있다.

3. 계층 구조에서 다기능 업무팀 또는 직원 네트워크로의 이동. 전통적인 계층 구조는 기업의 생존에 필요한 변화의 속도를 관리할 수 없다. 다기능 업무팀은 역사적으로 전통적인 사일로 문화 구조의 한계를 극복하는 수단이었다. 스탠리 맥크리스털 Stanley McChrystal 장군은 내일의 조직을 '팀 오브 팀스(team of teams, 구성원 간의 공유된 의식을 바탕으로, 네트워크처럼 긴밀히 연결되어 협업하는 강한 팀)'라고 설명한다. 키위 뱅크 Kiwi bank, USAA, 및 넷플릭스와 같은 회사의 경우 다기능 업무팀이 일상을 관리하는 안정된 상태로 새롭게 자리 잡았다. (다음 장에서는 미래 기업을 위한 원칙 중 하나로 이 주제를 더욱 자세히 다루고자 한다.)

4. 학습 문화의 발전. 기업 대부분에서 경력 개발은 직원 개개인의 몫이다. 그러나 복합기능팀 기반의 새로운 조직 체계에서 자신의 경력을 예측하기는 쉽지 않다. 기업은 직원들이 사일로 문화와 전문분야라는 틀을 벗어나 어떻게 발전할 수 있을지 고려해야만 한다. 팀 간의 이동을 위해서는 팀원들이 필요한 기술을 빠르고 쉽게 습득할 수 있는 환경이 필요하다. 마이크로 학습, 최신 지식, 교육 자료에 대한 접근은 기술과 고도화된 학습 시스템의 발전으로 더욱 용이해지고 있다. 이러한 학습 혁신은 환대 산업에서 특히 효과적으로 구현되고 있다. 타지 Taj 호텔, 힐튼 Hilton과 메리어트 Marriott와 같은 회사는 직원들이 서로 배울 수 있는 환경을 조성하면서 지속적인 학습과 개발에 중점을 둔다.

5. 과학적으로 발전하는 인재 유치. 기계가 일부 업무를 대체함에 따라, 직원들은 더 복잡한 문제를 다뤄야 하므로 이제 고객 서비스를 단순히 저비용 인력 투입으로 해결할 수 있는 시대는 지났다는 것을 의미한다. 이를 위해서는 직원들이 회사와 고객의 가치를 공유하고, 대내외적으로 탁월한 고객 서비스를 제공하고자 하는 열망이 있으며, 회사 자체와 회사가 하는 일에 관심을 기울이는 것이 필요하다. 퍼스트 다이렉트는 사람들을 돌보는 직업군에서 신규 직원을 모집한다. 자포스Zappos는 환대 업무 교육을 이수한 직원들을 확보하기 위해 샌프란시스코에서 라스베이거스로 이전한 것으로 유명하다. 에미레이트 항공Emirates Airlines은 140개 이상 국적의 직원을 채용하지만, 채용된 각각의 직원은 일관된 에미레이트 항공의 경험을 고객에게 전달할 수 있어야 한다.

6. 새로운 기술의 필요성. 세계 시장을 선도하는 기업에서 직원을 구별하는 기술은 날로 빠르게 변화하고 있다. 직원은 이제 기계적인 '버튼 푸셔'가 아니며, 복잡한 문제 해결, 비판적 사고, 시스템 사고 및 창의성과 감성 지능과 같이 중요한 인지 기술을 필요로 한다. 이 같은 업무 기술은 에미레이트 항공과 같은 회사가 기존의 서비스 경계를 허물고 고객 서비스의 새로운 표준을 설정할 수 있도록 지원한다. 에미레이트 항공 직원은 항공편 운항 중단, 고객 불만 등의 문제를 해결하고 또는 현장 직원이 항공권 재발급에 기술적인 이슈나 어려움이 있는 경우, 수동 계

산, 요금 견적, 팀원의 출근과 질병 모니터링, 적절한 코칭 제공 및 성과에 대한 피드백 제공 등에 어려움이 있을 때 이 문제들을 적절하게 대처해야 한다.

7. **직원 경험 디자인 및 직원 여정의 전문성.** 리더는 직원의 생애 주기 전반에 걸쳐 여러 가지의 직원 여정을 지원해야 한다. 그 중에는 온보딩, 사별, 부채 관리 업무와 같이 고객들에게 제공되는 서비스들이 포함되며, 이를 위해 특별한 기술과 직원을 위한 지원이 필요하다. 다른 일부 여정은 입사 초기 교육이나 육아휴직처럼, 직원 개인에게 고유한 경험으로 이루어진다. 두 경우 모두에서 최고의 기업은 동일한 수준의 전문성과 엄격함으로 직원 문제에 접근한다. 이는 전담팀, 호환 가능한 운영 모델 및 기능 간 협업을 장려하는 업무처리 방식을 의미한다. 예를 들어, 애플 스토어는 핵심 직원 역할을 명확히 정의하여 고객에 대한 접근 방식을 반영하는 셀프서비스 시스템을 설계하였다. 반대로, 성과가 낮은 기업 중 많은 곳은 리더가 무심코 직원을 위험과 불신으로 가득한 관리 대상, 이윤 추구를 위한 불가피한 비용으로 바라본다.

8. **보상, 인정 및 성과 관리.** 이 주제와 관련하여 수많은 일류 기업들이 직위와 직책 중심에서 직무 기술 개발 및 성과 보상체계로 전환하고 있다. 밀레니얼 세대와 Z세대가 노동시장에 진입하는 과정에서 더욱 필수적인 요소로 부각 되고 있지만, 우리는 모든

직원 부문에서 이 같은 추세가 점차 중요해지는 것을 지켜보았다. 지속적인 멘토링과 코칭, 정기적인 피드백 제공, 최고의 인재가 될 수 있는 조직 환경의 중요성은 앞으로 더욱 커질 것이다. 이 같은 요소는 새로운 세대의 노동력을 모집하고, 이들에게 동기를 부여하고 고용 유지를 위해 중요한 원동력이 될 것이다.

퍼스트 다이렉트

퍼스트 다이렉트의 리즈^{Leeds} 캠퍼스에 근무하는 콜센터 직원은 컨시어지와 다림질 서비스를 이용할 수 있다. 이 같은 서비스는 직원의 문제 해결을 위해 제공되는 것이다. 퍼스트 다이렉트는 '고객을 돌보는 사람들을 돌보는 것'이라고 설명한다. 기업은 "소포 발송, 마음에 드는 신발 수선, 처방전 수령, 드라이클리닝 분류 등 서비스 종류에 상관 없이 퍼스트 다이렉트의 컨시어지가 추가 비용 없이 기꺼이 도와드리겠습니다."라고 말한다.

만일 담당자가 급하게 기저귀 배달을 요청하거나, 집에 늦게 들어가게 되어 아이 돌봄을 해줄 사람이 필요한 경우, 이 모든 경우 컨시어지 서비스가 이 같은 직원의 고충을 해결하고 고객에게 훌륭한 서비스를 제공하는 일에 집중할 수 있도록 한다.

> **사례 연구**
>
> ## 옥토퍼스(Octopus)
>
> 영국의 옥토퍼스 에너지는 2020년 영국 직원 경험 심사에서 '일하기 좋은 최고의 회사'로 선정된 기업으로 유명하다. 옥토퍼스가 조직 내에서 직원을 고객처럼 돌보고 투자하는 것은 분명하다.
>
> 이와 관련한 흥미로운 사례로 디지털 운영팀을 채용한 것을 들 수 있다. 디지털 운영팀은 모든 디지털 플랫폼에서 시간 외 고객 담당 업무를 원격으로 수행하며 재택근무를 하는 전문직 여성으로 전원 구성되고 이중 대다수가 출산 후 복직한 직원들이다. 이들은 특정 라이프 스타일의 니즈를 가진 그룹으로, 이들의 니즈를 충족하려면 새로운 차원의 업무 유연성이 필요하다. 옥토퍼스 CEO는 가장 높은 수준의 모범을 몸소 실천했는데 그는 일주일에 두 번 오후 3시에 퇴근해서 자녀의 하교를 직접 담당한다.
>
> 운영 이사인 존 폴Jon Paull은 옥토퍼스의 운영 모델이 팀원들이 좋은 고객 서비스를 제공할 수 있도록 높은 수준의 자율성을 부여한다고 설명한다. 결과적으로 같은 팀 내 직원들은 다른 동료에게 문제를 떠넘기기보다 복잡한 문제를 해결하기 위해 함께 일하는 경향이 있다. 옥토퍼스는 프로세스 개선에 초점을 맞춘다. 사람을 종종 소외시키고 낮은 고객 서비스 결과를 초래하는 표준화된 프로세스와 절차를 따르기보다, 각 팀에게 과제를 수행하고 결정할 수 있는 자율성과 범위를 부여한다. 이는 비즈니스를 혁신하고 속도에 맞춰 움직이도록 하면서 작업을 흥미롭게 유지시킨다.

구글

구글은 세계에서 가장 일하기 좋은 기업으로 연속 선정되고 있다. 또한, 고객과 직원 모두를 잘 대우하고자 노력하며 직원 경험과 매일 구글이 제공하고자 하는 목표 고객 경험 사이를 연결한다.

구글 직원들에게는 광범위한 자율성이 주어지며, 문제를 해결하는 최적의 방식을 스스로 찾고, 최고 수준의 성과를 내기 위한 권한도 함께 부여된다. 구글의 철학은 적절한 도구를 활용하면 최고의 인재를 유치하고 더 행복하고 생산적인 직원을 육성할 수 있다는 것이다. 따라서 역량 강화가 매우 중요한 것이다. 관리자의 역할은 보스가 아니라 자원이 되는 것이다.

한편, 필요한 구조로만 설계된 수평적인 계층 구조가 있다. 수년 동안 창립자 래리 페이지Larry Page와 세르게이 브린Sergei Brin은 매주 금요일 질의응답 시간을 진행하였다. 그들은 직원들이 일어서서 잘못된 점을 이야기해 주기를 원했다.

팀워크와 협업은 바로 삶의 방식이다. 업무 환경은 팀이 올바른 분위기 속에서 쉽게 결합하고 함께 업무 할 수 있게 설계되었다. 또한, 사람들이 '서로 부딪히고' 자신만의 연결점을 만들 수 있도록 설계되었다.

구글은 이러한 환경에서 올바른 경력 경로를 찾는 것이 조직의 계층 구조를 따라 올라가는 것만큼 간단명료하지 않다는 것을 인식하고 있다. 구글은 사람들이 발전하는 방법을 이해하는 데 도움이 되는 '경력 최적화' 프로그램을 운영하고 있다. 이 접근 방식의 핵심은 채용 프로세스에서 업무에 적합한 사람을 잘 선택한 다음 이들에게 자신을 표현할 자유를 주는 것이다. 이들은 모든 사람이 정보를 이용할 수 있도록 하자는 구글의 기업 목적에 신이 나고 활력을 얻는 사람들이다.

마지막으로 구글의 문화는 매우 중요하다. 전 세계 70개 지역에 '문화 클

> 럽'이 있으며, 지리적 위치와 관계없이 구글의 문화가 그대로 유지되도록 노력하는 지역 자원봉사자 팀이 있다.

직원 행동

그림 3.4는 직원 행동과 고객 경험 간의 관계를 보여준다. 올바른 문화와 직원 경험을 제공하면 올바른 행동으로 자연스럽게 이어지는 환경이 조성된다. 이것은 뒤따르는 모든 업무의 토대가 된다. 그렇지만 비즈니스 리더가 탁월성을 정의하고 이를 전파하기 위해 취할 수 있는 또 다른 단계들이 있다. 다시 말해, 개별적인 영웅주의 또는 뛰어난 서비스 사례에 의존하는 것이 아니라, 수백만 건의 인간 대 인간 상호작용 안에서 일관적이고 적합한 규모로 조정된다.

고객에 대한 모범적인 직원 행동과 관련해서는 여행 및 환대 부문을 살펴볼 필요가 있다. 이 부문은 고객 상호작용 프로세스 관리 분야를 선도한다. 이것은 얀 칼슨Jan Carlzon이 스칸디나비아 항공Scandinavian Airline의 CEO로서 모든 직원과 고객 상호작용을 '진실의 순간'으로 묘사하면서 초점을 맞춘 프로세스다.

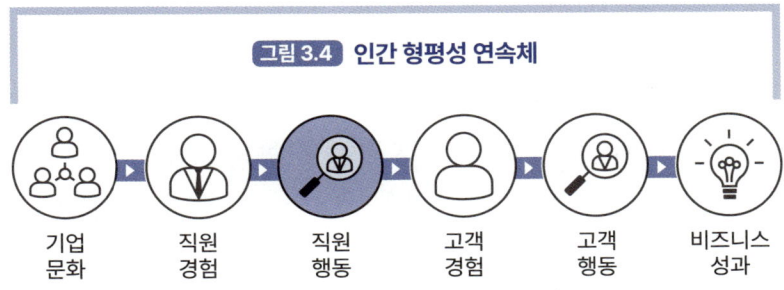

그림 3.4 인간 형평성 연속체

리츠칼튼에서 메리어트에 이르기까지, 그리고 사우스웨스트 항공에서 버진 애틀랜틱 항공사Virgin Atlantic에 이르기까지, 환대 산업은 탁월성 분야의 최전선에 있다. 이 중 모범 사례인 싱가포르 항공은 30개국 중 5개국에서 고객 경험 지수 1위를 차지하였다. 싱가포르 항공이 다른 항공사와 차별성을 갖게 한 것은 바로 직원들의 행동 방식이었다.

존 루이스의 시어터 훈련

존 루이스 파트너십(John Lewis Partnership, JLP)은 KPMG 영국 지수의 단골 상위 기업이다. 이 기업은 직원이 주인이며, 기업의 공동 소유 정책은 수천 명의 직원이 끊임없이 고객을 위해 뛰어난 역량을 펼칠 수 있는 영감의 원천이 되고 있다. 그러나 훌륭한 서비스만으로는 충분하지 않다. 모든 순간이 기억에 남아야 하고 모든 상호작용이 중요하게 이루어져야 한다. 이례적으로 JLP는 고객 서비스 기술 향상을 위해 배우들로부터 훈련을 받은 500명 이상의 영국 국립 극단 단원들(파트너로 알려짐)과 함께 협력해 왔다. 교육 세션에서는 직원이 매장에서 소비자와 상호작용할 때 도움이 되는 음성 및 신체적 언어 기술을 가르친다.

이 활동은 커뮤니케이션의 가치를 재인식하고, 배우들이 탁월한 소통 능력을 지니고 있음을 강조한다. 이는 개인화된 서비스를 제공하는 데 필수적인 요소로, 전달 내용뿐 아니라 전달 방식 또한 중요하기 때문이다. 신체 언어, 시각적 표현 및 목소리는 단어 그 자체만큼이나 중요하다. 궁극적으로 직원들에게 진정한 자아를 부여하고 훌륭한 서비스에 대한 포부를 보여줄 수 있다는 자신감을 심어주는 것이다.

사례 연구

델타 항공(Delta Airlines)

유명 바이올리니스트인 지오라 슈미트 Giora Schmidt는 델타 항공편에 늦게 도착하는 바람에 기내에 탑승했을 때는 이미 좌석 위 선반이 모두 꽉 차 있었고, 이탈리아 골동품인 그의 바이올린을 선반에 보관할 수 없는 상황이 되었다. 이에 델타 항공 승무원은 새로운 해결책을 제시했다. 승무원은 승객들에게 머리 위 사물함에 바이올린을 보관할 공간을 만들어 달라고 요청하였고, 슈미트는 이에 대한 보답으로 바이올린을 연주하기로 했다. 마침내 빈 공간이 마련되었고, 슈미트는 즐거워하는 승객들을 위해 바흐의 파르티타 3번을 연주했다.

델타 항공은 언론을 통해 이 사건은 품위 있고, 사려 깊고, 감동적인 고객 서비스를 제공하는 승무원을 만날 때 일어날 수 있는 일이라고 언급했다.

행동 중심의 채용

직원 행동은 후천적 환경과 타고난 성향의 조합으로 형성된다. 한편으로 행동은 문화, 불문율 그리고 각 동료가 조직에서 장기간에 걸쳐 이루어 낸 경험의 산물이다. 그러나 출발점은 브랜드가 어떤 유형의 사람을 끌어들이고 유지하는가에 달려있다. 행동 방식은 의도적이고 체계적인 접근부터 우연적이고 즉흥적인 방식까지 매우 다양하다. 조직에 따라 역량과 하드 스킬을 중심에 두기도 하고, 성격이나 타고난 행동 특성을 강조하기도 한다. 이에 따라 접근 방식은 매우 상이하다.

사우스웨스트 항공, 자포스, 퍼스트 다이렉트와 같은 고객 중심의 기업이 달성한 뛰어난 성공의 중심에는 품질과 직원들의 열정이 있었다. 결과적으로 최고의 모범 사례에서 교훈을 배우려는 사람들은 이 회사들이 어떠한 직원 채용 방식을 가졌는지, 그리고 문화적 적합성과 개인적 가치가 기술과 역량보다 더 큰 중요성을 지니는지에 초점을 맞추었다.

사우스웨스트 항공은 채용 방식을 '태도를 보고 채용하고, 기술은 교육하라'라고 표현한 최초의 회사이다. 영국에서 퍼스트 다이렉트는 '우리는 직원의 미소를 보고 채용하고, 기술 연마를 위해 교육한다.'라고 비슷하게 표현한다.

여행 및 환대 산업은 고객 경험의 기준을 재설정하고 있으며, 자사가 채용하고자 하는 인재 유형을 매우 명확하게 정의하고 있다. 에어 뉴질랜드Air New Zealand, 싱가포르 항공, 에미레이트 항공과 같이 선도적인 고객 경험을 제공하는 항공사는 모두 채용하려는 인재의 성격에 대해 명확한 청사진을 가지고 있다. 이 회사들은 훌륭한 서비스를 제공하려는 열망이 있고, 공감하는 마음으로 세상에 다가가며 자연스럽게 고객 친화적인 성향을 지닌 사람들을 원한다.

기업 대부분은 업무 역량과 하드 스킬 역량을 평가하는 것만으로 충분하며, 해당 인물이 '적합'할지에 대한 채용 담당자가 직권적인 판단을 더 해 고려하는 방식을 사용한다. 그런데 선도 기업들은 이 스펙트럼의 반대편에서 출발해 개인이 회사의 가치, 목적 이상을 공유하고 있는지를 질문한다. 이것은 사소한 립서비스 이상의 것을 필요로 하지만, 순조롭게 진행되었을 때 신입 동료가 브랜드의 문화와 경험을 조직에 제공하도록 보장할 수 있는 확실한 방법이다.

물론 이상적으로는, 모든 기업이 높은 수준의 기술과 역량을 갖춘 인재가 적절한 가치관과 조직 문화에 잘 어울리기를 바란다. 그러나 중간 수준의 역량과 높은 문화적 적합도에 직면했을 때 모범 기업의 경우 문화적 적합성을 종종 선택한다. 그들은 특정 업무를 익히는 것보다, 팀과 잘 협업하고 조직 내에서 바람직하게 행동하는 법을 배우는 것이 훨씬 더 어렵다는 점을 인식하고 있다.

이를 위해서는 기업이 채용 접근 방식에서 매우 정교한 채용 전략을 취해야 하며, 신규 직원에게 적절한 경험을 제공하는 것뿐만 아니라, 올바른 장기적인 기업 문화 제공을 위해 매우 의도적으로 적절한 직원 채용 여정을 설계해야 한다. 이 과정에서 많은 모범 기업들이 가장 중요한 핵심 성격 특성으로 공감을 꼽고 있다. USAA나 QVC와 같은 우수 기업은 공감을 기반으로 고객 경험을 구축하였다. 이들은 타인의 감정을 직관할 수 있는 능력과 개인의 심리적 니즈 뿐만 아니라 신체적 또는 거래적 니즈에 대응할 수 있는 감성 지능이 필수적이라는 사실을 인식하고 있다. 공감은 여섯 가지 고객 경험 요소 중 하나이며, 2부에서 다루겠지만, 처음부터 갖춰져 있지 않은 경우 조직이 직원을 통해 이를 길러내는 일은 가장 어려운 과제 중 하나다.

평가와 피드백

그렇다면 세계 최고 브랜드는 탁월성을 달성하기 위해 어떤 방식으로 직원을 채용할까? 전 세계 KPMG의 CEE 지수 상위권에 속하는 회사들은 채용 프로세스가 유사한 특징이 있다. 이것은 '좋은' 직원이 다각적인 차원에서 어떤 특징이 있는지에 대한 명확한 본보기를 정의하는 것에서 시작하며 다음과 같은 특징들이 있다.

문화적 적합성

직원 각 개인이 회사의 업무 수행 방식, 경영 스타일 및 철학에 어떻게 적응할 것인가? 이들이 기업의 비전에 동의하고, 그 일부가 되기를 원하는가? 다른 문화로 나아가고자 하는 욕구가 있다면, 각 직원은 미래의 문화적 본보기에 어떻게 부합할 것이며 조직 문화의 전환에 어떻게 기여할 수 있는가?

스탠퍼드 경영대학원과 하스 경영대학원, 캘리포니아 주립 버클리 대학교의 연구원들은 예상과 달리, 장기적으로 성공 가능성이 높은 직원은 입사 초기의 문화적 적합성은 낮지만, 변화하고 유연하게 대처할 수 있는 능력인 문화 적응성 수준이 높을 수 있다는 사실을 발견했다. 기업 문화와 함께 진화할 수 있고 변화에 익숙한 직원은 장기적으로 더 많은 성과를 낸다. 이것은 아마도 직원이 기업에 더 많은 가치를 제공하는 것이 이유일 수도 있다.

연구원들은 채용 과정에서 잠재적인 채용 후보자에게 다음과 같은 세 가지 문화 적응성에 대한 질문을 던진다.

1. 지원자가 다양한 문화적 환경을 어느 정도의 수준까지 추구하는가?
2. 이러한 새로운 환경에 얼마나 빨리 적응하는가?

3. 자신에게 충실하면서 새로운 문화에 적응하는 문제 사이에서 어떻게 균형을 유지하는가?

문화적 적합성은 장기적인 직원 몰입 생산성 및 고용 유지에 필수적이기 때문에 성공적인 채용을 위해 고려할 매우 중요한 요건이다. 문화적 적합성 또는 적응성은 즉각적으로 명확하게 드러나는 요소가 꼭 아니며, 기업은 조직에서 성공 가능성을 평가하기 위해 개인을 더 자세히 이해하고자 심리 테스트와 성격 테스트를 더 많이 하는 추세이다.

가치

행동을 결정하는 무형의 요소, 즉 개인의 성격 및 행동 방식은 그들이 가진 가치에 의해 정의된다. 개인의 가치가 어떻게 부합할지 결정하기 위해서는 조직이 가치와 목적에 대해 명확하고 일관성 있어야 한다. 앞서 이 문제에 관해 이야기한 바 있으며, 조직이 서로 다른 가치관, 프레임워크, 그리고 열망의 목록들이 뒤엉킨 집합체로 남게 될 위험성에 대해서도 언급한 바 있다. 최고의 인재를 성공적으로 채용하고 조직과 잘 맞는 직원을 확보하기 위해서는, 리더가 먼저 기업의 목적, 내부 가치, 외부 가치를 명확하게 설명할 수 있는 논리적 프레임워크가 필요하다.

이 같은 역량을 갖추면 기업은 이에 따라 직원 채용을 진행할 수 있다. 개인의 가치를 이해하는 것은 단순히 면접 인터뷰 그 이상을 요구한다. 갈수록 더 많은 기업은 조직과 채용 후보 모두에 대한 가치기반 평가 방식을 활용하고 있으며, 잠재적 지원자가 맡게 될 역할, 팀 그리고 조직에 적합할지 결정할 수 있는 예측 분석을 더 발전시켜 나가고 있다.

다양성

유사한 가치 또는 이념을 유사한 사람들을 의미하는 것은 아니다. 최고의 성과를 내는 조직은 가장 다양한 특징을 가지며 이에 대한 문헌적 정보는 압도적으로 많다. 맥킨지McKinsey는 '경영진의 성별의 다양성이 최상위 4분 위인 회사가 하위 4분위에 속한 회사보다 평균 이상의 수익을 달성할 가능성이 15% 더 높다는 것을 알게 되었다. 거의 3년 뒤에 이 수치는 21%로 증가하였고 통계적으로도 계속해서 유의미하였다. 인종과 문화적 다양성의 경우, 2014년도의 연구 결과를 살펴보면 35%의 보다 나은 성과를 보였다.'라며 아주 깔끔하게 요약하고 있다.

따라서 채용과 온보딩 프로세스를 설계할 때 다양성과 포용성이 중요한 설계 원칙이라는 것이 중요하다. 성별, 연령, 민족성에서 배경과 인지적 프로필에 이르기까지 여러 가지 차원에서 고려할 요소들이 있다. 다시 말해 리더는 직원 경험에 대해 개인화된 접근 방식을 고려하여 그들의 가치 제안이 여러 다른 유형의 동료들에게 올바른 경험을 제공하도록 하는 것이 중요하다.

역량

역량은 직장에서 자신이 가진 업무 기술을 효과적으로 발휘할 수 있는 개인의 능력을 말한다. 일반적으로 기업은 '당신이…했던 때를 기술하시오.'와 같이 상황적 질문을 통해 직원의 역량을 테스트한다. 기업은 점차 능력과 지능을 분리하여 평가하는 데 능숙해지고 있다. 팀 내에서 지식을 전달하고 효과적으로 이를 사용할 수 있도록 대인관계 및 의사소통 기술에 초점을 두는 것이다. 오늘날 많은 기업은 역할극과 평가센터를 통해 직원 역량 측정한다. 퍼스트 다이렉트는 전화 상담원을 모집할 때 지원자 평가를 위해 역할극을 매우 광범위하게 실시한다.

기술

문화적 적합성과 비교할 때, 기술 역량은 정의하고 식별하기가 더 쉬우므로, 기업들은 채용 과정에서 자연스럽게 기술 역량에 더 집중하는 경향이 있다. 기술에 대한 증거는 업무 경험과 자격요건으로 검증된다. 많은 조직은 지원자에 대한 보다 입체적인 평가를 위해, 적성 검사, 수리 능력 테스트, 언어 추리 시험 등을 면접 외에 보완적으로 활용한다.

자포스

신발과 의류를 판매하는 온라인 소매업체 자포스는 다소 특이한 채용 프로세스를 가지고 있다. 자포스는 신입 사원을 채용할 때 후보자의 사회적, 지적, 정서적 적합도를 고려하여 신중하게 선발한다. 여기에서 문화적 적합성이 무엇보다 중요하다. 문화적 적합성은 신입 직원이 얼마나 빨리 조직 문화에 동화되고 조화롭게 일하며 문화 발전에 기여하고 있는지를 설명한다.

잠재적인 지원자에게는 팀 앰배서더가 배정되며, 이들은 지원자의 여러 속성을 통해 그 사람을 파악하는 역할을 맡는다. 예를 들어 글을 어떻게 쓰는지, 타인을 어떻게 대하는지, 그리고 결정적으로 어떤 행동을 보이는지를 살펴본다. 그런 다음 지원자는 자신의 전문분야에서 근무하는 직원들과 실제 만날 기회를 가지며, 그 역할과 그 역할이 속한 문화적 맥락에 대한 느낌을 파악할 기회를 얻게 된다.

면접 예정인 지원자가 현지인이 아닌 경우에는 공항에서 라스베이거스 본사까지 무료 교통편이 제공된다. 이것은 직원에게 편의성 제공을 하는 것 외에도 지원 과정에서 미묘하게 이루어지는 일종의 테스트 과정이다. 후보자가 차량을 탑승하는 동안 운전기사는 여행이 즐거웠는지와 관계없이 지원자가 어떻게 처신하고 자신을 대하는지 주의 깊게 관찰한다. 투어와 여러 개의 면접으로 꽉 찬 하루를 보낸 후 채용 담당자는 운전자에게 탑승한 지원자에 대한 정보를 나눈다. 자포스의 전임 CEO인 토니 셰이Tony Hsieh는 2013년 월스트리트저널과의 인터뷰에서 '지원자가 면접 당일에 인터뷰를 아무리 훌륭하게 잘해도, 지원자가 셔틀 기사를 잘 대우하지 않는다면 우리는 그 지원자를 채용하지 않을 것'이라고 이야기했다.

고용되는 것은 단지 첫 단계일 뿐이다. 모든 신입 사원은 4주간의 교육과 1주일간의 현장 근무 후, 회사가 자신과 맞지 않는다고 판단할 경우 근무 시간에 대한 급여와 2,000달러의 보너스를 받고 퇴사할 기회가 제안된다. 이들 중 약 2~3%가 이 제안을 수락한다.

커뮤니케이션 vs. 이해하기

'내가 당신에게 말하면, 당신은 나의 말을 잊어버릴 것이다. 하지만 내가 당신에게 보여주면, 당신은 기억할 것이다. 그리고 내가 당신을 참여시킨다면, 당신은 내용을 이해하게 될 것이다.'

기업 대부분은 직원들에게 기대하는 행동을 일방적으로 전달하는 실수를 하는데, 이후 암묵적 문화가 흠잡을 곳 없이 조직화환 그들의 지시 사항을 뒤집을 때 깜짝 놀라게 된다. 커뮤니케이션은 목표 경험과 바람직한 행동을 고정하는 데 필수적인 수단이지만, 종종 그 내용이 잘못 이해되고 제대로 실행되지 않는 경우가 있다.

조직 대부분이 커뮤니케이션을 위해 노력하고 있다는 것에는 의심의 여지가 없다. 기업은 직원들에게 정보를 제공하기 위해 열심히 노력한다. 모든 관리자는 어떻게 커뮤니케이션을 수행할지 굳건한 신념이 있으며, 과거보다 다양한 도구들을 사용할 수 있다. 그러나 이러한 긍정적인 의도가 오히려 문제를 해결하기보다는 악화시키는 결과를 가지고 왔다. 직원들은 끝없이 쏟아지는 일방적이고 하향식의 커뮤니케이션에 노출된다. 조직은 직원과 소통하는 것이 아니라, 직원에게 일방적으로 전달만 한다.

커뮤니케이션은 무엇보다 쌍방의 노력이 필요한 과정이다. 이 과정은 직원과 경영진 간의 진정성 있는 담화를 가능하게 해야 하며, 이는 곧 피드백을 요청하고 이에 따라 행동하는 것이 효과적인 소통에 있어 핵심적이라는 것을 암시한다. 피드백의 활용뿐만 아니라, 효과적인 의사소통을 가로막는 가장 근본적인 장애물은 이해가 어떻게 이뤄지고, 개인적인 의미가 어떻게 형성되는지에 대한 인간적이고 심리적인 차원을 제대로 다루지 못해 발생하는 것으로 보인다.

인간은 자신과 다른 시각을 수용하고 성찰하는 과정을 통해, 담론과 토론을 기반으로 이해를 심화시킨다. 이러한 경험은 개인의 태도와 관점, 나아가 행동의 기준이 되는 내적 의미를 형성하는 데 영향을 준다. KPMG 연구에 따르면 기업 대부분은 직원과의 커뮤니케이션이 원활하지 않다. 많은 사람에게 이는 단순히 역량 부족이 아니라, 혼란스러운 비전, 리더십 역할, 우선순위의 불명확함에서 비롯된 의도치 않은 결과다. 고객과의 관계에서 훌륭한 의사소통은 필수적인 요소다. 직원이 그 맥락을 파악하지 못한다면 합리적인 결정과 판단을 내릴 수가 없다.

문제에는 여러 가지 측면들이 있다.

1. 커뮤니케이션에 목적과 방향이 되는 길잡이는 없다. 모든 것을 연결하고 관련된 모든 사람에게 동기를 부여할 수 있는 외부적 목적, 사회적 비전 또는 대상 고객 경험이 부족하다.
2. 커뮤니케이션이 제대로 이루어지지 않는다. 많은 조직에서 좋은 관리자는 어찌 되었든 의사소통에 능숙하다는 잘못된 굳은 믿음이 있다. 사실 관리자 대부분은 그렇지 못하다. 이것은 고위 경영진들 사이의 체계적인 실패로 인해 기업 전체에 파급 효과를 일으키며 계층 구조를 무너트리는 경향이 있다.
3. 커뮤니케이션은 진정한 과정으로 인식되지 않는다. 따라서 일반적으로 비즈니스 프로세스에 수반되는 설계 및 측정이 엄격

하게 실행되지 않는다. 의사소통으로 어느 정도 수준의 이해를 달성했는지 또는 의사소통에 따른 조치에 대한 피드백이나 행동을 평가할 신뢰 가능한 지표가 없다.

4. 의사소통은 일반적으로 '전달'하고 '설득'하는 형식, 그리고 '이것이 우리가 하는 일이며, 당신이 우리가 말하는 대로 해야 하는 이유는 이렇다.'라는 식의 부모와 자식 간에 오가는 대화 톤으로 이루어진다.

5. 커뮤니케이션이 오해의 소지가 있고, 정직하지 않거나 진실하지 않은 것으로 인식된다. 주제에 지나치게 긍정적인 색깔을 입혀서 '그럴듯한 의견제시'를 하는 경향이 있는데, 이것은 냉소와 불신을 초래한다.

6. 커뮤니케이션은 '발사 후 망각형(fire and forget, 미사일을 발사하면 미사일이 알아서 표적을 향해 날아가므로 발사자는 미사일에 대해 잊고 있어도 표적에 명중되는 것)'과 같은 경험이다. 인트라넷을 사용하는 전자 시대에는 의사소통 책임 소재를 메시지가 수신되고 충분히 이해되었는지 확인해야 하는 메시지 전달자에서, 전자문서로 이용 가능한 정보를 최신 상태로 유지하도록 기대되는 개인에게 이동시키고 있다.

7. 커뮤니케이션은 직원들이 감당하기에는 과도한 인지 부하가 걸릴 수 있는 급류와도 같다. 우리 연구에 참여한 모든 응답자가 정보의 홍수에 대해 불만을 품고 있었다. 대부분, 동일한 메시지가 약간 다른 표현으로 전달되며, 이는 점점 더 첨단화된 다양한 매체를 통해 반복적으로 제공된다. 결국, 원칙은 '충분히

자주, 충분히 창의적으로 말하면 결국 메시지가 전달될 것'으로 보인다. 그렇지만 일반적으로는 상황이 반대로 진행된다.

8. 의사소통은 협력적이고 애자일 형식의 문제 해결에 초점을 맞추기보다는 계층적이며, 단계적으로 중재된다. 테슬라Tesla CEO 일론 머스크Elon Musk는 "어떤 문제가 신속하게 해결되려면, 한 부서의 사람이 다른 부서의 사람과 직접 이야기하고 적절한 해결책을 실행하면 됩니다. 하지만 현실에서는, 직원이 자신의 상사에게 보고하고, 그 상사가 또 상사에게 보고하며, 다른 부서의 상사에게 전달되고, 다시 그 팀원의 귀에 들어가야 합니다. 이 같은 프로세스는 믿을 수 없을 정도로 멍청한 짓입니다."라고 말했다.

언어는 비즈니스 리더가 마음대로 사용할 수 있는 가장 놀랍고 복잡한 수단으로, 판매, 설득 또는 제안할 때 리더는 종종 유창한 화술을 구사하는 경우가 많다. 내부적으로는, 앞서 언급한 이유로 인해 탁월함을 실현하지 못하는 기업 대부분에서 이러한 접근 방식이 체계적이지 않고 산발적으로 이루어지고 있다.

커뮤니케이션의 전략적 역할은 조직 전반에 걸쳐 정신적 모델을 공유하고, 목적과 공유된 비전을 강화하는 것이다. 그것은 조직이 무엇을 달성할지 그리고 어떻게 협업할지에 대해 직원 모두에게 안내 역할을 한다. 직원들은 경영진이 무엇을 하는지 또는 무엇을 하려고 하는지 뿐만 아니라, 경영진이 생각하고 있는 바가 무엇인지 알아야 한다. 경영진은 그들이 고려 중인 이슈들, 기회와 위협으로 판단되는 사항들을 공유하고 개발 중인 계획 및 고려한 대안들을 논의하기를 기대한다. 그들은 의사 결정의 배경에 존재하는 근거, 의사 결정 기준, 고객의 기대 수준, 이를 충족시키기 위한 계획들에 대한 통찰력을 얻고자 한다. 이는 비록 높은 기준이지만, 이렇게 해야 직원들이 진정으로 비즈니스에 몰입해서 필요한 권한을 부여받을 수 있다. 전후 상황에 대한 의사소통 없이, 권한만 부여하는 것은 마치 다섯 살짜리 어린아이에게 운전하라고 자동차 열쇠를 주는 것과 같다.

직원들이 전체적인 맥락을 파악하면, 그들은 신뢰받고 몰입된다고 느낀다. 가장 중요한 점은 직원들이 문제 해결에 큰 역할을 하게 되고, 중요한 문제점들에 대한 실질적인 솔루션을 제공하는 데 자신들의 현장 지식과 경험을 활용하여 창의적인 사고를 시작할 수 있다는 점이다. 직원들은 기업과 프로세스에 대해 자신들이 이해하는 내용을 바탕으로 합리적이지 않은 의사 결정에 의문을 제기할 수 있다. 이러한 피드백을 활용하면 사람들의 의견을 수집하고 반영함으로써 업무의 걸림돌을 제거하고, 의사 결정 과정에서 배제되는 데서 오는 짜증과 좌절감을 해소할 수 있다.

다음 사례 연구는 영국에 기반을 둔 금융 기관이다. 앞서 이야기한 메커니즘이 모범적으로 실행되며, 커뮤니케이션 메커니즘이 조직의 구조에 어떻게 설계되고 변화를 위한 기관실로 사용되는지 보여준다.

> **사례 연구**
>
> ## 영국 은행(UK bank)
>
> 내부 커뮤니케이션과 브리핑 프로세스는 월 단위로 운영된다. 브리핑 날짜는 몇 달 전에 팀 회의에서 정하고 일지에 기록되며, 매달 약 400명의 관리자가 팀 브리핑에 참여한다. 브리핑 참석은 선택 사항이 아니다. 이 과정은 계단식으로 작동하며 체계적으로 피드백을 수집하고 분석함으로써 계층적 커뮤니케이션에서 나타나는 일반적인 문제를 극복한다. 이것은 실시간 피드백을 위해 적응하고 수정하는 능력뿐 아니라 명료한 커뮤니케이션을 가능하게 하는 양방향 대화를 조성한다.
>
> 매달, 이 프로세스는 임원진이 프로세스에 필요한 자료를 준비하는 것으로 시작된다. 임원진은 그달의 이사회 회의에서 발생하는 토론과 의사 결정에서 전달하고자 하는 바를 평가하는 것으로 시작한다. 또한, 지난달 브리핑의 피드백과 답변해야 하는 모든 내용을 고려한다. 게다가 브리핑에서는 사업 성과, 시장 상황의 변화, 새로운 이니셔티브의 도입과 기존 이니셔티브의 진행 상황이 포함된다. CEO는 직속 상급 관리자들에게 브리핑하는 등의 방식으로 해당 주기를 시작한다.
>
> 브리핑은 토론을 유도하도록 구성되어 있다. 이를 통해 각 직원은 브리핑을 반복하고 문제와 기회를 식별할 수 있다. 관리자는 브리핑 전에 내용을 '현지화'하여 참석자에게 의미 있는 내용을 제공하는 것이 좋다. 브리핑은 단순히 발표하고 질문에 답변하는 형식이 아니라, 팀의 리더가 다음과 같은 질문을 하며 입력된 자료에 대한 논의를 유도하는 방식으로 진행한다.
>
> - 여기서 이해되지 않은 부분이 있습니까?
> - 이것이 우리에게 무엇을 의미합니까?
> - 결과적으로 우리가 무엇을 다르게 수행해야 합니까?

- 우리에게 예상되는 기회나 문제가 무엇입니까?
- 이것이 우리의 현재 순위를 어떻게 바꾸어 놓습니까?

이것은 팀 회의의 일부이기 때문에 팀은 비즈니스 방향의 맥락 안에서 업무량과 우선순위를 계획하고 일정을 정할 수 있다.

팀 학습은 지난 한 달 동안 잘된 점과 그렇지 못한 점을 되짚어보며 장려된다. 직면한 문제나 과제 중에서 함께 해결할 수 있는 것은 무엇이며, 조직 내 다른 팀과 공유해야 할 것은 무엇인가?

이 프로세스가 팀 브리핑과 다른 점은 피드백을 체계적으로 수집한다는 점이다. 팀 대화의 결과는 진행자가 전자 시스템에 입력하고 조직 전체에 걸쳐 실시간으로 상황이 전달된다.

- 팀원들이 브리핑 내용을 이해하였는가?
- 잘못 해석된 부분이 있는가?
- 각기 다른 영역에서 이해 수준이 다른 부분이 존재하는가?
- 예상치 못한 문제가 발생했는가?
- 핀치 포인트가 발생한 지점은 어디인가?
- 기업이 현재 씨름하고 있는 주요 이슈들은 무엇인가?

기술을 통해 피드백을 이해하고, 구조화하고, 조합하는 지점에서 피드백을 이해하기 쉽고 실행할 수 있는 형태로 만든다. 별도의 부서별 보고서가 작성되어 팀과 팀 활동에 관련된 비즈니스의 다른 부분에서 생성된 피드백을 보여준다.

이러한 과정을 통해 "지난달에 여러분이 말씀하셨습니다. 그에 따라, 우리는 이렇게 조치할 것입니다."라고 이야기하며, 고위 팀은 조직과 연결된

> 상태를 유지하고 이슈와 우려 사항들에 직접 대응할 수 있다. 고위 팀은 새로운 우선순위로 빠르게 넘어가기 전에, 자신들이 실행할 솔루션과 개입 조치가 효과적으로 작동하고 있는지 확인함으로써, 의사 결정이 미치는 영향을 놓치지 않는다.
>
> 또한, 이러한 이해의 과정이 특정 이슈들을(예, 비용, 규정 준수, 프로세스 개선, 주요 시스템 출시) 처리할 때 사용되며 직원들을 참여, 몰입을 장려한다. 단 몇 초 만에 조직은 5천 명의 집단적 사고를 활용할 수가 있다.

문제 해결과 직원 몰입

동료들이 강력한 조직 문화를 구성하는 요소로서 긍정적인 경험을 공유하고, 일방적인 전달이 아닌 상호 소통을 통해 함께 연결될 때, 비로소 효과적인 문제 해결 시스템을 구축할 수 있다. KMPG 연구에 등장하는 세계적인 리더들에게 이것은 강력한 경쟁 우위를 제공한다. 조직에서 초인적인 잠재력, 즉 이들이 경쟁자들을 제치고 거듭 우위를 점할 수 있는 숨은 잠재력을 드러낸다. 결과적으로 문제 해결이 가능한 조직이 되고, 각 셀 조직은 공통의 목표를 가지고 고객과 서로를 위해 끊임없이 성과를 향상하도록 동기를 부여받는다.

이러한 잠재력을 고정하는 강력한 방법에는 문제 해결을 위한 커뮤니케이션의 특정 프로세스를 자동화하는 것이다. 이것은 직원의 목소리라고 종종 불리며 고객과 직원 경험 모두의 문제를 해결하는 데 가장 적합하다. 전통적으로 이러한 시스템은 '어떻게 직원의 몰입을 더욱 높일 수 있을까?'라는 질문과 함께 후자의 경우에만 초점을 맞추고 있다. 이러한 접근 방식은 다소 그 가치가 제한적이다.

진실로 효과적인 문제 해결을 위해서는 직원의 목소리가 전통적으로 해마다 하는 몰입도 설문 조사를 뛰어넘어야 한다. 직원 경험에 대해 지속적인 대화를 나누는 것도 중요하지만 이것이 비정기적인 설문 조사나 개별 데이터의 풀 이상의 것이 중요하다. 오히려 리더들은 경험을 지속해서 모니터링하고, 논의하며, 관리할 수 있는 인프라를 제공하는 내부 소셜 네트워크부터 전문적인 직원의 목소리 기술까지 다양한 최첨단 플랫폼을 고려해야 한다. 직원 경험을 정의하는 원칙이 외부에서 고객에게 적용하는 원칙과 같다면, 이러한 원칙은 두 배로 강력해진다.

그러나 고립된 상황에서 직원의 목소리는 종종 기회를 낭비하고 지나간다. 어떤 조직이든 지식 대부분이 명시적이기보다는 암묵적으로 존재한다. 이것은 솔루션 대부분이 이미 누군가의 머릿속에 자리 잡고 있음을 의미한다. 단지 경영진이 이 솔루션에 접근할 수 없을 뿐이다. 주어진 문제에 대해 최전선에서 근무하는 동료가 문제를 해결하기 위해 수행할 작업을 정확하게 알고 있을 가능성이 크다. 그들은 단순히 문제 해결을 위한 의사소통, 맥락 또는 수단이 부족할 뿐이다.

직원의 목소리에 진정한 힘은 바로 문제 해결형 조직을 만드는 것이다. 이는 고객을 위한 개선 방안을 두고 동료들과 체계적으로 대화를 나누는 것을 의미한다. 즉, 공통된 고객 문제를 제시하고, 동료들이 해결의 일부가 되도록 참여를 유도하는 것이다. '폐쇄 루프

(closed-loop, 직원들을 공장 내에 격리하여 숙식하게 하며, 외부와의 접촉을 최소화한 채 공장을 지속적으로 운영하는 방식)' 시스템에서 시스템적 사고에 이르기까지 이를 수행하는 데 일반적으로 조직에서 사용되는 다양한 접근 방식이 있다. 이 방법들을 지원하는 기술들은 이제 성숙 단계에 도달했으며, 모든 비즈니스에서 규모와 상관없이 활용할 수 있게 되었다. 그러나 이처럼 중요한 대화를 프로세스 또는 대시보드 위젯으로 축소하는 것이 아니라, 고객 중심으로 협업과 혁신을 촉진하는 것이 바로 핵심이다.

자라Zara는 체계적인 직원 피드백을 활용해 지역 차원과 전략적 차원의 고객 의사 결정을 추진하는 회사의 모범 사례다. 자라의 성공 비결 중 하나는 직원과 관리자가 고객의 니즈에 특히 민감하게 대응할 수 있도록 교육하고 이를 위한 권한을 부여한다는 것이다.

자라는 영업 직원과 매장 관리자가 고객 연구의 최전선에 설 수 있는 권한을 부여한다. 이들은 고객의 의견, 재단, 원단 또는 신상 라인에 대한 아이디어들을 주의 깊게 듣고 아이디어를 메모하며, 자라는 브랜드 고유의 스타일과 잘 어울리는 옷차림의 고객들을 날카롭게 관찰한다. 반면, 전통적인 일일 판매 보고서는 시장의 빠른 변화를 실시간으로 반영하지 못한다. 자라 디자이너들은 1~2주 안에 매장의 신제품을 전달받을 수 있다. 자라의 성장 스토리는 '고객이 원하는 것을 제공하는 것'과 '누구보다 빠르게 제공하는 것'이라는 두 가지 기본 규칙을 바탕으로 한다. 직원들은 이를 달성하는 과정에 중요한 역할을 하고 있다.

자라에게 직원은 고객 솔루션의 중심이다. 직원들은 고객 솔루션에 참여하고, 의견을 제시하고, 자신의 경험, 전문지식 그리고 아이디어를 제공할 수 있도록 초대받는다. 회사는 직원과 고객의 목소리를 모두 경청할 수 있도록 직원과 지속적인 대화를 할 수 있는 메커니즘을 구축하였다.

버진 애틀랜틱 항공

버진 브랜드 그룹에 속한 많은 기업은 또한 직원들의 경청과 문제 해결 공유 문화를 비즈니스 전략의 전면에 내세웠다. 버진 애틀랜틱 항공은 이러한 전략을 가장 강력하게 구사하는 기업이다. 버진 애틀랜틱은 직원들이 회사에 있어 소중한 존재임을 분명히 보여주기 위해, 그들의 목소리에 귀 기울이고, 의견을 존중하며, 아이디어를 적극적으로 수렴한다. 이를 통해 건전한 토론 문화와 지속적인 혁신을 추구하고 있다. 그 결과 버진 애틀랜틱은 끊임없이 배우고 직원들은 자신이 중요한 존재라고 느끼며 함께 참여해서 배운다. 이러한 노력은 순고객추천지수와 고객 경험점수에서 비용 절감과 직원 유지율 증가에 이르기까지 다양한 결과 수치에 반영되어 있다.

경청은 몰입의 핵심이다. 모든 사람은 자신을 보여주고 의견을 말하고 싶어 한다. 이것은 최소한의 리더십 요건으로 종종 이것이 가진 커다란 잠재적 가치가 간과되긴 하지만, 단순히 옳은 일을 하는 것뿐만 아니라 애자일 방식으로 문제 해결을 하는 비즈니스 환경 조성한다. 직원들은 조직이 자신의 의견이 경청하고 있다고 느끼면 자신들이 회사에서 가치 있고 중요한 존재라고 생각하게 되기 때문에 그에 보답하고, 최선을 다하려고 한다.

직원 경험에 책임지는 법

종종 우리는 주로 도발적인 목적으로 고위 경영진에게 이렇게 질문을 한다. "HR 이사, 고객 이사, 최고 운영 책임자, 그리고 최고 운영 책임자들이 마지막으로 함께 모여 고객 경험과 이를 제공하는 데 필요한 직원 경험에 동의한 것이 언제입니까?"

놀랍게도 이에 대해 '전혀 그런 적이 없다.'라는 답변이 빈번하다. 대부분, 앞에서 언급한 이 임원 관리자 중 세 명이 모여 이 같은 회의를 한 적이 전혀 없다. 마찬가지로 이 고위 임원들의 각 영역 사이의 연결이 단절되어 있을 뿐만 아니라 각기 다른 원칙, 언어 그리고 인간 행동 이론을 바탕으로 관리되고 있는 어색한 상황이 존재하게 된다. 이 불편한 진실은 기업 생활의 현실이라는 이유로 조용히 덮이며, 사람들은 발을 동동 구르고 손을 부여잡은 채 머뭇거리기만 한다. 그러나 이렇게 불필요한 단절은 많은 기업이 진정한 잠재력을 달성하는 데 방해가 된다.

직원 경험이 정의된 고객 경험을 제공하도록 설계하려면, 이러한 역할 간에 새로운 업무 협약이 필요하다. 실제로 기업 전체가 새롭고 고객 중심적인 방식으로 연결되어야 한다. 직원 경험과 고객 경험은 이 같은 연결성을 구축하여, 프런트 오피스에서 백 오피스까지 확장되는 황금 실로 연결할 수 있다.

앞에서 논의한 바와 같이 세계에서 가장 성공적인 기업들을 연결하는 '인간 자본 연속체'라 불리는 가치 사슬이 있다. 각 가치 사슬의 요소가 조직 내에서 각기 다른 사일로가 관리하는 경우, 그 누구도 엔드투엔드 관리를 책임지지 않는 결과를 낳게 된다. 개별 부서는 자체적인 조건에 따라 자체 언어, 데이터, 기술 및 모델을 사용하여 자체적인 아젠다를 추구한다. 만일 이 모든 것이 연결된다면 조정의 결과보다는 우연에 의한 것이다. 이것은 마치 서로 다른 방향으로 당기는 별도의 엔진에 비유할 수 같다. 그러나 조직이 조화롭게 엔진을 작동시킬 수 있는 경우에는 이것이 직원, 고객 및 상업적 성과에 극적인 영향을 미친다.

일부 조직에서는 이러한 '연결된 경험'이 성공의 열쇠임을 이미 인식하고 있다. 피자헛과 존 루이스 앤 파트너스와 같은 기업은 연결된 경험을 제공하기 위해 특정 경영진의 책임을 결합했다. 다른 기업들은 고객 위원회와 실무그룹을 조직하였다.

또 다른 선도 기업인 에어비앤비Airbnb는 HR 부서를 발전시키고 '회사의 건강과 행복을 이끄는' 전담팀을 구성하였다. 신설된 직원 경험 부서는 채용 및 인재와 같은 전통적인 기능과 함께 직장 문화를 전면에 등장시킨다. 이 부서는 과거의 HR보다 훨씬 광범위한 활동과 책임을 맡는다. 에어비앤비는 음식부터 사내 커뮤니케이션, 그리고 업무 환경 혁신에 이르기까지, 자사 공간 안에서 그 기반인 '글로벌 커뮤니티 감각'을 더욱 확장시키는 것을 목표로 하고 있다.

어도비Adobe는 '고객 및 직원 경험'이라는 팀을 신설했다. 이 팀은 제품 활용을 돕는 최전선의 고객 경험 조직과 HR 부서를 통합한 조직이다. 그 바탕에는 고객이든 직원이든 사람이라면 모두 동일한 기본적 니즈를 가지고 있다는 믿음이 있다.

주요 시사점

1. 진보적인 기업은 성공의 열쇠가 단순하게 직원이나 고객을 이해하는 것을 넘어서, 경험을 토대로 연결고리를 만드는 것이라는 점을 인식한다. 이렇게 함으로써 높은 성과, 애자일식 비즈니스를 달성할 수 있다. 이것은 미래 시장에서 성공하기 위한 유형의 기업 리더가 갖추어야 하는 기본 특성 중 하나다.
2. 직원 경험과 고객 경험은 매우 긴밀한 연관성을 가지며 조직 문화에 뿌리를 두고 있다. 직원과 고객은 별개의 그룹이 아니다. 직원과 고객의 경험 및 여정은 서로 유사하고 중복되는 특징이 있다.
3. 서번트 리더십은 직원을 고객 관계 중심에 두고 직원들이 성공적인 고객 관계를 구축하는 데 필요한 것들을 준비시키고, 능력을 함양하고 권한을 부여하는 데 주력한다.
4. 직원 경험에 대한 책임은 HR에서 맡는 것이 아니라 집단적인 조직 사고의 기능으로 관리되어야 한다.

04

고객을 중심으로
조직을 구성한다

쥐스탱 트뤼도^{Justin Trudeau} 캐나다 총리는 2018년 다보스^{Davos} 포럼에서 변화의 속도가 과거 어느 때보다 빠르지만 다시는 그 속도가 느려지지 않을 것이라고 예지력 있게 관찰하였다. 우리는 기업이 유연하고 적응력이 뛰어난 내부 구조를 통해 외부의 변화에 신속하게 대응해야 하는 복잡성이 빠르게 커지고 있는 세상에서 살고 있다.

이후 2020년 코로나19 시기를 지나면서 번창한 기업들은 대기업 혹은 시장에 확고하게 자리 잡은 회사가 아니라, 변화에 가장 잘 적응하는 기업들이었다. 하룻밤 사이에 디지털 직판 채널을 구현한 곳은 포장 소비재 회사들이었다. 레스토랑은 유동성 확보를 위해 도시락 사업을 창업하였고, 슈퍼마켓은 운영을 확장하고 자신들의 품목 규칙 가이드를 다시 작성했다. 은행은 의료와 재정 부문에서 취약한 사람들을 보호하기 위한 사업에 뛰었고, 패션기업들은 의료종사자를 지원하기 위해 생산 라인의 용도를 변경했다.

흥미롭게도, KPMG 글로벌 연구 결과, 변화에 가장 빠르게 적응한 브랜드들은 이미 경험 부문에서 시장을 선도하고 있는, 국가 지수에서 상위권 브랜드들이었다. 가장 빠르게 반응을 보인 브랜드는 바로 사람, 즉 고객과 직원을 가장 잘 이해하는 회사들이었다. 또한, 가장 명확한 목적을 가진 기업들일수록 어려움 속에서도 더욱 신속하고 단호하게 결정을 내릴 수 있었다.

앞서 고객과 직원을 이해하는 데 있어 이 같은 기업의 성공 기반에 대해 논의하였다. 우리는 인간의 가치를 실현하고, 문화를 비즈니스 결과와 연결하는 연속체를 만들기 위해 경험을 연결할 필요성을 살펴보았다.

이러한 원칙은 새로운 유형의 기업에서 구현되어야 한다. 고객 중심적이며, 경험을 중심으로 연결된, 디지털이지만 인간 중심적인 기업이다. 이러한 기업은 혁신하기가 매우 복잡하므로 이번 4장에서는 보다 광범위한 과제들을 살펴볼 것이다. 미래의 기업을 어떻게 정의할 수 있는가? 원칙들을 실천하기 위해 리더가 지향해야 하는 조직의 유형은 어떤 것들이 있을까? 그리고 그 과정에서 조직이 자칫 빠질 수 있는 함정에는 어떤 것들이 있을까?

문제를 정의하는 방법

경영 이론의 전문가인 피터 드러커Peter Drucker는 기업이 격변하는 시장 상황에서 직면하는 문제점들이 구조적인 문제뿐만 아니라, 사고방식과도 관련이 있다고 지적하였다. 가장 큰 위험은 어제의 논리를 가지고 시장 변동에 대응하는 것이었다. 드러커는 지난 몇 년 동안 효과가 있던 방식이 오늘날의 문제를 해결하는 효과적인 지표가 아님을 관찰하였다. 그러나 경영진 대부분은 과거의 경험들만 가지고 앞으로 나아가려 한다. 앞서 살펴본 바와 같이, 데이터와 인사이트는 직감과 경험 앞에서 좀처럼 제대로 활용되지 않는다. 그러나 그 경험이 이제 유효하지 않다면, 기업이 미래의 사회적, 기술적, 경제적 도전에 대응하는 데 어떤 의미가 될까?

사고방식은 우리가 속한 조직 구조의 영향을 받아 형성되는 결과물이다. 문제는 기업 대부분이 전통적으로 조직화 되어있고 과거 군대나 산업체와 마찬가지로 계층적 구조방식에 초점을 맞추고 있다는 것이다. 계층적 구조방식은 누가 어떤 작업을 담당하고 어떤 권한을 가졌는지 명확하게 결정한다. 이는 사람들에게 협업을 어떻게 이해해야 하는지, 그리고 어디에 초점을 맞춰야 하는지 알려준다. 예상대로, 이러한 구조는 새로운 고객에게 대응하는 데 필요한 유연성과 속도를 저해하며, 최고의 직원 경험 또한 방해한다.

우리는 연결성의 시대에 살고 있다. 고객은 연결되어 있으며 원활한 경험을 기대한다. 그러나 기업은 그렇지 않다. 기술의 거대한 발전을 활용할 수 있는 기업은 거의 없으며, 수많은 '디지털 혁신'은 운영의 핵심에 있는 인간 기능의 장애를 종종 반영한다.

그 이유는 무엇일까? 지금까지 목적, 리더십, 문화, 직원 경험 및 조직 문화와의 단절 문제를 살펴보았다. 그러나 이러한 모든 요소는 기업 전체의 설계 안에서 작동된다. 기업 대부분이 직면한 가장 큰 제약 중 하나는 단절되고 경직되며 느리게 움직이는 기본적인 조직 인프라이다. 근소한 차이로 2위를 차지한 원인은 시대에 뒤떨어진 업무 능력이다. 이러한 요인들은 진정한 미래를 대비하는 비즈니스의 핵심 요건에 대한 전문성 부족이다.

이는 기업의 생존율에 고스란히 반영된다. 포춘Fortune 500대 기업의 평균 수명은 1950년대에 60년이었는데, 오늘날 기업의 수명은 16년에 불과하며, 이러한 변화에 가장 큰 영향을 미친 원인은 기술이다. 사실 일부 특정 부문의 경우에는 기술로 인한 동시다발적인 타격을 받고 있다. 이러한 상황에서 적응력과 대응력이 없는 기업은 일찍 그 수명을 다하는 것으로 보인다.

단절 문제의 핵심에는 바로 기업의 조직 방식이 있다. 이것은 기업의 사고방식, 운영 방식에 영향을 미치고, 경험 제공에서 일관성이 발생하는 근본 원인이다.

고객 여정을 위한 조직화

KPMG 글로벌 연구에서 조사한 선도 기업들을 살펴보면, 일관된 탁월성을 제공하는 가장 큰 결정적 요인에는 조직 자체의 설계가 있다. 품질 경영의 권위자인 W. 에드워드 데밍W. Edwards Deming은 잘못된 시스템은 매우 의욕적인 동기를 가진 사람들의 노력마저 압도할 것이라고 말하였다. 조직 설계가 정렬되지 않은 상태는 결국 잘못된 시스템이다.

많은 기업의 조직 설계는 전환을 위한 노력의 투입이 아니라 시간이 지나면서 축적되거나 진화하는 유기적인 결과다. 비즈니스가 정립되는 방식은 역사, 합병, 경영 변화 또는 구조 조정과 영역 다툼의 기능적 산물이다. 시간이 지남에 따라 점진적으로 성장한 수많은 포럼, 운영 그룹, 프로세스들을 종합한 기본 결과물인 것이다.

전 세계적으로 많은 기업들이 기능 중심의 조직구조와 부서 간 고객 여정이 비효율적인 조합이라는 점을 점점 더 인식하고 있다. 이는 결국 고객 경험과 비용 구조 모두에 부정적인 영향을 미친다. 고객과 직원이 최고의 성과를 낼 수 있는 행복 경로가 있는 이 고객 여정이 좋은 결과로 이어지는 가장 효과적인 방법이다.

최근에는 기업이 전통적인 형태의 조직 설계를 탈피하여 고객 중심으로 배치되는 새로운 조직구조를 더욱 많이 개발하고 있다. 직원과 고객 모두를 위한 고품질의 경험을 제공하기 위해서는 중요한 고객과 직원의 니즈를 충족하기 위한 직원과 고객 여정을 융합할 필요가 점차 높아지고 있다.

신규 진입 기업들은 과거의 디자인 모델을 고수하는 경향에 얽매이지 않는다. 스포티파이Spotify 와 아이엔지ING와 같은 기업은 오늘날 기업들이 직면한 과제에 잘 적응한 조직 설계 모델을 개발했지만, 여전히 과거 모델에 얽매여 있는 전통적인 기업들은 시장 변화 대응력이 낮고 비효율적이다.

훌륭한 설계는 어떤 것이 목적에 잘 부합하도록 구조화되어 있음을 의미한다. 형태는 기능을 따르고 구조는 전략을 따른다. 문제는 조직의 목적과 전략을 실행할 수 있는 조직에 이로운 최적의 설계를 찾는 것이다. 미래에도 살아남을 오늘날의 성공적인 조직은, 과거의 방식에서 벗어나 탈출 속도를 낼 수 있는 조직이다. 이를 위해서는 과거의 권력 구조 위에 새로운 디자인이 탑재되는 형식적인 조직 개편 이상의 작업이 필요하다. 이것은 기존의 권력 구조를 해체하고 새로운 권력 구조를 세울 것을 요구한다. 요약하자면, 기존의 방식을 유지하려는 조직의 일부는 힘을 빼고, 미래 고객의 니즈를 충족시킬 수 있는 새로운 영역에 권한을 실어줘야 비로소 도약의 속도를 낼 수 있다.

3장에서 언급했듯이 USAA는 과거에 제품 영역에 주로 집중되었던 조직의 권력 구조를 해체하고 오늘날의 고객 감동팀인 구성원 경험 팀에 권한을 부여해야 했다. 그러나 조직은 파괴적인 영향을 미칠 수 있는 유형의 피해를 방지하기 위한 통제가 필요하다. W.L 고어 Gore는 의사 결정이 흘수선(waterline, 선박과 수면이 만나는 선으로 완전한 항해를 위해 짐을 적재할 수 있는 한계선) 아래에 있고, 선박 전체를 침몰시킬 수 있는 지점까지 직원에게 권한을 부여할 필요성을 설명하였다.

여기에서 설계 원칙은 고객을 가장 가까이서 만나는 사람들(영업 및 계정 관리, 고객 센터, 소매 환경과 같은 기능)에 가능한 많은 자율성을 부여하는 동시에 흘수선 이하의 위험(회계, 법률 및 HR과 같은 기능)은 가급적 중앙 집중화되어야 한다. 이러한 설계 원칙은 불가피한 갈등을 인식하고 이를 해결하기 위한 계획을 세우고 조직의 전반적인 이익을 위해 이를 활용하려는 구조를 만든다. 그러나 현실은 조직 대부분이 여전히 기능적인 계층 구조로 되어 있다는 것이다. 어떤 경우에는 수평적인 계층 구조가 설계되어 있더라도 계층 구조의 특징이 여전히 존재한다. 계층 구조는 서로 간의 연결과 고객 여정의 반대말로, 균형 잡힌 상태를 관리하고 성장 엔진을 분리하여 있는 그대로 원활하게 실행할 수 있도록 설계되었다. 이는 동일한 일이 반복적으로 수행되도록 보장하는 안정적인 시간을 위해 설계된 안정적인 모델이다.

연구에 참여한 기업의 약 3분의 1이 고객 여정의 소유자와 이 여정의 운영 그룹을 새로운 교차 기능 모델로 설정하는 매트릭스 조직 체계로 전환하였다. 이 시스템은 전통적인 조직 설계 위에 접목된 보다 진보적이고 연결된 구조다. 일부 기업의 경우 매트릭스 조직 운영을 통해 더 많은 변화를 달성하기 위한 촉매로써 전환기를 이행하였다. 또 다른 기업의 경우 정치적, 문화적인 이유로 더 이상의 변화는 너무 과도하고 혼란을 일으킬 수 있다고 여겨졌다. 현실에서는 기업들이 이러한 절충적 시스템을 관리하기가 매우 복잡하고, 점차 시간이 지나면서 이 시스템에서 애초에 개선해야 하는 계층 구조와 마찬가지로 융통성이 없다는 것을 깨닫게 되었다.

미국 기업을 대상으로 한 조사에 따르면, 포춘 500대 기업 중 약 30%가 이미 고객 중심 운영 모델로 전환한 것으로 확인됐다. 일부는 고객의 니즈 그룹을 중심으로 구조화하고, 다른 일부는 고객 세분화를 중심으로 구조화시켰다. 그러나 각각의 전환에 공통으로 요구된

것은, 고객에게 더욱 가까이 다가가기 위해 조직이 스스로 어떻게 구조화했는지에 대한 철저한 재평가였다. 그 결과 고객 관계를 강화할 수 있는 아이디어와 혁신이 크게 개선되었다. 이러한 기업들은 경쟁 업체보다 더 빨리 좋은 아이디어를 실질적인 고객 혜택으로 구현하는 방법을 터득했다.

이것은 노고나 재정적 타격 없이 이루어진 것이 아니었다. 실제로 이들 기업 중 상당수가 첫해와 두 번째 해에 이익이 부분적으로 감소한 후, 그 후 몇 년간은 이전에 추적한 것보다 훨씬 높은 수준으로 회복되었다.

고객 경험에 실패하는 8가지 요인

새로운 고객 중심 모델의 특성들을 자세히 살펴보기 전에 조직의 변화를 방해하는 요소들을 먼저 살펴보자. 더 나은 모델들이 이토록 명확하게 정의되고 수많은 사례로 입증되어 있음에도 불구하고, 기업들이 그것을 채택하지 못하게 막는 것은 무엇일까? 전통적이고 분절된 조직이 변화하고 진화하는 것을 가로막는 제약은 무엇인가?

슬프게도 여기에는 여러 가지 요인들이 있다. KPMG 글로벌 연구를 통해 주목할 만한 점은, 모든 탁월한 기업들이 놀라울 정도로 비슷한 방식으로 탁월하다는 것이다. 이러한 탁월성은 여섯 가지 요소의 관점에서 이해할 수 있으며, 그 구체적인 내용은 2부에서 설명된다. 그러나 실패하는 모든 조직 또한 조금씩 다른 방식으로 실패한다는 것을 확인할 수 있다. 고객 중심적이지 않은 운영의 역기능은 각종 제약과 고충 그리고 성과 하락으로 이어진다.

탁월성을 달성하는 데 있어서 기업 대부분이 직면하는 문제는 성공으로 가는 길 보다는 실패로 가는 길이 훨씬 더 많다는 것이다. 과거에 효과가 있던 방식이 반드시 미래의 성공을 보장하는 지표가 아니다. 그렇다면, 만일 과거의 경험이 유효하지 않다면, 리더는 어떻게 발전해야 할까?

우리 모두 알고 있듯, 기업 변화 프로그램의 70%는 목표를 달성하지 못한다. 조직이 세계적 수준이 되기 위해서는, 리더들이 실패의 원인을 이해하고 이를 완화하는 전략을 갖춰야 한다. 모든 고객 중심 프로그램의 첫걸음은 잠재적 장애물을 파악하고 설계 단계에서 제거하여, 빈틈없는 변화 계획을 수립하는 것이다.

실패 요인 ❶ : 고객을 충분히 중요하게 고려하지 않음

이 장의 앞부분에서는 경영의 대가인 피터 드러커의 통찰력 있는 식견을 다루었다. 피터 드러커는 '기업의 목적은 고객을 창출하고 유지하는 것'이라고 이야기했다. 그렇다면 비즈니스의 가장 근본적인 존재 이유가 그것이라면, 경영진은 실제로 고객에 대해 얼마나 많은 시간을 고민하고 있을까? 이는 우리가 자주 던지는 질문이며, 그에 대한 답변은 종종 기대와 다르다. 대부분의 경우, 고객에 대한 깊은 고민은 거의 이루어지지 않고 있다.

그러나 지금까지 살펴본 바와 같이 성공의 원동력은 고객의 문제를 이해하고 혁신적으로 해결하는 것이다. 그렇다면 왜 고위 팀은 훌륭한 경험을 개발하고 고객을 이해하며 혁신을 주도하는 과정에 시간을 할애하지 않는 것일까? 고객과 기업의 관계를 관리하는 이들 직원은 재무, 위험, 운영, 판매, 법적 문제를 처리하고 인적 자원 관리에 온전히 시간을 할애한다. 만일 리더인 당신이 앞장서지 않는다면 당신의 기업이 고객을 위해 훌륭한 일을 해주기를 기대하는 것은 소용없는 일이다. 기업은 당신의 행동을 따라 할 것이고 사람들은 당신이 조사하는 업무만 하려 들 것이다.

고객이 리더십 팀에 중요한 존재로 인식되고, 각 리더십 팀원이 고객에 대해 명확한 비전을 중심으로 잘 정렬되어 있어야만, 이를 유지하는 데 필요한 경험이 진정한 발전으로 이루어질 수 있다. 진짜 불일치 문제들을 조기에 인지해서 해결하고 이를 근절하는 것이 중요하다. 종종 리더십 구성원은 다른 목표와 근본적으로 다른 관점을 가지고 있다. 조직의 불일치는 조직의 최상층에서 시작하여 기업 전체로 확대된다. 미래에 바라는 명확한 비전, 성공으로 가는 경로 맵, 그리고 우선순위의 설정이 필수적이다.

실패 요인 ❷ : 조직에서 좋은 모습이 무엇인지 명확하게 설정되지 않음

두 번째로 일반적인 실패 지점은 고객의 기대 수준을 이해하지 못한다면 이를 뛰어넘는 경험을 제공하기 어렵다는 사실과 관련이 있다. 또한, 목표 경험이 어떻게 보여야 할지에 대한 명확한 전망이 없다면 모든 경험에 브랜드가 스며들도록 하는 것 또한 어렵다. 직원은 심리적 및 물리적 요소 중 어떤 점을 자극해야 하는지, 즉 훌륭한 인간관계를 형성하는 정서적 연결의 본질을 인지하고 있어야 한다. 선도적인 조직은 명확한 목표 경험을 설정하고, 이를 직원들이 제공할 수 있도록 교육하며, 그 성과를 측정할 수 있는 체계를 갖추고 있다.

수많은 기업이 고객만족도점수, 순고객추천지수, 또는 노력 점수로 축소해 평가하며, 고객의 감정에 대해 환원주의적 접근 방식을 취하였다. 이 기업들은 모든 인간 감정의 스펙트럼을 대시보드에 지표로 축소한 다음, 기업이 매력 없는 이유를 생각한다. 예를 들어, 미국의 홈디포Home Depot는 목표 경험을 각 목표 시장에 연결하는 정교한 접근 방식을 사용한다. 여기에는 주택 소유자와 같은 DIYDo it yourself 고객이 포함된다. 이 고객군은 제품을 구매하고 온라인이나 매장 내 재료를 사용하여 직접 설치를 한다. 이들 고객은 종종 '방법'에 관한 지원이 필요하다. 'DIFMDo-it-for-me' 고객은 설치 서비스를 제공할 타 업체를 찾고 있는 고객을 포함한다. 홈디포는 바닥, 캐비닛, 조리대, 온수기, 창고를 포함한 여러 설치 서비스를 제공한다. 또한, 사내 컨설팅과 설치 서비스를 제공한다. 전문가 고객에는 계약자, 건축업자, 상인, 인테리어 디자이너, 수리공이 포함된다. 이들은 사실상 소규모 비즈니스로 그에 따라 관리할 필요가 있다. 홈디포 직원은 고객이 어떤 범주에 속하는지 파악해서 적절한 경험을 제공할 수 있도록 교육을 받는다.

실패 요인 ❸ : 조직을 유기적인 시스템으로 보지 못함

탁월한 고객 경험을 제공하기 위해 조직이 모든 측면에서 어떻게 운영되어야 하는지를 고객의 전체적인 관점과 연결해 바라볼 수 있도록 구조화된 조직은 거의 없다. 사일로는 고객 사고의 천적이자 고객 여정이 의미 있는 변화를 가져오지 못하게 되는 주요 원인이다. 이는 조직의 모든 구성 요소가 종종 새롭고 급진적인 방식으로 연결되어야 한다는 것을 의미한다.

내가 속한 조직이 각기 다른 부분의 직소 퍼즐 조각이라고 한번 상상해보자. 상자를 기울이면 퍼즐 조각이 내 앞에 떨어지게 된다. 분명 모든 퍼즐 조각들이 다 있지만, 전체 그림은 어긋나 보이고 형태도 불분명하고 일관성도 없다. 형태가 완성된 퍼즐 그림이 나타나려면 모든 퍼즐 조각이 정확하고 올바른 순서로 맞물려야만 한다. 이 직소 퍼즐의 비유를 비즈니스 전반에 비추어 이야기할 수 있다. 기업이라는 직소 퍼즐 조각은 우연하고 진화적인 방식으로 조립된다. 각 부서는 최선을 다해 퍼즐의 조각을 만들고, 자신들만의 방식으로 다른 조각들과 연결한다. 그러나 이렇게 만들어진 전체 그림은 조각 하나하나에는 의미가 있어도, 전체적으로는 조화를 이루지 못한다.

문화는 종종 문제의 핵심에 있다. 기업의 조직 문화가 전략 달성을 가속화 하는지, 아니면 오히려 방해하는지에 대해 깊게 고민하는 조직은 소수에 불과하다. 문화는 조직이 생각하고 행동하고 일하는 방식을 형성한다. 소크라테스의 말에 따르면 검토되지 않은 문화는 살아볼 가치가 없다. 선도 기업은 자신들의 문화에 엄청난 관심을 기울이고, 끊임없이 검토하며 더욱 효과적으로 가꾸기 위해 세심하게 조성한다. 문화는 직원 경험을 형성하고, 이는 고객 응대 방식에 그대로 반영된다. 직원이 고객에게 집중하고 역량을 발휘하며 몰입할 수 있도록 만드는 것은 리더가 주도하는 문화에서 비롯되며, 고객 중심

로드맵의 핵심축이 된다.

실패 요인 ❹ : 잘못된 위치에서 시작함

기업 대부분이 고객 여정 매핑(customer journey mapping, 브랜드와 고객 간의 상호작용 전 과정을 시각적으로 나타내고, 이를 통해 각 접점에서의 경험을 분석하고 개선 방안을 모색하는 기법)이라는 강력한 방법론에 집중해 왔다. 그러나 이것은 기초를 다지기 전에 집의 지붕을 올리는 것과 같다. 즉 아무것도 없는 맨땅 위에 멋진 지붕만이 덩그렇게 남게 되는 것이다.

종종 고객 여정 매핑을 수행할 때, 고객에게 먼저 상류로 거슬러 올라가 고객 경험 전략을 수립하라고 조언해야 하는 경우가 많다. 조직의 목적, 대상 고객은 누구이며, 브랜드 가치와 접점 전반에 걸쳐 브랜드 경험의 응집력과 통합을 보장하는 디자인 원칙을 생생하게 전달하기 위해 추구하는 목표 경험은 무엇인가? 대부분 집 짓기(고객 여정)보다는 주택담보대출(상품)과 같은 제품 여정에 초점이 맞춰져 있다. 제품 측면에서 고객 여정을 정의하는 것은 요점을 놓치고, 삶의 문제에 대한 사려 깊은 해결책을 설계함으로써 고객을 놀라게 할 수 있는 혁신과 기회를 무력화시킨다.

조직이 신속하게 의사 결정을 내리고 속도에 맞춰 움직일 수 없을 경우라면 여정에 집중하는 것이 특히 어렵다. 제프 베이조스Jeff Bezos 아마존 CEO는 기업이 기회와 위협에 신속하고 권위 있게 대응할 수 있는 '고속 의사 결정'을 수행할 수 있어야 한다고 설명한다.

사실, 의사 결정 방식을 검토하는 기업은 거의 없다. 많은 기업에

이 문제는 거창하고, 계층적이며 종종 긴 시간이 걸리는 일이다. 그 결과 고객 이니셔티브는 오랫동안 질질 끌게 되다가 결국 그 동력이 고갈되고 만다. 베이조스는 창업 첫날의 정신을 유지한 1일 차 기업과 고품질의 의사 결정을 내리되 시간이 걸리는 2일 차 기업을 예로 든다. 그때가 되면 기회는 종종 지나가 버린다.

조직이 점차 애자일 작업 방식을 채택함에 따라 신속한 의사 결정이 필요하다. 빠르고 쉽게 고객 결정을 내릴 수 있는 환경을 만드는 것이 첫 번째 업무다. 일부 조직에는 신중한 거버넌스가 필요하고 다른 조직에는 위임과 권한 부여가 필요하다.

실패 요인 ❺ : 고객 통찰력과 선견지명이 부족함

앞서 언급한 바와 같이 MRS 설문 조사에 따르면 고위급 임원이 고객에게 영향을 미치는 결정 중 11%만이 고객에 대한 통찰력을 바탕으로 이루어진다. 이 결과는 의사 결정의 거의 90%가 추측이라는 것을 의미한다. 기업이 고객을 실제로 이해하지 않는 것처럼 보일 수 있다는 것이 결코 놀라운 것이 아닌 셈이다. 여기에는 여러 가지 이유가 있다.

- **통찰력 부족 - 고객과 동떨어져 있음**: 조직은 고객의 목소리를 통해서만 실행 품질을 성공적으로 모니터링하고 지속적인 여정 개선을 추진할 수 있다. 조직이 새로운 여정을 설계함에 따라 고객이 변경 사항을 어떻게 받아들이는지 이해하는 것이 더욱 중요해지고 있다. 고객 피드백의 지속적인 흐름은 개선을 위

한 필수적인 원동력이다. 고객의 목소리를 듣지 않는다면 불일치와 보잘것없는 경험으로 이어진다.

- **고객 통찰력이 의사 결정을 촉진하지 않는다**: 고객의 목소리는 의사 결정과 전략 수립을 주도해야 한다. 훌륭한 조직은 고객의 목소리가 기업의 거버넌스와 의사 결정 구조에 반영될 뿐만 아니라 기업 주변 사람들의 사고와 고객 인식의 방식을 의식적으로도 형성하는 '서라운드 사운드'를 실천한다.

- **고객에 대한 단편적인 관점**: 고객 설문 조사만으로는, 정확하고 근거 기반의 비즈니스 변화 전략을 생성하기 위해 충분한 세부 정보를 제공할 수 없다. 조직이 고객의 소리 프로그램의 성공을 좌우하는 통찰력의 생태계를 얼마나 잘 활용하는지가 점차 중요해지고 있다. 내부, 외부, 빅데이터, 소셜 미디어와 같이 고객과 관련된 사용 가능한 모든 정보가 고객을 하나의 관점에서 바라본 정보들이다.

실패 요인 ❻ : 혁신의 실패

기업이 만들어내는 아이디어의 품질은 거의 주목받지 못하거나, 아예 관심조차 받지 못한다. 하지만 고객에 대해 어떻게 사고하느냐는 과정은, 기본적인 비즈니스나 거래 프로세스만큼이나 중요하다. 기업이 창출하는 아이디어의 품질은 고객과의 밀접한 관계와 직원들이 사무실 복도, 정수기 옆, 그리고 회의실에서 나누는 생각과 대화의 수준에 의해 결정된다.

뇌는 연결을 통해 일하는 것을 선호하기 때문에, 아이디어와 개념을 연결하여 새로운 것을 형성한다. 안타깝게도 현대 조직 문화는 기계적인 사고를 초래했으며, 그 결과 우리는 습관, 자동적인 부서 간 연계, 그리고 과거의 반응 방식에 지배받고 있다. 고정된 사고 패턴에 갇히면, 연결이 점점 줄어들고, 그 결과 오늘날 기업은 과거에 얽매이지 않는 스타트업과 디지털 기술 기업에 뒤처지고 있다.

USAA, 아마존, 퍼스트 다이렉트, QVC와 같은 조직이 우리 연구에서 상위를 차지할 수 있는 비결은 바로 고객 아이디어의 품질이다. 그러나 고객과 이들의 니즈에 대한 통합적이고 총체적인 사고를 촉진하는 방식으로 구조화된 기업은 거의 없다. 사실, 조직 대부분에서 고객과 관련된 좋은 아이디어는 좀처럼 빛을 보지 못한다. 기업은 내부적으로 그렇게 하는 것이 더 안전했기 때문에 과거에 효과가 있었던 방식을 단순하게 재창조한다. 그러나 이러한 안전성은 착각에 불과하다. 고객의 기대치가 높아진 지금, 과거에 효과적이었던 방식만으로는 더 이상 충분하지 않기 때문이다.

실패 요인 ❼ : 성공 보상에 대해 이해하지 못함

조직이 고객 경험에 대한 경제적 조건을 이해하지 못하고, 고객 경험의 투자 대비 효과도 명확하게 파악되지 않고 있다. 기업은 경험의 개선으로 발생 가능한 상업적 가치를 결정할 수 없다. 결과적으로, CFO는 고객 경험에 관여하거나 지원하지 않는다.

부정적인 경험을 제거하는 것은 훌륭한 경험을 제공하는 것보다 더 가치가 있다. 많은 기업이 순고객추천지수를 활용한다. 순고객추천지수는 고객에게 회사를 다른 사람에게 추천할 것인지 질문한다.

총 11점 척도의 설문 문항으로 구성되며, 비추천 고객(경험점수 0~6점), 중립 고객(경험점수 7~8점) 및 추천 고객(경험점수 9~10점)의 세 가지 범주로 나뉜다. 기업은 부정적이지도 긍정적이지도 않은 수동적인 중립적 고객을 추천 고객으로 전환하는 것이 재정적으로 더 큰 이익을 가져올 것이라 믿고 훌륭한 경험을 따라가는 경향이 있다. 그러나 KPMG의 조사를 포함해 수많은 연구 결과에 따르면, 비추천 고객을 제거하는 것이 추천 고객을 확보하는 것보다 재정적으로 더 유리하였다.

고객 중심은 비용과 관련이 없다. 많은 고객 전문가가 저지르는 전형적인 실수가 유지, 획득 또는 평생 가치와 같은 일부 미래 성장 지표에 투자를 연결하려고 시도하는 것이다. 모델의 정밀도와 무관하게, 많은 비즈니스 리더들에게 미래 성장은 불확실하게 느껴지는 반면, 비용은 매우 현실적인 문제로 다가온다. 가장 효과적인 모델은 대체로 포트폴리오의 규모, 서비스 제공 비용, 실패 수요 등 비용을 유발하는 주요 요인에서 출발한다. 이들 요인은 종종 과장되기도 한다. 이 모든 요소는 고객 중심주의에 따라 긍정적으로 그리고 빠르게 개선될 수 있으며, 이는 3부에서 자세히 다룰 것이다. 이렇게 함으로써 보상이 좀 더 구체적이고 즉각적으로 제공될 수 있다.

실패 요인 ❸ : 통합된 최신 디지털 기반의 역량 부족

고객에 맞춰 비즈니스를 정렬하는 것은 아마도 변혁적 리더가 취할 수 있는 가장 어렵고도 가장 심오한 단계일 것이다. 그러나 이와 함께 조직은 현대 세계에서 상거래의 필수 기술과 올바른 역량을 갖추어야 한다. 이러한 역량은 공급망과 재무는 물론, 인재 관리와 운영에 이르기까지 비즈니스의 전 영역에 걸쳐 있다. 각 기능에는 고유한 디지털 구성 요소가 포함되어 있으며, 우리 연구에서 우수한 성과를 보인 기업들은 디지털을 별도의 부서나 '차고'와 같은 독립 공간 또는 독립 기능으로 분리하던 방식에서 이미 벗어나 있다. 중요한 것은, 기존의 기능과 달리, 대상 고객과 직원 경험에 대한 절대적인 명확성이 이러한 기능들을 결합하는 황금 실과 같은 역할을 한다는 것이다.

실패한 고객 경험을 극복하는 5단계

이러한 실패 요인들을 극복하는 과정에서, 조직이 고객 중심 성숙도를 달성하는 과정에서 최대 5단계를 거쳐야 한다는 사실을 관찰하였다. 1~3단계에서는 기존의 계층 구조를 그대로 두고 4단계에서는 이를 새로운 작업 방식으로 개선하고, 5단계에서는 고객을 중심으로 조직을 완전히 재구성한다. 현실적으로는 종점까지 중간단계를 거치지 않고 바로 도착하는 것이 매우 어렵다. 조직 대부분은 다음 단계 중 하나 이상을 거친다.

1단계 개별 여정 소유자

많은 기업은 조직 여정을 정의하는 초기 단계에서, 비즈니스 보고 구조를 변경하지 않은 채 전체 여정을 통합적으로 관리할 수 있는 전담 책임자를 두는 방식을 채택해 왔다.

이것은 조직 전체에 걸쳐 여정을 인식하는 데 유용한 첫 번째 단계지만, 해당 책임자에게는 매우 어려운 역할임이 종종 입증되었다. 무려 키신저Kissinger의 외교적 기술, 넬슨 만델라Nelson Mandela의 영향력 있는 기술, 솔로몬의 판단력이 필요하다. 이 모든 특성을 갖춘 한 사람을 찾는 것은 극히 드문 일이다. 다양한 부서의 아젠다, 계층 간 정치, 개인 동기를 탐색하는 것은 매우 어려운 작업이다. 개인이 참여 구성원들에 대한 직접적인 지휘 권한을 갖고 있지 않은 이상, 성공적인 사례는 거의 없거나 아예 없다.

한 은행 고객이 다음과 같은 사례를 들려주었다. 당좌예금계정 프로세스의 여정 책임자가 있었지만, 우편 부서가 연간 £500,000의 비용 절감할 수 있다는 이유로 우편 분류 방식을 변경하는 것을 막지 못했다. 그 결과 직불 카드 배송이 기존의 2일에서 무려 10일로 늘어나게 되었다. 카드를 즉시 받아야 하는 고객들은 배송을 확인하려고 문의를 했으며, 분실 또는 도난을 당했다고 생각한 고객들도 배송을 추적하는 등 콜센터에 엄청난 부담이 발생했다. 그 결과 전체 조직 비용이 £500,000을 훨씬 초과하였다.

2단계 제품 내에서의 여정

더 쉬운 접근 방식은 제품 중심의 관점에서 여정을 살펴보고, 전체 여정을 하나의 제품 리더에게 할당하는 것이다. 이 접근 방식의 장점은 여정 관리 접근 방식을 개발하고 완성할 수 있다는 것이다. 조직이 고객 여정에 대해 점점 더 자신감을 가지게 되면, 그 여정을 고객 중심으로 재정렬할 수 있게 된다.

그러나 단점은 그 여정이 고객 조건이 아닌 제품 조건으로 정의된다는 것이다. 예를 들어, 고객 여정을 '주택담보대출 여정'으로 정의하면, 실제로는 '집을 마련하는 전체 여정' 속에 담보대출이 포함된다는 점을 간과할 수 있다. 이러한 접근 방식은 기업이 제품 중심의 사고에 머무르게 하여 창의적인 해결책을 제한하고, 혁신적인 접근을 방해할 수 있다. 그럼에도 불구하고, 이 방식은 여정을 처음 정의하는 데 있어 보다 단순한 출발점으로 활용될 수 있다.

3단계 사일로 전반에 걸친 핵심성과지표(KPI)기반 여정 구현

이 모델에서는 여정이 자세히 정의되고 여정 내 여러 부서의 상호작용과 기여도가 매핑 되며 명확한 책임 라인이 파악된다. 개별 핵심성과지표와 진단지표는 여정의 각 단계에 맞게 설계되었으며 해당 여정 단계를 담당하는 부서에 할당된다.

각 부서는 전반적인 여정의 품질에 대한 지표를 총괄 담당하지만, 전체적으로 여정을 가능하게 하는 것은, 부서 간의 고위급에서 바라보는 업무 명확성과 각 부서가 전체 여정에 기여하는 효율성이 확보되어야 한다. 이것은 상의하달식 의사 결정의 성공 여부에 달려 있다.

4단계 여정 관리 위원회

최근에 여정 관리 위원회나 운영 그룹이 등장하는 경우가 증가하고 있다. 이 모델에서 고객 여정에 참여하는 각 부서 또는 프로세스의 리더는 엔드투엔드 여정 관리를 책임지는 위원회를 구성한다. 즉, 위에서 언급한 우편물실/직불 카드와 같은 시나리오에서의 결정은 팀 전체에서 이루어지며 개별 부서 의제는 전체 맥락에서 볼 수 있음을 의미한다.

이 접근 방식의 주요 기능은 다음과 같다.

- 여정에 영향을 미치는 개별 부서의 리더로 구성된다.
- 고객 여정의 성공(순고객추천지수/고객만족도점수/상업적 성과)에 대한 공동 책임이 있다.
- 자신의 그룹 내에서 의장을 선출한다.
- 엔드투엔드 관점에서 여정의 무결성을 보장하기 위해 부서 간의 갈등을 해결해야 한다.
- 설계와 여정 개선을 공동 책임진다.

한 영국 은행은 30개의 주요 여정을 10개의 교차 여정(사기, 사별, 신제품 신청)으로 한정 지었다. 이 같은 교차 여정은 한 번에 설계되어, 주요 여정 전반에 걸쳐 여러 번 반복적으로 적용된다.

이 은행은 개별 여정 소유자 모델로 시작했으나, 실행상의 비효율을 인지하고 곧바로 여정 관리팀 체계로 전환했다. 이 팀은 교차 여정을 포함한 전체 여정을 아우르며, 고객 중심 지표를 기반으로 한 새로운 보고 체계를 형성했다.

> **5단계** **니즈 상태와 여정**

궁극적인 고객 중심 모델에서는 조직이 고객의 니즈 그룹을 중심으로 구성되고, 고객의 관점에서 여정이 고객의 삶에서 달성하고자 하는 목표로 정의되는 것이다. 예를 들어 USAA는 8개의 고객 니즈 그룹을 정의하고 조직을 구성하였다. 이는 퇴직 후의 삶(연금 외에 필요한 것)과 일상적인 자금 관리(당좌 예금 계좌, 직불 카드, 개인 대출, 주택 소유자 대출, 자동차 대출 외의 것들)와 같이 삶의 니즈와 관련 있다. 이러한 니즈 그룹은 그룹 내에서 발생하는 고객 여정을 담당하는 다기능 업무팀으로 구성된다. USAA의 경우, 고객 센터와 같은 고객 상호작용 지점이 개별적인 서비스가 아니라, 생활 사건을 중심으로 구성되어 있다.

USAA는 비효율성과 중복을 제거함으로써 막대한 비용 절감을 실현했으며, 현재 세계 최고 수준의 관리 비용 대비 수익 비율을 달성하고 있다. 또한 고객과의 깊은 신뢰 관계를 바탕으로, 사진 기반 수표 처리, 자동차 구매, 보험 청구 등 다양한 분야에서 대규모 혁신을 이끌어냈다.

고객과 연결되는 조직이란?

물론 모든 것이 고객만을 위한 사항은 아니다. 고객 중심 전략이 장기적인 성장의 핵심이지만 훨씬 더 정교하게 관리 운영해야 하는 사업이 있다. 기술은 여전히 원활하게 작동해야 하며, 재무는 철저한 관리가 필요하고, 프로세스는 효과적이고, 위험은 관리되며, 공급망은 체계적으로 조직화 되어야 하고, 운영은 원활하게 수행되어야 한다.

포레스터Forrester와 함께 여러 지역에서 실시한 KPMG 연구에 따르면, 기업이 주요 운영 영역에서 기업을 연결하고 성공을 위한 기반을 마련하기 위해 다음과 같은 8가지 핵심 기능을 육성해야 한다.

1. 통찰력 기반

이제는 고객의 요구 사항을 일시적으로 이해하는 것만으로는 충분하지 않다. 모든 조직은 고객의 삶에 대해 깊게 이해할 필요가 있고, 이러한 이해를 의사 결정, 우선순위 지정, 경험 설계로 전환할 수 있어야 한다. 조직은 다음 사항을 수행해야 한다.

▶ 데이터 및 분석 기능을 통합하여 신속하게 통찰력을 창출할 것

▶ 서로 다른 데이터 소스를 셀프서비스와 자동화된 방식으로 지능적이고 안전하게 조율할 것

▶ 데이터 레이크(data lake, 대량의 원시 데이터를 기본형식으로 저장하는 중앙 집중 저장소), 머신 러닝 및 기타 분석 기술과 같은 데이터 플랫폼을 활용할 것

▶ 사전 예방적 기업 성과 관리를 추진할 것

2. 혁신성

고객의 삶에 대한 깊은 이해를 통해 혁신을 주도한다. 강한 목적의식과 결합 되어 집중력을 제공할 수 있는 문제 해결 사고방식이 필요하며, 테스트와 학습 사고방식을 통해 지속적인 개선이 가능하다. 조

직은 다음 사항을 수행해야 한다.
- ▶ 재정의된 비즈니스 모델, 제품 및 서비스를 설정할 것
- ▶ 새롭게 맞춤화된 고객 가치 제안 및 시장 진출 경로를 생성할 것
- ▶ 유연한 가격 책정 메커니즘과 소비 기반 모델로 디지털 수단을 통한 혁신을 뒷받침할 것

3. 경험 중심

경험은 내부의 여러 가지 프로세스의 기본 결과가 아니라 의도적으로 형성되어야 한다. 이것은 브랜드 약속이 각 접점에 전달되는 방식이다. 고객이 브랜드와 상호작용할 때마다 브랜드가 고객에게 현실적으로 구현되어, 강력한 관계가 형성되는 방법이다. 조직은 다음 사항을 수행해야 한다.
- ▶ 경험 설계를 빠르게 반복하며 시장 피드백에 맞춰서 조정할 것
- ▶ 고도화된 고객 및 시장 감지 솔루션을 활용해 경험 디자인과 실행의 실제 영향을 정밀하게 측정할 것
- ▶ 행동 실용적인 디자인 사고 접근 방식을 할 것

4. 원활함

물리적 방식에서 디지털 방식으로 전환함에 따라, 조직은 안전하고 보안이 강화된 결제 옵션을 통해 처음부터 끝까지 마찰 없는 엔드투엔드 고객 상호작용이 필요하다. 조직은 다음 사항을 수행해야 한다.
- ▶ 최적의 공급 채널로 전환을 가속할 것

▶ 변화하는 환경 속에서도 수요를 창출하고, 전환하며, 응대할 수 있도록 비즈니스 역량을 갖출 것
▶ 새로운 채널을 활용하고 기존 운영과 통합할 것
▶ 사이버 보안을 선도할 것

5. 반응성

코로나19는 기업들이 공급망을 통한 서비스 유지 전략으로 신속하게 방향을 전환하는 과정에서, 조직의 유연성과 대응력이 필요하다는 것을 입증하였다. 라스트 마일(last mile, 제품이 생산된 공장에서 처음으로 물류 창고나 저장소로 이동하는 과정) 운영이 전면에 등장하였고, 고객 옹호와 충성도를 견인하는 것은 엔드투엔드 경험 제공이다. 조직은 다음 사항을 수행해야 한다.

▶ 민첩하고 탄력적이며 응답성이 뛰어난 공급망 및 운영시스템을 구축할 것
▶ 실시간 예측 통찰력을 제공하는 첨단 데이터 및 인공 지능AI 도구를 활용할 것
▶ 엔드투엔드 공급 또는 가치 사슬 전반에 걸쳐 원활한 프로세스와 손쉬운 의사 결정을 촉진할 것
▶ 보호와 유연성을 위해 초소형 공급망과 다각화된 공급업체를 통합할 것
▶ 공급업체 중심의 조달을 통해, 계층화된 조달 프로세스 전반에 걸쳐 공급업체와의 통합을 강화해야 한다.

6. 권한 부여하기

직원들은 훌륭한 고객 경험을 뒷받침한다. 리더와 직원의 업무 문

화는 브랜드 목적과 행동에 영감을 주고, 형성하는 일련의 가치를 통해 조정되어야 한다. 직원은 고객이 상호작용의 접점에서 기대하는 판단과 결정을 내릴 수 있어야 한다. 조직은 다음 사항을 수행해야 한다.

- ▶ 새로운 노동력 모델, 특히 재택근무 환경을 포함한 모델로의 성장은 단순히 생존을 넘어서는 전략적 접근이다.
- ▶ 대면 방식이 현실적이지 않거나 불가능할 때, 가상 작업 공간을 위한 협업 플랫폼을 만들기.
- ▶ 근무 시간이 아니라, 성과와 협업에 기반한 기여를 가치 있게 여기고 인정하는 조직 문화를 조성해서 지원할 것

7. 디지털 기술 활용하기

고객 중심으로 구축되고 고객의 니즈와 선호도에 대응하는 기술 아키텍처가 필수적이다. 실제로 신기술과 신제품 및 서비스가 신속하게 구현될 수 있도록 애자일 방식이 필요하다. 조직은 다음 사항을 수행해야 한다.

- ▶ 초연결된 시대의 속도에 맞춰 실행하기 위해, 기본 아키텍처 및 디지털 인프라에 접근할 것
- ▶ IT 및 비즈니스 전반에 걸쳐 대응력과 경험 중심의 애자일 방식을 채택할 것
- ▶ 최신 인프라 및 애플리케이션에 기반을 둔 디지털 네이티브 아키텍처를 배치할 것
- ▶ 엔지니어링 마인드를 바탕으로 서비스 제공 모델을 재구성하여 지원받을 것

8. 통합된 동맹

회사가 모든 것을 자체적으로 수행하는 것이 항상 가능하지 않기 때문에 제3자 및 외부 생태계와의 시너지 효과를 파악하고 활용하는 능력이 더욱 중요해지고 있다. 플랫폼으로의 이동으로 관련되거나 때로는 상호 연결된 고객 니즈를 충족시키기 위해 더 광범위한 파트너십이 추진되고 있다. 조직은 다음 사항을 수행해야 한다.

- ▶ 협업과 커뮤니케이션의 힘을 이해하고 활성화하는 파트너의 '충격 방지' 생태계를 구축할 것
- ▶ 서비스 수준의 계약이나 비용뿐만 아니라, 위험 완화, 실행 유연성, 신뢰까지 포함하는 명확한 비즈니스 목표를 기반으로 공동 실행할 것

팀 오브 팀스 관리하기

기업은 종종 고객 여정, 고객 니즈 및 조직 차원의 이니셔티브를 중심으로 다기능 업무팀을 구성하여 기능적 조직의 제약에서 벗어나고 있다. 이들은 여러 팀이 조화롭게 협력하고, 역동적인 협업이 조직 문화의 핵심이 되며, 각 기능은 오직 공통된 관심사를 가진 커뮤니티 형태의 소규모로 존재하는 네트워크 기반 조직이다. 사실상 조직은 '팀 오브 팀스'가 된다.

우리는 1990년대 초 영국 금융 기관이 비즈니스 프로세스를 중심으로 구조 조정을 시작하면서 '팀 오브 팀스'라는 표현을 처음 접하게 되었다. 이 조직은 고착화된 위계 구조에 대한 효과적인 해법으로부서 간 협업팀이 유효하다는 사실을 발견했다. 따라서 사람들이 기능 또는 공식적인 비즈니스 단위를 기반으로 계층적으로 작업하는

전통적인 조직구조 대신에, 특정 목표, 주로 프로세스 설계와 고객 솔루션 설계를 중심으로 함께 모인 팀 네트워크를 형성하였다. 각 프로젝트팀의 구성은 시간이 지나면서 필요에 따라 유동적으로 변경되었다.

팀과 구성원들은 유동적이고 끊임없이 변화하는 방식으로 협업했다. 이 모델은 분권화된 자율성과 파트너십, 더 큰 공동체의 일원이라는 인식, 그리고 궁극적인 목적의식을 핵심 가치로 삼는다. 기업은 이 모델이 제대로 작동하기 위해서는 중대한 행동 변화와 협업 방식의 전환이 필요하다는 사실을 깨달았다. 조정 관리 프로세스를 도입하여, 요구 사항 설정 및 추적을 위한 정교한 시스템을 발전시키고, 팀과 핵심 인물 간의 협업을 원활하게 했다. 하지만 핵심은 바로 행동이었다. 개인들은 부서나 기능 중심의 아젠다를 잠시 내려놓고, 올바른 방식으로 이바지할 수 있어야 하며, 자신이 전문성을 지닌 분야의 전문가로서 참여해야 했다. 팀 자체에서 실시하는 팀 기반 교육 및 행동 평가는 전환을 위해 필수적이었다.

보다 최근에는, 미 퇴역 육군 장군인 스탠리 맥크리스털Stanley McChrystal이 《팀 오브 팀스: 복잡한 세계에 적응하기 위한 새로운 교전의 규칙(Team of Teams: New Rules of Engagement for a Complex World)》을 출간하였다. 맥크리스털은 이라크에서 알카에다와의 전투를 재편성하기 위한 자신의 노력을 간략히 설명하고, 분권화된 모델이 미군과 같이 전통적인 계층적 조직에서도 어떻게 효과적일 수 있는지 설명한다.

이것은 전문 서비스 영역에서 오랫동안 사용된 업무 수행 방식으로, 이 영역에서는 조직 간 그리고 기능 간 팀 배치가 고객의 니즈를 충족을 위해 필수적이며, 끊임없이 변화하는 팀을 관리하는 것이 핵심 역량이다. 전문 서비스 회사의 직원은 팀 간에 이동에 능숙하며, 이동하는 곳에서 부가가치를 창출한다.

USAA와 미 해군연방신용조합과 같은 일부 선도 기업의 경우, 고객이 이러한 팀에 합류하여 니즈, 욕구 및 제반 문제들을 함께 개발하고, 정보를 알리고 교육하면서, 팀은 조직 내부와 외부의 경계를 모호하게 만든다. 이를 통해 조직은 고객의 삶에서 수행할 수 있는 역할을 훨씬 더 깊이 이해할 수 있다.

계층적 조직구조의 이력이 없는 스타트업의 경우, 처음부터 '팀 오브 팀스' 접근 방식을 채택하여 높은 수준의 유연성과 회복 탄력성을 확보할 수 있다. 스포티파이와 같은 기업은 팀 철학을 반영하는 네트워크 기반 조직을 개발했지만, 신기술과 애자일 등의 기법을 채택하여 팀 조직을 강화하였다.

애자일 접근 방식

지금까지 애자일식 성장은 조직의 유연성을 더 높이는 주요 요인이 되었다. 애자일 방식에서 조직은 최소한의 기능을 갖춘 제품을 생성할 수 있는 방식으로 작업을 분할 하며, 초기 제품의 성능에 대한 피드백과 통찰력을 기반으로 제품을 반복적으로 개발한다. 스프린트의 개념은, 팀이 종종 1~2주 안에 매우 빠른 결과를 달성할 수 있음을 의미한다. 이처럼 짧은 기간 동안 팀은, 진행 상황을 공유하고 문제를 해결하며 목표 정렬을 위해 자주, 때로는 매일 주기로 검토한다. 스프린트 사이에 팀원들이 만나 현재까지의 진행 상황을 검토, 계획하고 다음 스프린트의 목표를 설정한다.

성공의 열쇠는 권한 부여와 오너십이다. 권한의 부여가 없는 애자일식 업무 수행 방식은 추진력을 잃고 진행이 지연되거나 중단되기까지 한다는 것은 의심의 여지가 없다. 의사 결정은 위임되고 신속해야 한다. 업무 특성상 애자일 팀은 의사 결정을 마냥 기다릴 수 없다.

이렇게 구조화된 접근 방식의 혁신은 시간을 절약하고 재작업을 줄이고, 창의적인 '도약적' 솔루션에 대한 기회를 창출하고, 팀 내에서의 오너십과 책임감, 그리고 성취감을 고취한다.

대규모 애자일 적용하기

오늘날 모든 회사 직원들은 조직 업무에 대해 전체적으로 이해를 할 필요가 있다. 유럽우주국European Space Agency은 다른 나라들이 서로 다른 로켓 부품을 만들었기 때문에 실패하였다. 각각의 부품들이 독립적으로는 작동했지만, 로켓을 실제로 조립했을 때 폭발하거나 경로를 이탈했다. 나사NASA는 계약자들을 조직 내부로 영입하여, 모든 사람이 프로젝트를 전체를 이해하도록 함으로써 이 문제를 극복하였다. 미래의 조직의 성격을 만드는 것은 바로 상황적 맥락과 애자일의 조합이다.

애자일은 기술 업계에 혁명을 가져왔다. 조직이 처음부터 모든 요구 사항을 알고 업무에 착수하는, 길고 많은 시간이 소요되는 워터폴 방식(waterfall, 프로젝트의 단계별 접근 방식으로, 각 단계는 이전 단계가 완료된 후에 착수됨)의 프로젝트를 탈피하고, 더 반복적인 접근 방식으로 전환함으로써, 신속하게 가치를 제공하고, 새로운 요구 사항이 생길 때마다 실시간으로 프로젝트 개선이 가능하도록 했다. 이는 HR에서 IT까지, 그리고 제품에서 여정 매핑에 이르는 모든 이니셔티브가 애자일 방식으로 작동하는 조직 전체에 점차 확산하고 있다는 사고방식을 가져온다.

급변하는 외부 환경에 대응하기 위해서는 대규모의 애자일 전략이 필수적이지만, 안정적인 상태가 관건인 계층적 조직에는 적합하지 않다.

주요 시사점

1. 성공적인 조직은 성장뿐만 아니라 생존을 위해서도 유연한 대응력이 필요하다. 리더십 팀은 조직의 목적을 믿고 이를 구현해야 한다.
2. 조직을 둘러싼 환경이 빠르게 복합적으로 변화하고 있다. 구시대적 조직 구조에 집착하면 조직은 서서히 죽음을 맞이하게 된다. 조직은 생존을 위해 훨씬 더 유연하게 대응해야 한다.
3. 조직들은 고객 중심의 부서 간 협업 팀을 중심으로, 꾸준히 팀을 구성하고, 해체하고, 재편하는 방식이 가장 높은 유연성을 제공한다는 사실을 깨닫고 있다.
4. 조직 설계는 주로 고객 여정 관리의 복합성이 증가하면서, 고객 중심의 조직으로 꾸준히 변화하고 있다.
5. 애자일 방식이 성공하려면, 적절한 수준의 권한 부여가 필요하며 위, 아래 조직 구조도 서로 달라야 한다. 조직 대부분은 과거의 절차적 규범을 계속 유지하는 한, 애자일 방식의 이점을 충분히 누리기가 상당히 어려울 것이다.

05
하나의 전략으로 통합한다

장과 고객, 그리고 기업은 끊임없이 변화한다. 고객과의 관련성을 유지하려는 기업의 노력은 언제나 진행 중이다. 여기에는 정해진 최종 목적지가 없으며, 유연성과 적응력이 부족한 회사는 점차 도태되는 끊임없이 변화하는 여정이다. 신속한 대응은 이제 기업의 이상적인 포부가 아닌, 조직의 생존을 위한 필수적인 요소이다.

기업 시장과 고객 간의 지속적인 동기화를 위해서는 높은 수준의 대응력이 필요하다. 시장은 순식간에 열리고 닫히며, 기회는 점점 더 순식간에 지나가고, 경쟁이 치열하며, 고객은 유쾌한 변덕스러움과 트렌드에 민감한 특징이 있다.

이전 장에서는, 경쟁적으로 차별화되는 고객 이해를 중심으로 고객을 최우선으로 하는 적응성, 서번트 리더십, 새로운 조직 디자인,

문화 및 행동의 구성 요소를 확인하였다. 그렇다면 어떤 기업을 본보기로 삼고, 어떤 조직이 동기화의 기술을 통달했을까? 회사와 고객 전략 간의 지속적인 정렬의 문제인가? 우리가 전 세계에서 발표하는 리그 테이블은 이에 대한 몇 가지 답을 제시한다. 리그 테이블 상위권의 회사는 모든 산업 유형에 걸쳐 모든 형태와 규모에 분포해 있다. 부문별 우위도 없고 성공을 위한 안전한 피난처도 없다. 이들 기업은 자체 DNA에 동기화되어 있고, 변화하는 환경에 지속적으로 적응하고 있다.

미국에서는 USAA, 미 해군연방신용조합과 같은 은행, 코스트코Costco, 웨그먼스, 퍼블릭스, H-E-B와 같은 소매업체, 제트블루JetBlue 및 사우스웨스트Southwest와 같은 항공사, 칙필레Chick-fil-A와 인앤아웃 버거In-N-Out Burger와 같은 패스트푸드 회사처럼 매년 리그 테이블 상위 포지션을 유지하는 회사들이 있다.

오스트리아 차량협회ÖAMTC(도로 구조), 독일의 잘란도Zalando(온라인 소매업체), 영국의 러쉬(화장품 소매업체) 및 독일의 필만Fielmann(아이케어)과 같은 유럽 회사는 명예의 전당에 꾸준히 등록되는 기업들이다. 중동에서는 UAE의 DEWA(두바이 전기 및 수도청), 에미레이트 항공과 같은 회사들이 포함된다. 아시아에서는 싱가포르 항공이 6개국에서 CEE 지수 1위를 차지했다. 호주와 뉴질랜드에서는 TSB, 키위뱅크Kiwibank, 벤디고Bendigo 및 커먼웰스Commonwealth와 같은 은행이 상위권을 기록했다. 퍼스트 초이스First Choice와 같은 소매업체, 일렉트릭 키위Electric Kiwi와 같은 유틸리티 회사 및 뉴질랜드 항공Air New Zealand 등이 있다. 남미에서는 베이커리 전문점인 소디 도세스Sodie Doces 와 자파리Zaffari와 같은 소매업체, 누뱅크Nubank를 포함한 은행, 메리어트 및 힐튼과 같은 호텔 그룹이 있다. 심지어 공항도 명예의 전당에 오르며, 싱가포르의 창이 공항Changi Airport은 공항이 단순히 활주로가 있는 쇼핑몰이 아니라, 그 이상의 경험이 가능한 공간이 될 수 있음을 입증했다.

이들은 모두 대응의 기술을 배우고 고객과 관련성을 유지하는, 적응력이 뛰어난 모범 사례다.

고객 경험 마스터 플랜 만들기

동기화는 결코 우연이 아니다. 동기화는 신중하게 체계적으로 계획되고, 설계되어 구현된다. 앞서 언급된 기업들에게 이는 하나의 생활 방식이자, 자신들의 존재가 고객에게 여전히 의미 있는지를 끊임없이 평가하는 과정이다. 업종별로 당면 과제는 다르지만, 접근 방식은 동일하다. 목적을 분명히 하고, 문화를 중심에 두며, 조직을 고객 중심으로 정렬하고, 고객의 관점에서 성과를 꾸준히 점검하고 개선해 나가는 것이다. 각 산업 분야마다 고객들의 인식 속에서 다른 기업들과 뚜렷이 구별되는 스타 기업들이 존재한다. 소매, 항공사, 호텔, 금융 서비스와 같은 특정 부문은 전반적으로 더 나은 경험을 제공하지만, 일반 소비자에게 덜 매력적인 공공 서비스 및 유틸리티 부문에서도 모범 사례가 존재한다.

유틸리티

DEWA는 우리 글로벌 연구의 상위권에 드는 세계적인 선도 기업으로, 인공 지능 및 디지털 기술을 활용해서 비즈니스의 모든 측면을 변화시켰다. DEWA는 10×이니셔티브(두바이를 다른 글로벌 도시보다 10년 앞서게 하기 위한 정부 후원 프로그램)에 적극적으로 참여하며, 다른 어떤 공공 서비스 기관보다 10배 더 높은 수준을 지향하며, 스스로 매우 높은 기준을 설정했다.

DEWA는 다양한 스마트 채널을 통해 모든 서비스를 제공한다. 2019년 11월까지 고객의 94%가 스마트 서비스를 사용하고 있었다. DEWA는 여러 스마트 채널과 플랫폼을 통해 24시간 모든 서비스를 제공한다.

DEWA는 AI를 활용해 영어와 아랍어로 고객을 응대하는 가상 직원인 '람마스Rammas'를 출시했다. DEWA의 스마트 앱, 웹사이트, 페이스북 페이지, 아마존의 알렉사, 구글 홈, 로봇과 왓츠앱 비즈니스 플랫폼에서 24시간 사용할 수 있다. 람마스는 고객의 문의 사항을 토대로 고객의 요구 사항을 끊임없이 학습하고 이해할 수 있다. 람마스는 고객 간의 각종 거래에서 최상의 대응과 간소화된 서비스를 제공하기 위해 사용 가능한 데이터와 정보를 기반으로 거래를 분석한다.

전기 및 수도 고지 서비스를 제공하는 스마트 응답 서비스에는 공급 차질 관련 자가 진단과 같은 여러 기능이 있다. 고객이 문제를 자가 진단하면, 문제를 처리하는 단계가 10단계에서 1단계로 줄어든다. DEWA의 스마트 앱과 웹사이트에서는 더욱 간편하고 쉬운 방법으로 기술적인 알림 사항을 처리하고, 후속 조치와 해결까지도 가능한 최상의 솔루션을 찾는다. 이로써 고객 경험이 향상되고, 서비스 운영의 효율성도 함께 증대된다.

DEWA의 '나의 지속 가능한 생활 프로그램'은 고객이 전기와 물을 책임감 있게 사용하도록 유도하고, 탄소 발자국 감소를 장려한다. 중동 최초의 이 프로그램은, 일반 주택 고객의 월 전기와 물 사용량을 이들과 유사한 효율적인 주택의 평균 사용량과 비교하고, 현재 데이터를 기반으로 또 다른 고효율 주택과 비교하여 정보에 입각한 결정을 내릴 수 있다. 이 프로그램은 전기수도 소비를 절감하기 위해 고객 간 선의의 경쟁을 유도한다. DEWA의 '그린 충전기' 이니셔티브에는 전자 자동차의 사용을 촉진하고 탄소 배출을 줄이기 위해 200개 이상의 충전소를 설치하는 것이 포함되어 있다.

뉴질랜드의 일렉트릭 키위는 소셜 미디어 리뷰 사이트에서 꾸준히 별 5개를 획득하고, 고객 경험에 대한 유틸리티 회사의 글로벌 지수에서도 1위를 차지하였다. 진실성을 바탕으로 하는 일렉트릭 키위의 문화는 직원들이 항상 고객에게 올바른 서비스 제공을 위해 노력하기 때문에 경영문제를 예방하고 디지털 능력을 활용하여 비용을 낮추고 탁월한 고객 경험을 제공한다.

기업은 스마트 기술 기반의 비즈니스 운영으로 더욱 저렴하고 똑똑하며 관리하기 쉬운 방식으로 전기를 공급하고자 노력한다. 키위의 목표는 일회성 할인과 특별 가입을 피하고, 그 대신 전반적으로 전력 가격을 낮추는 것이다. 가격에 대해 정직하고 투명하며 진실된 접근 방식을 취함으로써, 전환이 아닌 충성도에 대해 보상을 제공한다. 마케팅에서도 제법 영리한 전략을 구사한다. 키위는 매일 1시간의 전력을 무상 제공한다. 고객은 무료 전기를 사용할 수 있는 시간을 선택할 수 있으므로 사용량이 가장 많은 시간에 자유롭게 시간을 할당할 수 있다. 단순한 제안이지만 고객은 스스로 전력 사용을 책임지고 제어할 수 있다.

일렉트릭 키위 고객은 개인화된 온라인 계정을 통해 온라인상에서 계정을 전적으로 관리할 수 있으며, 청구서와 전력 사용량 정보를 바로 30분 단위까지 확인할 수 있다. 고객과의 상호작용은 주로 라이브 웹 채팅에서 중재되어, 이는 생산성을 높이고 비용을 절감한다.

이와 유사하게, 호주 최대 전력생산업체인 AGL 에너지Australian Gas Light Company는 고객이 브랜드에 대한 신뢰를 구축하고 권한을 가지고 있다는 느낌이 들 수 있도록 고객 지원에 쉽게 접근할 수 있는 시스템을 구축하여 고객들 사이에서 명성을 얻었다. 이 기업은 '삶을 위한 발전'이라는 목적에 의해 운영되며, 그 가치가 모든 활동을 이끈다. 특히, 어려운 시기에도 고객과 지역 사회를 지원하는 방식에서 그 핵심 가치가 잘 드러난다. 2020년 호주의 많은 지역을 황폐화시킨 산불과 가뭄에서부터 코로나19 대유행에 이르기까지 지역 사회에서 기업의 역할이 단순히 에너지 공급을 넘어선다는 것을 인식하고 있다.

AGL은 세 가지 핵심 요소로 구성되는 디지털 혁신 프로그램에 참여한 지 3년이 되었다. IT 시스템과 같은 기본 기능, 디지털 채택 수준, 고객의 회사 경험을 구성하는 '시그니처 모멘트'는 고객 경험을 구성하는 세 가지 핵심 요소다. 서비스 개인화를 위한 데이터 기반 의사 결정은 고객 참여 방식에 큰 변화를 불러왔다. 이제 고객 경험은 디지털 채널을 중심으로 이루어지고 있다. 예를 들어, 고객은 앱을 통해 메시지로 고객 센터에 직접 문의할 수 있으며, 전화를 걸 필요 없이 소통할 수 있다. 또한, 앱에 저장된 선호 결제 수단을 통해 청구서를 간편하게 납부하는 것도 가능하다.

공공 서비스

호주 뉴사우스웨일스NSW의 의료 기관인 뉴사우스웨일스 보건부 NSW Health는 호주 컨트리 리그에서 7위를 기록하였다. 뉴사우스웨일스 보건부는 매우 고객 지향적인 환경을 제공한다. 뉴사우스웨일스 정부는 호주 최초의 고객 서비스 장관을 임명하였다. 호주 정부의 야심 찬 목표는 바로 민간 부문의 고객 경험에 맞추거나 그 이상을 달성하는 것이다. 이를 위해 세 가지 변화 영역에 초점을 맞추고 있다. 1) 고객과 미션 성공에 가장 중요한 자원에 집중한다. 2) 정부가 쉽게 처리할 수 있도록 고객 경험 설계와 지원 환경을 개선한다. 3) 디지털 혁신을 위한 프레임워크를 개발하여 고객의 신뢰를 구축한다. 초점은 다양한 환자들의 여정에 맞춰져 있다.

환자의 여정과 치료 경험은 환자가 사람으로서 대우받는 방식과 치료받는 방식 모두에 영향을 받는다. 이 두 가지 모두 중요하지만 전달 방식은 각기 다르다. 치료 결과는 조직에서 처리하고 치료팀에서 전달한다. 한편, 환자 경험은 환자와 상호작용을 하는 임상의와 비임상 인력을 포함한 다양한 개인들에 의해 전달되고 영향을 받는다.

뉴사우스웨일스 보건부는 은퇴 및 임종과 같이 중대한 삶의 여정에 대한 전체 고객 경험을 매핑한다. 이 과정은 중요한 생활 사건에 대한 단계별 온라인 정보 서비스 구축으로 이어졌다. 가정을 꾸리는 것, 은퇴를 계획하는 것, 학교에 입학하는 것 또는 첫 직장을 구하는 것, 중상을 입거나 장례를 계획하거나, 부동산을 임대하거나 홍수에 대처하는 등의 활동들과 관련하여 이 안내 지침은 중요한 생애 순간들 속에서 정부가 제공할 수 있는 다양한 서비스에 대한 접근성을 강화한다.

새로운 역할들도 생겨났다. 환자 경험 담당관은 비임상 직무로, 주로 수요가 가장 많은 시간대에 근무하지만, 다양한 시간대의 근무를 통해 하루 전반에 걸친 문제를 이해하고 직원 역량 개발을 지원하기도 한다. 이들은 환자 경험 분야의 전문가로, 내부 컨설턴트 임무를 수행하며, 목표 환자 경험이 항상 제공되도록 보장한다.

항공사

싱가포르 항공은 자사의 주력 시장에서 고객 경험으로 높은 평가를 받고 있다. 기업 시민으로서의 행동과 신뢰를 형성하는 명확한 목적의식을 갖추고 있다. 싱가포르 항공은 자사의 지향점에 다음과 같이 목적을 명시한다.

싱가포르 항공은 우수한 기업이 되는 데 그치지 않고, 우리가 만나는 모든 사람의 삶을 향상시키며 훌륭한 세계시민의 책임도 함께 수행해야 한다고 믿는다. 이러한 목표를 바탕으로 우리는 예술과 교육, 지역 사회, 그리고 우리 국민과 취항 국가의 건강과 복지를 위해 다양한 약속을 실천해 왔다. 또한, 우리는 환경 보존과 미래 세대를 위한 지속 가능한 세상을 만들기 위해 강력한 의지를 가지고 행동하고 있다.

'접하는 모든 사람의 삶을 향상하는 것'에 대한 헌신은 싱가포르 항공을 차별화하는 요소다. 이러한 헌신은 혁신을 달성하고 경험을 전달하는 원동력이다. 이는 동양적 서비스의 특성에 뿌리를 두고 있으며 디지털이든 물리적이든 모든 상호작용에 그 정신이 반영되어 있다. 싱가포르 항공을 이용하는 승객들은 자신이 받는 보살핌과 관심, 어려움이 있을 때 사전에 제공되는 도움과 지원, 그리고 전반적으로 승무원들이 고객을 기쁘게 하려는 욕구 등을 인지하고 주목한다. 항공 산업에서 고객의 인내심은 항공편 이용에 차질이 생겼을 때 가장 강력한 시험대에 놓인다. 다른 주요 항공사들과는 달리 싱가포르 항공은 스트레스를 줄이는 커뮤니케이션에 중점을 두고 연결편을 놓쳤거나 예상치 못하게 하룻밤 체류하게 되는 승객에게 계속 정보를 안내해서 안심시키고, 승객이 미처 생각하기도 전에 먼저 필요한 질문들을 정리해서 답변을 제공한다. 고객이 다시 상황을 정리할 수 있게 하고 스트레스와 걱정을 줄이기 위해 가능한 모든 노력을 기울인다. 직원은 감정적인 승객의 상황을 완화하고 항공사가 곤경에 처한 승객에게 관심을 두고 상황을 바로잡기 위해 가능한 모든 일을 하고 있다는 것을 보여주도록 교육받는다.

싱가포르 항공은 뒤에서 첨단 통신 시스템과 애자일 승무원 관리 시스템을 활용한다. 자사의 소프트웨어 에코시스템은 꾸준히 데이터 흐름을 업데이트하고 팀 내 채팅, 일정 추적, 작업 목록, 문제 목록 및 보고서와 같이 승무원에게 필요한 기능을 제공한다. 효과적이고 신속한 승무원 커뮤니케이션은 운항 차질을 해결하는 데 중요한 부분이다. 따라서 상황이 어렵고 승객이 감정적이고 걱정이 많은 어려운 상황에서도 직원들은 '접하는 모든 사람의 삶을 향상시킨다.'라는 목표를 잃지 않는다.

에미레이트 항공은 세계 최고의 여행 브랜드다. 항공사의 성공은 고객의 요구에 발맞추어 진화하려는 회사의 의지 덕분이다. 에미레이트 항공은 일부 승객들에게 자사의 항공편 이용이 특별한 이벤트 기반 경험이라는 점을 깊이 인식하고 있다. 이는 일생에 단 한 번 있는 특정 목적지로의 여행일 수도 있고, 신혼여행을 떠나는 신혼부부일 수도 있다. 이러한 이유로 에미레이트 항공은 야심 찬 목표를 비전에 포함했다. 개인 맞춤형 고객 경험을 제공하기 위해 빅데이터의 세계를 수용하고, 고객이 비행 중에 좋아하는 형태의 엔터테인먼트를 즐길 수 있도록 맞춤형 음악 및 영화 재생 목록과 같은 혁신 서비스 도입을 촉진한다.

에미레이트 항공은 점점 커지는 승객들의 기대를 충족하기 위해, 개인의 경험을 개선하기 위한 노력이라면 오랜 관습을 없애는 것을 두려워하지 않는다. 에미레이트 항공사는 승객들이 원하는 특정 서비스를 선택할 수 있도록 기존의 탑승 등급(퍼스트클래스와 이코노미)을 폐지하자는 방향을 구상하고 있다. 예를 들어, 어떤 고객은 낮에 비행기를 이용하고 좌석을 눕히는 옵션이 필요하지 않기 때문에 의도적으로 이코노미 좌석을 선택할 수 있지만, 비즈니스 클래스 식사를 원할 수도 있다. 앞으로는 에미레이트 항공은 제한은 줄이고 옵션은 더 많이 제공하는 동시에 승객에게 전체 여행 경험이 어떤 모습일지 계속 교육하려는 계획이 있다.

　에미레이트 항공은 또한 업무 기능들의 제약들로 의사 결정이 지연될 수 있음을 인지하고 있다. 그러나 다기능을 하는 디지털 팀을 활용하면 상업, IT 및 HR과 같은 수많은 부서에서 동원되는 인력을 축소할 수 있는데, 바로 이것이 에미레이트 항공이 확장하고자 하는 조직구조다. 에미레이트 항공은 고객의 기대사항에 귀를 기울이고 회사의 사명에 안주하지 않는 기업이다.

호텔

　호텔 부문은 오랫동안 고객 서비스 부문의 표준을 설정해 왔다. 리츠칼튼에는 종종 고객 경험과 관련하여 자주 인용되는 골드 스탠더드라는 표준이 있다. 실제로 교육 아카데미가 전 세계 기업에 고객 서비스 기술을 가르치는 업무를 진행할 정도로 그 성과가 탁월하다.

　전 세계에 현지 체인을 두고 있는 5성급 호텔 및 리조트 기업인 리츠칼튼은 세계 최고의 여행지에서 잊지 못할 여행 경험을 선사하는 전설적인 서비스와 고급 시설로 유명하다. 상위 1%의 여행자에게 서비스를 제공하는 리츠칼튼은 그게 걸맞게 상위 1%의 직원을 모집하려고 한다. 직원들을 신사 숙녀로서 신사 숙녀를 응대하는 사람들이라 부르고, 그들은 강한 목적의식과 서비스 정신을 중심으로 자율성과 몰입을 부여받고 있으며, 그 정신은 직원 경험의 모든 측면에 깊이 스며들어 있다. 기업은 직원들이 고객에 대해 영감을 받고 의욕과 열정을 느끼기를 원한다. 그래야만 직원이 탁월한 서비스를 제공할 수 있기 때문이다. 다시 말해, 리츠칼튼은 직원을 최우선으로 생각해서 이들의 문화와 몰입에 주력하는 한편, 모든 고객 상호작용을 진실의 순간으로 인식하며, 그 안에서 탁월한 서비스를 약속하고 더 큰 성과를 거둘 기회를 제공한다는 사실을 알고 있다.

모든 직원은, 전 세계 리츠칼튼 직원이 작성한 주머니 크기의 책자인 직원 약속을 항상 휴대한다. 직원 약속은 직원들이 서로를 대하는 표준을 제시한다. 리츠칼튼 '미스티크Mystique'라고 불리는 이 특별한 경험에는 프로세스와 기술이라는 두 가지 기본 지원 구조가 있다. 매일 아침 교대 근무가 시작되면 직원들이 10분 동안 모여 전날 수집된 전 세계의 훌륭한 이야기를 들으며 회사의 목적에 대한 약속을 재확인한다. 그리고 이들은 우수한 서비스란 무엇인지 공유하고, 직원들이 회사의 가치를 일상 업무에 적용하도록 영감을 주고받으며 업무를 시작한다. 리츠칼튼은 목적이 열정으로 바뀌고, 그 열정은 고객이 직접 느낄 수 있는 경험이 된다고 믿는다.

이러한 접근 방식을 뒷받침하는 기술인 '미스티크'는 이름의 첨단 고객 관계 관리 시스템으로, 개별 고객의 선호도를 수집하여 고객이 리츠칼튼 호텔에 머무를 때마다 즉시 정보를 활용할 수 있도록 한다. 고객이 콜라를 주문할 때 레몬보다 라임을 선호한다면, 리츠칼튼은 고객이 호텔에 머무를 때마다 별도의 요청 없이도 이처럼 선호도를 반영한 고객 서비스를 제공한다.

소매업체

종종 '푸드 테마파크'로 묘사되는 미국 슈퍼마켓 웨그먼스는 세계에서 가장 뛰어난 소매업체 중 하나이다. 영화배우 알렉 볼드윈의 어머니는 로스앤젤레스에 웨그먼스가 없다는 이유로 자신의 집으로 이사와 함께 살자는 아들의 제안을 거부한 것으로 유명하다.

평균 13만 제곱피트 크기의 매장은 일반 슈퍼마켓 규모의 3배에 이른다. 웨그먼스는 모든 쇼핑이 이벤트가 되도록 설계되었다. 미슐랭 스타 레스토랑에서 스포츠 바에 이르기까지, 모든 고객이 만족할 만한 즐길 거리가 있다. 모형 기차는 지붕 주변 공간을 오가며 아이들의 관심을 끈다. 그러나 다른 슈퍼마켓과 가장 큰 차별점은 바로 웨그먼스의 문화와 사람들이다.

회사는 직원들에 대한 과감한 투자를 통해, 그들이 발휘할 수 있는 지식과 고객에게 영감을 줄 수 있는 열정을 강화한다. 웨그먼스의 CEO 대니 웨그먼Danny Wegman의 설명처럼, 수백 가지의 다양한 치즈를 갖다 놓는다고 한들, 직원이 고객에게 차이를 설명할 수 없다면, 이는 무슨 의미가 있겠는가? 웨그먼스는 직원들이 제품의 차이점을 설명할 수 있도록, 프랑스의 포도원, 나파 밸리의 와이너리, 그리고 유럽의 치즈 생산 현장까지 출장을 갈 수 있게 한다. 웨그먼스는 단순히 식품을 판매하는 것이 아니라 개인의 내면에 존재하는 셰프 감각을 발휘할 수 있도록 돕는 지식을 제공한다.

그 어떤 고객도 불만족스럽게 매장을 나서는 것을 허용하지 않는다. 이를 위해 직원들은 고위급 팀원들과 상의 없이도 고객 만족을 위해 필요한 모든 조치를 하도록 권장된다. 이와 관련된 이야기는 수없이 많다. 엉망이 된 음식 주문 건을 해결하기 위해 요리사를 고객의 집으로 보내거나, 엄마가 구매한 칠면조가 오븐에 비해 너무 커서 매장에서 직접 가족의 추수감사절 칠면조를 요리해 주는 것과 같은 서비스를 의미할 수 있다.

직원에게 권한을 부여한다는 것은 단순한 고객 응대 이상의 의미를 지닌다. 이는 계층적 구조나 느린 의사 결정 과정의 제약 없이, 직원이 주도적으로 역량을 발휘할 수 있는 환경을 만드는 것을 뜻한다.

금융 서비스

금융 서비스 선도 기업 중 단연 으뜸은 퍼스트 다이렉트다. 10년 동안 영국 Top 100 리그 테이블에서 무려 네 차례에 걸쳐 1위를 차지했으며 꾸준히 3위 안에 들었다. 각국의 고객이 조직을 평가하는 방식의 문화적 차이를 고려할 때, 퍼스트 다이렉트는 우리가 조사를 수행하는 34개국에서 1위를 차지하는 고객 경험 브랜드이다.

이 책의 2부에서는 경험의 여섯 가지 요소를 살펴볼 것이다. 이 모든 요소에서 퍼스트 다이렉트가 탁월한 성과를 보인다 해도 과언이 아니다.

'퍼스트 다이렉트' 사례로 보는 통합 설계

다음은 퍼스트 다이렉트의 전직 CEO 조 고든Joe Gordon과 작성 당시 CEO였던 크리스 피트Chris Pitt와의 인터뷰를 재구성한 내용이다.

퍼스트 다이렉트는 당시 열악한 은행 서비스 환경 속에서 1989년에 처음 설립하였고, 첫날부터 차별화된 서비스를 지향하며 구상되었다. 수십 년이 지난 지금, 기술의 발전과 다른 은행들이 고객 중심으로 급속하게 발전하고 새로운 고객 지향적인 챌린저 뱅크가 등장하고 있음에도 불구하고 퍼스트 다이렉트는 계속해서 시장을 선두를 유지하고 있다.

조 고든에 따르면, 퍼스트 다이렉트의 지속적인 고객 경험 성공은 일관성과 변화라는 두 가지 핵심 요소가 적절한 균형을 이룬 결과물이다. 고든은 '이 두 가지 요소가 별개의 연관성을 가진 파트너처럼 보일 수 있지만, 매우 조화롭게 잘 작동한다.'라며, '내부적으로 고객 중심에 초점을 맞추는 일관성, 놀라운 서비스를 개척하는 은행의 슬로건을 중심으로 한 일관성은 모든 은행 직원들이 마음에 드는 것이다. 퍼스트 다이렉트가 업무 일관성을 유지하는 것도 정말 중요하지만, 그 실행 방법의 변화도 마찬가지로 중요하다. 고객의 기대치가 변하고 기술도 달라지고 있다. 1989년에 퍼스트 다이렉트는 놀라운 서비스 개척을 위해 설립되었고, 그 당시의 '방법'은 바로 전화였다. 이후 그 놀라운 서비스는 인터넷 뱅킹으로, 그다음에는 앱 뱅킹, 오픈 뱅킹으로 바뀌었다. 이러한 변화에 대처하고 오늘날 환경의 변화를 이해하고 초점을 맞추는 퍼스트 다이렉트의 능력이 그 핵심이다.'라고 설명한다.

일관성과 변화 사이의 균형을 통해 퍼스트 다이렉트는 고객에게 개인적이고 관련성 있는 관계를 유지하여, 간편하게 거래하기 좋은 은행에 대한 기대치를 충족할 수 있게 되었다.

크리스 피트는 이제 여기에 또 다른 단계가 추가되었다고 말한다. 새로운 세대의 고객들은 그들이 거래하는 조직에 더 많은 것을 기대한다. 이 세대는 특히 공정성에 대해 강한 감정을 느끼는 기저 심리가 있다. 선구적인 변화는 이제 내기의 판돈과도 같다. 경쟁 우위는 몇 주가 아니라 몇 개월 만에도 잠식될 수 있다. 그리고 고객 서비스가 그 어느 때보다 중요하지만, 대부분 앱을 통해 이용하는 요즘에는 브랜드 간의 차별화를 느끼기가 더 어려워졌다. 이 세대가 찾고 있는 특별함은 사회의 공정성을 중심으로 가치를 공유하고 긍정적인 사회 변화(기후 변화 및 차별 철폐 포함)를 지원하는 비즈니스로, 이는 입증 가능하고 비즈니스 가치 안에 깊숙이 자리한다.

기본 요소

특히 흥미로운 부분은, 퍼스트 다이렉트가 모든 전략적 측면들을 통합하고 정렬할 수 있도록 총체적이고 통합된 접근 방식을 취하고 있다는 점이다. 퍼스트 다이렉트는 조직을 전체의 맥락에서 모든 구성 요소가 각각의 역할을 담당하는 시스템으로 바라본다. 결과적으로 모든 이니셔티브는 상호 강화적일 뿐만 아니라 회사 목적 달성에도 기여한다. 그 결과, 전체가 개별 부분의 총합보다 훨씬 더 크다는 가치를 갖게 된다.

고객 이해하기

퍼스트 다이렉트의 전직 CEO인 마크 뮬렌Mark Mullen은 이렇게 설명하였다. "저는 사업을 운영하는 사람이나 사업에 관여하고 있는 사람들에게 고객을 관찰하라고 권장합니다. 사람들은 질문하면, 지나치게 이성적으로 답하는 경향이 있습니다. 그러나 그들이 생각하는 행동 방식과 그들이 실제로 행동하는 방식을 비교하면, 두 가지의 매우 다른 대답을 얻게 됩니다. 사람들은 자신이 인식하는 것보다 훨씬 더 감정적으로 돈이나 은행 거래에 반응하며, 이는 구매 후 설문 조사, 설문지, 피드백 그룹에서 나타나는 응답보다 훨씬 강하게 드러납니다. 제 경험상, 사람을 관찰하는 것이 그들에게 질문하는 것보다 훨씬 더 많은 정보를 제공합니다."

퍼스트 다이렉트는 고객을 이해하고 친밀하게 알기 위하여 다양한 메커니즘을 사용하고 있다.

- 기업은 자사가 원하는 고객과 그렇지 않은 고객을 정확히 알고 있다.
- 은행은 고객이 좋아하는 자사의 강점을 정확히 알고 있다.
- 명확한 목표 경험이 있다. 여기에는 전화를 '놀라운 경험'으로 만드는 여섯 가지 심리적 요인이 있다. 직원들은 고객과 대화하는 방법, 목소리 톤과 스타일, 자신이 좋아하는 것과 싫어하는 것을 정확히 알고 있다.
- 고객 기반 층이 모든 시점에서 어떻게 느끼는지 매우 명확하게 알고 있다. 예를 들어, 40세 이상 여성 고객이 퍼스트 다이렉트가 예전만큼 자신을 중요하게 여기지 않는다고 느꼈을 때, 퍼스트 다이렉트는 이 고객 그룹을 위해 특별한 관심을 주고 새로운 접근 방식을 함께 만들었다.
- 단순히 '친절한' 서비스를 넘어서, 고객이 '가족'처럼 느낄 수 있는 경험을 지향한다.

퍼스트 다이렉트 은행 업계에서도 고객의 심리에 초점을 두는 독보적인 전략을 통해, 사람들의 동기와 욕구뿐만 아니라 그들의 문제, 방해 및 삶의 관심사를 실제로 이해할 수 있다.

목적과 가치

퍼스트 다이렉트의 사무실은 매우 강력한 회사 브랜딩을 담은 공간이다. 실제로 회사 건물에서 브랜드 요소가 없는 공간은 직원식당이다. 직원들은 이곳에서 퍼스트 다이렉트의 모든 것과 떨어져서 시간을 보낼 자격이 있다는 느낌을 받는다. 그러나 이 직원식당의 벽에는 회사의 목적이 강렬하게 표현되어 있다. 모든 벽에 커다란 글씨로 '탁월한 서비스를 선도하는 것'이라는 문구가 적혀 있다. 그것은 모든 행동과 결정을 이끄는 길잡이이자 핵심 원칙이다.

1989년, 더 나은 방향으로 뱅킹 시스템을 변화시키려는 사명을 가지고 퍼스트 다이렉트가 개척자가 되는 길은 간단했다. 경쟁이 치열한 시대에도 퍼스트 다이렉트는 여전히 영감을 주고 동기를 부여한다. 개척자는 남들이 가보지 않은 길을 가는 사람이며, 혁신과 새로운 사고를 주도하는 것은 마음의 틀이다. '놀라움'이라는 단어에는 놀라게 하다, 감동을 주다, 탁월하다는 뜻이 포함되어 있다. 직원은 고객뿐만 아니라 동료 서로를 위해 매일 실천하는 노력을 한다. 놀라움은 항상 뜻밖의 일을 추구하는 행동 속성이다. 모든 직원의 역할은 오늘날 놀라운 서비스가 무엇을 의미하는지에 대한 관점을 끊임없이 재정립하는 것이다.

목적은 회사가 상업적 필수 요소로 설명하는 간단한 규칙을 통해 실행으로 변환된다.

- 사람이 더 중요하다. 업무는 직원과 함께 먼저 시작된다.
- 우리는 사업을 하고 있다. 조명을 밝게 유지하듯, 상업적 수익이 중요하다는 사실을 결코 잊어선 안 된다.
- 지속적인 성장과 현대화, 가속화를 통해 변화에 앞서 나가고, 미래를 선도적으로 실현해야 한다.

실행은 아래의 '네 가지 핵심 요소'로 설명되는 회사의 가치에 따라 결정된다.

- 다르게 도전하라 - 이 은행은 남다름에 도전할 수 있는 태도를 가진 인재를 찾으며, 이는 다양성을 추구하고, 실패를 감수하되 빠르게 배울 수 있는 용기를 의미한다.
- 비범한 판단력 - 직원이 현명한 결정을 내릴 수 있도록 자율성과 권한을 부여한다
- 우리는 항상 주의를 기울인다 - 직원이나 고객에게 중요한 일이 소홀히 다뤄지지 않도록 철저히 관리한다.
- 돈은 진지하게, 자신은 겸손하게 대한다 - 성실함과 겸손함의 조화로, 고객이 강요받는 느낌 없이 존중받고 있다고 느끼게 한다.

퍼스트 다이렉트의 모든 직원은 '개척자'가 되는 것을 매우 진지하게 받아들인다. 이 일에는 높은 수준의 자신감이 필요하다. 불확실

함 속에서도 기꺼이 나아갈 수 있는 사람, 뚜렷한 롤모델이 없어도 스스로 길을 찾아낼 수 있다는 확신을 가진 사람이 필요하다. 모든 것은 퍼스트 다이렉트 브랜드의 관점을 통해 확인되고 필터링 되며, 가치를 더하는 요소들은 축적되어 기존 지식 체계에 추가된다. 린, 애자일, 카이젠(kaizen, '개선'을 의미하는 일본어에서 유래된 용어. 모든 기능을 지속적으로 개선하고, 최고경영자부터 공장 작업자까지 모든 직원이 참여하는 비즈니스 활동), 가치 흐름이 모두 분석, 이해 및 조정 과정을 거쳐 퍼스트 다이렉트에서 활용된다.

문화

미국 언론인 마크 뮬렌Mark Mullen은 문화를 말로 표현하기는 매우 어렵지만 느끼는 것은 쉽다고 설명한다. 그리고 문화는 퍼스트 다이렉트 사무실에 들어서는 순간 만나는 사람들로부터 뿜어져 나오는 활기찬 에너지와 친근감에서 잘 느낄 수 있다. '문화는 전부다. 특히 고객을 직접 대면하지 않는 은행에서는 더욱 그렇다. 사실은 당신이 퍼스트 다이렉트에 문의할 때 같은 사람에게 두 번 이야기할 확률은 거의 없다. 그렇다면 관계 전반에 걸쳐 일관성과 신뢰성을 어떻게 일정하게 유지할 수 있을까? 이를 실현하려면, 정확하게 정의된 프로세스, 단순하고 명확한 제품, 그리고 일관성 있게 채용되고 철저히 교육된 사람들이 필요하다.'

흥미롭게도, 연구 참여자들은 퍼스트 다이렉트와의 상호작용에 대해 이러한 공통된 인식을 보였다. "퍼스트 다이렉트에 연락할 때마다 마치 같은 사람과 이야기하는 느낌이 듭니다. 성별이나 인종과 무관하게, 모든 직원이 동일한 방식으로 저에게 관심을 기울입니다."

퍼스트 다이렉트는 매우 신중하게 직원을 선발한다. 채용 절차를 시작한 100명 중 1명이 이 과정을 완료한다. 이 과정은 기술적인 능력보다는 성격과 가치에 더 큰 중점을 둔다. 이 접근 방식은 신입 직원을 맞이하는 과정에서도 적용되며, 버디 프로그램과 코칭 지원을 제공하여 원활한 적응을 돕는다.

크리스 피트는 차별화된 고객 경험을 만드는 것은 결국 사람이며, 이를 위해 올바른 채용 접근 방식에 대한 강한 강조가 뒷받침되고 있음을 인정한다. 다른 금융 서비스 회사 출신의 사람을 선호하기보다, 적당한 수준의 공감 능력과 관심을 통해 남들과는 다른 서비스를 과감하게 시도할 준비가 되어있는 인재를 찾을 수 있는 돌봄 직업에 초점을 맞추고 있다.

2019년 신입 사원의 44%는 '비슷한 사람들이 비슷한 사람을 채용하기 마련이다.'라는 철학을 바탕으로 기존 직원의 추천으로 채용되었다. 실제로 은행이 1989년에 설립되었지만 3대에 걸친 가족이 각기 다른 업무를 맡는 여러 사례가 있었다. 크리스 피트는 "자사는 인재를 채용할 때 원하는 인재상을 잘 알고 있습니다. 지원 절차를 시작하면 태도와 이해심을 갖춘 사람을 찾기 위해 해당 직무를 수행해본 사람들이 직접 면접을 진행합니다. 지원자가 이러한 덕목을 갖추고 있다면, 우리는 이들에게 필요한 방식대로 업무를 수행할 수 있도록 교육할 수 있습니다. 포스트 팬데믹 시대를 바라보며 더욱 넓은 지역에서 인재들을 모집할 수 있을 것입니다. 원격 근무를 원하는,

전국 각지에 거주하는 사람들도 퍼스트 다이렉트에서 일할 기회를 가질 수 있게 됩니다. 이는 은행을 성장시키는 과정에서 더 많은 인재를 확보할 기회를 제공합니다. 이것은 정말 흥미로운 일이지만, 물리적으로 사무실에 출근하지 않은 직원들에게 회사의 문화를 내재화하는 큰 도전 과제가 있습니다."라고 이야기한다.

퍼스트 다이렉트는 자사의 조직 문화에 대해 명확한 입장이 있으며, 현재의 도전 과제와 관련성을 유지하기 위해 노력한다. 여기에는 몇 가지 핵심 구성 요소가 있다.

- 명령과 통제가 아니다.
- 이것은 코칭과 멘토링, 그리고 지지와 실패에 대한 관용에 관한 것이다. 단, 특정 개인에게서 부정적인 패턴이 반복적으로 나타난다면, 그때는 코칭을 통해 무엇을 개선할 수 있을지를 판단해야 한다.
- 긍정적인 문화 메시지를 항상 전달할 것, 훌륭한 문화적 행동은 칭찬과 찬사를 받는다.
- 좌석에 앉는 것부터 아이디어를 공유하는 방법까지, 모든 것에는 '눈에 보이는 개방성의 상징들'이 있다.
- Z세대, 다양성, 젠더 유동성, 환경 문제 등 인구통계학적 변화에 항상 대응하고 대응하는 것이 중요하다.
- 혁신과 새로운 아이디어를 추진, 장려, 그리고 기념하는 문화를 중요하게 생각한다.
- '버블' 접근 방식을 통해 직원의 참여를 지원한다. 직원들은 문

제(버블)를 식별할 수 있으며, 해당 문제를 팀 차원에서 해결할 수 있는지, 아니면 상위로 보고해야 하는지를 평가한다. 만약 상위로 보고된다면, 변화 관리팀은 해당 문제에 관한 해결 방안이 이미 계획되어 있는지, 아니면 새롭게 추가하고 우선순위를 조정해야 하는지를 검토한다. 그 결정은 관련된 직원들에게 다시 전달된다.

크리스는 "아마도 퍼스트 다이렉트가 영국의 요크셔와 글래스고 지방에 기반하고 있기 때문일 수도 있지만, 퍼스트 다이렉트 직원들은 무뚝뚝한 자세에 개방적인 자세를 갖도록 교육받습니다. 긍정적인 도전 정신은 환영하지만, 우리는 항상 올바른 태도로 업무에 임합니다. 지속적인 개선을 위해 피드백은 필수이며, 우리는 우리 스스로 가장 날카로운 비평가가 되어야 합니다. 효과가 없는 일이 있다면, 직원들이 그 사실을 숨기지 않고 솔직하게 말할 수 있도록 독려합니다. 그리고 고객 서비스 설문 조사에서 1위를 차지하는 것처럼 업무를 잘하고 있더라도, 항상 데이터를 분석하고 개선점이 무엇인지, 얼마나 빨리 개선 가능할지 살펴봅니다. 우리는 결코 현재에 만족하거나 안주하고 싶지 않습니다."라고 했다.

서번트 리더십

퍼스트 다이렉트의 모든 리더는 직원들이 일하는 능력을 발휘할 수 있도록 역할을 맡는다. 리더는 직원들과 떨어진 별도의 사무실 공간이 아니라 직원들 사이에 앉아서 주변에서 일어나는 모든 것을 보고, 느끼고, 듣는다. 문제가 발생하면 언제라도 신속하게 대응하고 기업과 직원이 어느 시점에 와 있는지에 대해 집단의식을 공유한다. 사람들에 대한 관심과 직원 경험에 중점을 두고, 목표한 고객 경험이 자연스럽게 나타날 수 있도록 하는 리더십 스타일이다.

퍼스트 다이렉트의 핵심 원칙 중 하나는, 동기가 부여된 사람들을 중심으로 프로젝트를 구축하고, 그들에게 필요한 환경과 지원을 제공하고, 이들이 업무를 완수할 수 있도록 신뢰하는 것이다. 퍼스트 다이렉트는 이것을 서번트 리더십이라고 한다. 애자일 혁신은 열정적으로 참여하는 핵심 그룹의 여부에 달려 있기에 직원의 동기 부여와 몰입은 퍼스트 다이렉트의 최우선 과제다.

- 비계층적이고 개방적이며 투명한 리더십 스타일이다.
- '서번트 리더' 모델을 따른다. CEO는 일정 기간 서번트 리더로서 자신이 발견한 것보다 더 나은 상태로 남겨두는 임무를 수행한다.
- 리더십팀 회의는 개방된 사무실에서 개최되며 누구든지 회의 내용을 들을 수 있다.
- CEO와 리더십팀은 개방된 사무실에 자리가 배치되어 있다.
- 월요일에는 시각적인 추적 보드를 중심으로 가장 먼저 '무엇을 달성해야 합니까?'라는 주제로 스탠드업 회의를 하고, 금요일에는 '우리가 무엇을 달성했으며 이를 달성하는 데 누가 도움이 되었는가?'라는 주제로 스탠드 다운 회의가 있다. 해당 추적 보드는 사무실 중앙에 위치해, 누구나 팀의 우선순위를 확인할 수

있도록 구성되어 있다.
- 리더는 일상 업무에 깊이 관여하기 때문에 예상치 못한 일이 발생하지 않는다.
- 직원들이 자신만의 개성을 발휘하고, 다름을 두려워하지 않도록 장려하는 문화를 조성하기 위해 강력한 리더십이 요구된다. 이러한 가치는 조직 내에서 도전 과제를 불러올 수 있다.

직원 경험

리더의 마음속에는 항상 직원의 중요성에 대한 인식이 있다. 크리스 피트는 "사소해 보일 수 있지만, 직원들을 늘 '사람'이라고 부르는 것은 그들의 존재 자체를 존중한다는 강력한 문화적 메시지입니다. 대화와 모든 공식 커뮤니케이션에서 그렇게 부르지요. 이렇게 부르는 것이 더 따뜻하고 인간미가 있으면서도 늘 퍼스트 다이렉트가 구축하려고 했던 친밀한 가족적인 분위기를 더욱 강화합니다."라고 한다.

최근 한 사례는 영국에서 팬데믹 발생 초기에 발생했다. 퍼스트 다이렉트는 모든 직원을 원격 근무로 전환하기로 했고, 단 몇 주 만에 사무실을 폐쇄하고 직원들이 안전하게 재택근무를 할 수 있도록 작업에 필요한 모든 장비를 지원하였다. 이 모든 과정은 고객 서비스에 거의 영향을 미치지 않은 채 성공적으로 진행되었다. 실제로 많은 고객은 몇 달 동안 이러한 변동 사항이 있었는지조차도 알지 못했다. 경영진은 신속하게 결정을 내리고 직원을 보호하기 위해 단호하게 조치를 한 한편, 체계적인 방식으로 고객 또한 안전하게 보호했다.

그 결과 사람들은 회사로부터 지원을 받고 있으며 안전하다고 느꼈고, 경영진의 행동을 감사했으며 고객을 위해 필요한 일을 수행할 수 있도록 어려운 환경을 견딜 수 있는 준비를 할 수 있었다.

또 다른 요인은, 보상이 고객 성과와 연결된다는 것이다. "어떤 행동을 장려하고 보상하느냐에 따라 그에 맞는 행동이 나타난다는 것은 로켓 과학처럼 복잡하지 않습니다. 우리는 다양성을 장려하고 개방적이고 투명한 경력 경로를 제공하는 것에 대한 강렬한 믿음이 있습니다. 우리 직원들은 모두가 각기 다른 개성을 가진 사람들이며 이것이 바로 핵심입니다. 하지만 직원들은 자신들의 태도로 결속되어 있으며, 놀라운 고객 서비스를 제공하는 것에 대한 보상을 받는다는 이해를 공유하고 있습니다."라고 크리스 피트는 말한다.

퍼스트 다이렉트의 리더는 다음과 같은 자질을 갖추고 있다.

- 목표 직원 경험에 대해 매우 명확한 입장이 있다.
- 직원 복지에 대해 염려한다. 직원은 자신의 역할을 고객을 돌보는 사람들을 돌보는 것으로 생각한다.
- 직원들의 걱정을 줄이기 위해, 컨시어지 서비스와 같은 창의적인 지원 방안을 마련한다.
- 모든 사람이 고객을 위해 최선을 다하도록 한다.
- '네 가지 핵심 요소'를 통해 드러나는 퍼스트 다이렉트의 기업 가치
- 직원들이 합리적인 판단을 내리고 고객에게 옳은 일을 할 수 있도록 권한을 부여할 것

퍼스트 다이렉트는 대인관계 기술을 끊임없이 개발하는 데 중점을 둔다. 개인의 성장은 참여의 핵심 동인이며 퍼스트 다이렉트는 직원이 성장하고 발전하는 것에 높은 관심을 기울인다. 고객 대면 역할을 맡은 모든 직원은 핵심 기술(서비스 거래 관리, 고객의 디지털화 지원)을 갖추도록 교육을 받으며, 이 기술은 필요할 때 소프트 스킬 교육을 통해 강화된다. 이는 예기치 않은 상황이 발생하였을 때 직원이 유연성을 발휘할 수 있도록 한다. 예를 들어, 대형 항공사에 고장이 발생했을 때, 예상치 못한 전화 문의가 폭증하였고, 불안해하는 고객들과 신속하게 소통하기 위해 더 많은 지원을 전화응대 업무에 투입할 필요가 있었다.

직원 경험의 설계는 개발을 위한 디딤돌인 '기술 클러스터'의 생성을 기반으로 한다. 이 접근은 직원에게는 흥미로운 업무를 제공하고, 퍼스트 다이렉트에는 필요할 때 유연하게 대응할 수 있는 조직을 만들어준다는 점에서 일석이조의 효과를 낸다.

회사는 리더십 역량을 전문지식과 적극적으로 분리한다. 최고의 에이전트가 항상 최고의 리더는 아니라는 점을 인식하므로, 계층 구조를 따라 승진하지 않아도 되는 대안적인 경력 경로를 제공하여 개인의 강점에 맞는 성장 기회를 보장한다.

커뮤니케이션

커뮤니케이션은 철저하게 양방향으로 이루어진다. 이는 하향식 커뮤니케이션이 아니라 상호 이해를 구축하는 과정이다. 커뮤니케이션에 참여한 팀원들은 주어진 상황이 자신들에게 어떤 의미가 있는지 논의하고, 이에 어떻게 대응할지 논의할 기회를 얻는다. 팀원들은 피드백을 주고받고 그에 따라 조치를 하도록 한다.

사내 인트라넷에는 온라인감사 시스템이 마련되어 있어, 누구나, 어떤 이유로든, 동료에게 자유롭게 감사 인사를 전달할 수 있다. 고위 리더는 팀 관리자나 팀 리더에게 전달받은 고객의 긍정적인 피드백에 따라, 하루에도 5~6개의 감사 메시지를 다른 팀 구성원에게 보낼 수 있다.

마크 뮬렌은 "따라서 모든 기회에서, 직원들이 옳은 일을 하는 순간을 포착하려고 노력하며, 이를 축하하고자 했습니다. 우리는 그 기회를 통해 감사하는 마음을 표현합니다. 이는 단지 물건을 판매한 것에 대한 고마움이 아닙니다. 우리는 그 부분에 대해서는 전혀 신경 쓸 필요가 없다고 생각합니다. 그것은 스스로 작동할 것입니다. 고객을 기쁘게 하는 것이 은행의 자세이고, 고객 본인이 기분 좋은 서비스를 받았다고 말해준다면, 이는 뜻깊은 순간일 것입니다. 이러한 경험이 조직 전체에 영향을 주었습니다."라고 이야기한다.

탁월성이란 무엇인가에 대한 지속적인 공유, 훌륭한 사례를 전파하며, 직원들이 의미 있는 변화를 성취하기 위해 무엇을 할 수 있는지 방향을 제시한다. 예를 들어, 퍼스트 다이렉트 상담원은 젊은 고객이 집을 떠나, 자살 충동을 느끼고 있다는 것을 알아챘다. 이 상담원이 젊은 고객과 통화를 하는 사이에, 다른 상담원이 고객의 어머니에게 이 상황을 알리고, 택시 회사와 운전사를 확인하며 고객이 집에 안전하게 귀가할 수 있도록 데려다주었다. 이 같은 직원들의 이타적인 행동은 조직이 지향하는 배려와 공감을 보여주는 행동으로 많은 사람의 찬사를 받았다.

- 사례들은 직원이 언제 어디서 기존 프로세스에서 벗어나 유연하게 대응할 수 있는지 보여준다.
- 관리자와 팀 리더는 정보를 아래로 전달하기 때문에 내용을 잘 이해해야 한다.
- CEO의 메시지가 담긴 비디오 블로그와 직원들이 다음 한 주간의 집중 업무 내용을 포함한 주간 이메일이 전달된다. 그리고 격주로 직원들이 상사에게 직접 질문을 할 수 있는 '무엇이든 물어보세요' 세션이 열린다.
- 모든 직원을 위한 맞춤형 앱은 대부분의 사회적 차원과 참여를 다룬다.
- 새해 비즈니스 전략을 수립할 때, 2,500명의 모든 직원은 전략 리더십 팀과 협업할 기회를 얻는다. 아 과정에서 30회에 걸친 동일한 회의가 열리지만, 소규모 그룹으로 구성되어 사람들이 상호작용하고, 질문하고, 조직 전략에 대한 주인의식을 가질 수 있도록 한다.

기업

퍼스트 다이렉트가 채택한 '린 애자일' 전략은 서번트 리더십에 대한 접근 방식과 '탁월한 서비스를 선도하는 것'이라는 좌우명을 온전히 담고 있는 명확한 운영 가치와 일치하면서 조직을 '팀 오브 팀스' 구조로 분할 하여 운영한다. 사람들은 일상 업무에 연계된 소속팀이 있더라도 필요에 따라 다기능적인 가치 흐름을 형성하여 프로젝트에 참여한다. 이 같은 조직구조는 고객에게 지속적인 가치 흐름을 제공할 수 있도록 느슨하게 설계된 지표다. 완벽한 솔루션을 구축하는 데 오랜 시간이 걸리고, 그사이에 상황이 자주 변동되는 전통적인 폭포수 프로젝트 접근 방식 대신, 여러 팀이 협업하여 최소 기능 제품을 신속하게 출시하고자 노력한다.

퍼스트 다이렉트는 직원들을 기존의 기능적 사일로에서 벗어나게 하고, 자율 관리와 고객 중심적인 다분야 팀으로 배치하였다. 이를 통해 가치 흐름 접근 방식이 적용되었으며, 퍼스트 다이렉트의 수익성 있는 성장을 도모하면서도 차세대의 숙련된 총괄 관리자를 육성하는 데 기여한다.

본질적으로, 린 애자일과 같은 새로운 기술의 채택은 근본적으로 새로운 작업 방식, 새로운 경영철학 또는 반드시 따라야 하는 엄격한 규칙을 의미하지는 않는다. 현실은 전혀 그렇지 않다. 이는 애자일의 핵심 요소를 분석하고, 퍼스트 다이렉트에 가장 적합한 모범 사례를 선택하여, 기존 경영 기법에 추가하는 과정이다. 과거 카이젠과 식스 시그마(six sigma, 전략적으로 고도의 품질을 달성하기 위해 기업에서 체계적으로 활용되는 품질 경영 기법)의 기술을 평가하고 차용했던 방식과 유사한 접근법에서 비롯되었다.

퍼스트 다이렉트는 전 세계의 위대한 사고로부터 영향을 받아 독자적인 경영철학을 구사하고 있다. 기존 관리 접근 방식과 비교해 볼 때, 애자일 방식은 몇 가지 중요한 이점이 있다는 것을 깨달았고, 이 모든 이점을 연구하고 개선하였다. 우선 팀 생산성과 직원 만족도가 높아진다. 중복된 회의, 반복적인 계획, 과도한 문서화, 품질 결함 및 가치가 낮은 제품 기능에 포함된 낭비를 최소화한다. 궁극적으로 퍼스트 다이렉트는 혁신과 유연성을 주도하였다.

- 지속적인 개선을 위해 노력하는 문화가 존재한다.
- 다기능 업무팀이 모든 것을 주도한다.
- '그저 효과적인 것으로 보이는' 지표 관리 방식이 존재한다.
- 모든 사람이 여정에 자신만의 몫을 가져온다. 어떤 한 사람이 아닌 팀이 오너십을 가진다.

변경 관리

환경이 변화하는 속도를 따라가면서 미래의 고객과 연결하고자 하는 노력이 퍼스트 다이렉트의 핵심 성공 비결이다. 퍼스트 다이렉트는 영국 최초의 연중무휴 전화응대 서비스를 제공한 은행이며, 온라인 뱅킹 다음에는 모바일 뱅킹의 선구자 역할을 해왔다. 가장 최근에는 버드Bud와 같은 핀테크 스타트업과 협력하여 오픈 뱅킹에 대한 이해를 심화하고, 이를 통해 가능한 혁신적인 서비스를 탐색한다.

크리스 피트는 "새로운 방식으로 업무를 하는 것은 항상 중요했으며, 업계 선두를 유지하는 핵심 요소입니다. 고객은 항상 새롭고 다양한 방식으로 서비스를 이용하고 싶어 하지만, 은행 업무는 여전히 지루한 일입니다. 그들은 필요한 업무를 빠르고 쉽게 처리하며, 자신의 자금이 잘 관리된다는 확신을 원할 뿐입니다. 고객 서비스 측면에서 보면, 고객이 중요하게 생각하는 가치는 30년 동안 크게 바뀌지 않았습니다. 하지만 은행에 기대하는 바는 확연히 바뀌었습니다. 고객은 이제 현상 유지에 더 도전하고, 사회 및 환경 문제를 해결하기 위해 적극적으로 행동하고 있습니다. 그들은 스스로 개혁과 변화를 추구하는 브랜드와 거래하길 원합니다."라고 덧붙였다.

새로운 업무 수행 방식에 투자하기

퍼스트 다이렉트는 디지털 관점에서 끊임없이 투자하고 있으며, 가장 최근에는 신기술 플랫폼, 새로운 전화 플랫폼, 온라인 뱅킹, 새로운 앱 기능, fd페이(소셜 미디어 결제) 및 고객 공동 생성 플랫폼인 'fdesign'에 투자하고 있다.

하지만 이러한 투자는 은행을 위한 기술 투자만은 아니다. 폐쇄 루프 피드백을 중심으로 애자일 방식을 구현하고 고객 여정과 지속적인 가치 흐름을 중심으로 은행을 재설계한다. 이러한 유형의 투자들은 디지털 투자와 더불어, 퍼스트 다이렉트가 IT 인프라를 전면 개편하고 업무 수행 방식을 혁신하는 데 큰 도움이 되었다. 그 결과 고객 기대가 높아지는 상황에 훨씬 더 신속하게 대응할 수 있었다.

- 변화 프로그램은 업무의 75%가 애자일 방식으로 이루어진다. 그러나 적절한 경우에는 나머지 25%의 업무에는 전통적인 폭포수 접근 방식을 적용한다.
- 회사는 업무상 발생하는 이슈를 바탕을 통해 정기적으로 우선순위를 재정비한다. 이는 정기적인 발매 주기에 따라 작동한다. PI방식에 따라 일정 변경 - 6회에 걸쳐 2주 스프린트로 구성된

12주의 활동으로 진행한다.
- 변화 로드맵은 공공 구역에 있어 누구나 볼 수 있다. 회사는 변화를 세 가지 시간 차원으로 분류한다. '얼음' - 변경 불가능, 즉시 발매 계획에 들어간다. '물' - 유동성이 높고, 즉시 해당 연도 발매를 목표로 한다. '증기' - 정의가 다소 불분명하며, 내년 출시 예정이다.
- 고객의 모든 것에 대해 엔드투엔드 관점으로 바라본다.

필수 핵심성과지표

퍼스트 다이렉트는 광범위한 데이터 소스를 토대로 회사 성과에 대해 복합적인 그림을 구상한다. 그러나 리더십 팀은 '정말 중요한 것'에 주력한다.

- 직원들의 기분은 어떤가?
- 고객들의 기분은 어떤가?
- 현재 상업적으로 어떤 위치에 있는가 - 기대한 수익을 내고 있는가?

직접 모델의 장점 중 하나는, 데이터 기반으로 운영되어 있으며 고객 여정에서 불분명한 영역이 적다는 것이다. 중앙 집중식 원격 환경에서는 기존의 지점기반의 모델과 달리, 전화 또는 온라인 등을 통해 정보를 수집한 다음 해당 데이터를 고객 수준에서 조정 가능성이 크다. 따라서 고객 접촉 기록과 고객 상호작용 측정항목이 충분한 상황에서는 고객이 직접 피드백을 제공했는지 여부와 관계없이 은행이 업무를 잘 수행했는지를 기술적으로 알 수 있다. 여기에는 전화로 서비스 수준을 달성하는지 그리고 인터넷 뱅킹 또는 모바일 뱅킹 또는 SMS 응답 서비스 수준 관리를 달성하고 있는지도 포함된다.

크리스 피트는 "우리는 좋은 모습이 무엇인지 알고 있습니다. 또한, 만족도 지표를 바탕으로 우리가 추구하는 결과를 끌어내기 위해 얼마나 좋은 모습이 필요한지 알고 있습니다. 긍정적이든 부정적이든 우리가 받는 모든 피드백을 반영합니다. 트러스트 파일럿Trustpilot 과 같은 웹사이트에서 실시하는 설문 조사, 업계 피드백과 리뷰는 구매 후 만족도 설문 조사와 고객 접점에서 실시하는 설문 조사에 추가됩니다. 우리는 사람들이 우리와 언제 어떻게 상호작용을 하는지를 보여주는 끊임없이 변화하는 실시간 데이터 흐름입니다. 또한, 우리의 내부 기준 대비 성과를 항상 확인할 수 있습니다. 이는 매우 세밀하고 미묘한 차이까지 반영하는 정보이며, 이 조건들을 충족하지 못하는 경우 신속하게 확인하고 즉각적인 조치를 취할 수 있음을 의미합니다."라고 말한다.

물리적 환경

이것은 조직의 문화적 장점을 강화하기 위해 설계되었다.

- 모든 곳에서 강력한 브랜딩, 목적 및 가치가 구축되어 있다.
- 스탠드업 회의를 위한 열린 공간이 있다.
- 대규모의 애자일 운영을 지원하도록 설계되었다.

- 회의실은 몇 개뿐이다.
- 책상은 일렬로 정렬되지 않고, 팀 공간을 만들 수 있도록 어긋나게 배치되어 있다.

구조: 고객을 중심으로 비즈니스 조직화

퍼스트 다이렉트는 지난 몇 년간 비즈니스를 새롭게 재편하였다. 역사적으로는 별도로 운영되는 부서들의 기능들을 기반으로 설립된 은행이지만, 퍼스트 다이렉트는 이제 고객을 위한 주요 여정을 중심으로 조직을 재구성하였다. 고객 서비스는 한 사람의 일이 아니라 각 가치 흐름을 따라 수행된다. 이제 각 엔드투엔드 여정을 담당하는 직원들이 배치되어 운영팀, 마케팅, 상업, 위험 전담팀 전반에 걸쳐 사람들과 접촉할 수 있다. 모든 직원은 고객 여정을 최대한 마찰 없이 원활하게 진행하기 위한 도전 과제들을 공유한다.

크리스 피트는 "수평 구조에서 더 많은 수직 흐름으로 전환하는 것은 퍼스트 다이렉트가 그 어느 때보다 고객에게 더 집중한다는 것을 의미합니다. 처음 퍼스트 다이렉트에서 일하는 순간부터 이후에 경험하는 모든 과정에서 그렇습니다."라고 이야기한다.

- 고객, 사람, 채널, 계정, 대출, 저당, 부가가치 서비스의 7가지 가치 흐름을 중심으로 구성된다.
- 이 팀은 사업 성과, 변화 관리, 상업 전략, 마케팅, 서비스 회복 등 다양한 기능을 수행하는 전담 다기능 업무팀으로 구성되며, 필요 시 재무, 리스크, 내부 커뮤니케이션, 인사 부서의 지원을

받는다.

- 고객과의 상호작용은 주택담보대출과 관련된 상품 중심의 여정에 따라 관리되며, 대표적인 사례로는 첫 주택 구매, 이사, 재융자, 비용 절감 등의 상황이 있다.
- 여행은 점점 더 새로운 삶의 니즈를 중심으로 진행된다. 예를 들어, '대출 희망'은 모든 신용 대출 상품군에 적용된다.

주요 시사점

1. 선도 기업들은 사명과 목적의식이 강하고, 수천 명의 직원이 고객에게 헌신하는 점이 특징이다.
2. 선도 기업들은 직원을 먼저 생각한다. 어떤 유형의 직원들이 고객에게 가장 잘 봉사하고, 기업의 가치를 실천하고, 기업의 목적을 달성하는 데 도움이 될 수 있는가?
3. 리더십 스타일은 직원들이 고객에게 다가갈 때마다 최선을 다할 수 있도록 능력과 권한을 부여하는 것이다.
4. 조직 문화를 이해하고 적극적으로 육성한다. 리더십 팀은 이를 직원 경험의 중요한 부분으로 인식하고 있으며 오늘날의 도전 과제와 계속 관련성을 유지할 수 있도록 세심하게 관리한다.
5. 고객에 대한 깊은 지식과 명확한 목표 경험에 유용한 의사 결정을 내린다. 기업은 고객이 신체적으로, 이성적으로, 심리적으로 무엇을 원하는지 정확히 파악하고 있으며, 목표하는 경험을 제공하는 데 매우 신중하고 철저하다.
6. 물리적 상징을 통한 일상 속 강화 – 브랜드의 목적이 직원들의 우선순위로 자리잡을 수 있도록 상징물과 시각 요소를 반복적으로 노출한다.

— 2부 —

탁월한 고객 경험을 완성하는 프레임워크

06. 고객 경험의 여섯 가지 요소

07. 여섯 가지 요소, 이렇게 활용한다

08. 기억에 남는 경험을 설계한다

06

고객 경험의
여섯 가지 요소

지난 10여 년의 연구 결과에 따르면, 모든 뛰어난 고객 관계에는 일반적인 특성이 존재하는데 바로 이러한 특성을 설명한 것이 고객 경험의 여섯 가지 요소다. 고객 경험 모범 사례를 위한 여섯 가지 요소 모델은, 성공적인 경험이 고객에게 제공해야 하는 감정적 결과를 명확하고 실용적인 방식으로 정의하기 위해 개발되었다. 여섯 가지 요소의 목표는 고객 경험을 설명하는 기존의 방식과 관련된 개념 정의의 문제와 더불어, 순고객추천지수 또는 고객 만족도와 같은 관련 측정기법과 관련해서 비롯되었다. 이러한 개념은 성공적인 경험의 징후들을 설명하는 데 유용하지만, 조직 대부분에서는 좋은 결과에 대한 정확한 정의를 도출하는 데 부족하다고 느꼈다. 고객 모범 사례에 관한 이해는 과학적 엄밀성보다는 사례 연구 및 일화에 기반하고 있다.

이러한 정의상의 문제를 해결하기 위해 고객 경험 탁월성 센터의 연구는, 이상적인 경험을 구성하는 여섯 가지 요소들이 있음을 명확히 보여준다. 여섯 가지 요소는 상세한 고객 피드백을 바탕으로 고안되었고, 각 시장에서 검증되었으며 고객 유지 및 추천이라는 상업적 결과를 본떠서 만들었다. 여섯 가지 요소를 함께 적용하면 조직이 각 채널, 산업 및 회사 유형 전반에 걸쳐 고객 경험이 얼마나 잘 전달되고 있는지 이해하는 강력한 메커니즘을 형성한다. 선도 조직들은 이러한 여섯 가지 요소에 숙달하고 모든 분야에서 탁월하다.

KPMG는 10여 년에 걸쳐 동안 고객 경험의 여섯 가지 요소를 측정해 왔다. 수천 개의 브랜드에 대한 수백만 건의 고객 평가들을 토대로, 이것이 고객 경험의 탁월성을 설명하고 있다는 것을 경험적으로 알게 되었다. 선도 기업은 이 핵심 요소들을 완벽하게 이해하고 있으며, 신중한 목적의식을 가지고 고객 경험들을 제공한다.

여섯 가지 요소는 인간의 심리와 동기에 기반하고 있기 때문에, 기업 간 거래B2B와 기업 대 소비자B2C 관계 전반에 적용될 수 있으며, 고객은 물론 직원과의 관계에도 동일하게 관련된다. 그림 6.1은 여섯 가지 요소를 탁월한 경험의 DNA라는 개념을 통해 시각적으로 설명하고 있다.

- **진실성**: 고객에게 신뢰할 수 있는 모습을 보이고, 신뢰를 형성한다. 성실성은 지속적인 신뢰성을 보여주는 조직에서 나온다.

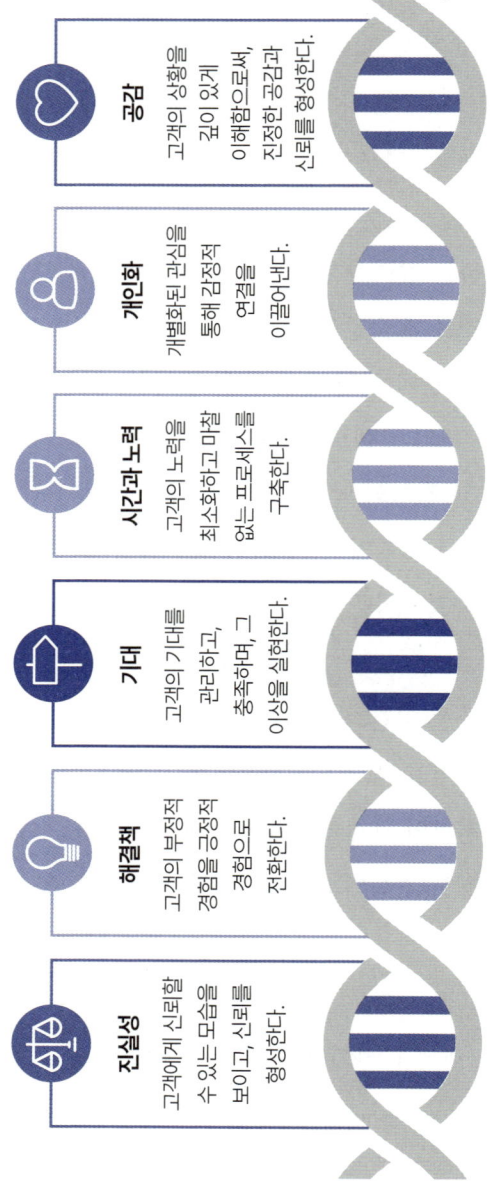

그림 6.1 고객 경험을 위한 여섯 가지 요소 (1)

고객에게 항상 가장 중요한 것은 조직이 약속을 이행하는 수준이다. 신뢰와 진실성은 조직의 목적의식에 뿌리를 두고 있다. 조직이 윤리적, 도덕적, 사회적으로 목적을 재확인할 때 신뢰와 진실성이 성장하고 결실을 본다.

- **해결책**: 고객의 부정적 경험을 긍정적 경험으로 전환한다. 최상의 프로세스와 절차가 있어도, 일이 잘못되기도 한다. 이러한 상황에서 어떻게 회복하는지가 중요하다. 훌륭한 기업은 최대한 빨리 제자리를 찾아주는 프로세스를 갖추고 있다. 그런데 훌륭한 기업은 여기에서 머물지 않고 한발 더 나아간다. 서비스 회복의 역설이 보여주듯, 단순한 문제 해결만으로는 더 이상 충분하지 않다. 고객은 전반적인 회복 경험에서 진정한 만족감을 느껴야 한다.

- **기대**: 고객의 기대를 관리하고, 충족하며, 그 이상을 실현한다. 고객의 기대는 점점 더 고객이 접하는 최고의 브랜드에 의해 형성되고 있다. 훌륭한 조직은 기대치가 브랜드 약속에 따라 전략적으로 설정되며, 일상적인 상호작용을 통해 지속적으로 강화된다는 것을 이해한다. 일부 기업은 브랜드 커뮤니케이션을 통해 명확한 의도를 전달하며, 다른 기업은 모든 상호작용에서 기대치를 정확하게 설정한 다음, 이를 초과 달성했을 때 고객에게 감동을 선사한다.

- **시간과 노력**: 고객의 노력을 최소화하고 마찰 없는 프로세스를 구축한다. 고객은 시간이 부족하고 점점 더 즉각적인 만족감을 찾는다. 불필요한 장애물, 방해물과 관료제 시스템을 제거하여 고객이 목표를 더 빠르고 쉽게 달성할 수 있게 지원하면, 고객의 충성도가 증가한다. 많은 기업이 시간을 경쟁 우위의 원천으로 활용할 방법을 찾고 있으며, 시간 절약은 분명한 비용 절감 효과도 제공한다.

- **개인화**: 개별화된 관심을 통해 감정적 연결을 이끌어낸다. 개인화는 대부분의 경험에서 가장 가치 있는 부분이다. 뛰어난 개인화의 핵심 차별점은 고객과의 상호작용 이후 고객이 느끼는 감정이다. 그들이 중요하고, 가치 있고, 통제권을 가진다고 느끼는가?

- **공감**: 고객의 상황을 깊이 있게 이해함으로써, 진정한 공감과 신뢰를 형성한다. 공감은 다른 사람의 경험을 이해한다는 것을 보여주는 정서적 능력이다. 공감을 불러일으키는 행동은 강력한 관계를 구축하는 데 중요한 역할을 한다. 여기에는 고객의 감정을 이해하고 있음을 반영하는 것을 포함한다. 더 나아가, 고객을 진심으로 배려하여, 그들을 위해 특별한 경험을 제공하는 것이 공감을 완성한다.

훌륭한 고객 경험을 선사하는 기업은 모두 비슷한 특징이 있고, 좋지 못한 경험을 제공하는 기업은 저마다 좋지 않은 방식을 갖고 있음을 관찰하였다. 훌륭한 기업은 모두 여섯 가지 요소에서 탁월한 성과를 보여준다. 이에 반해 좋지 못한 경험을 제공하는 기업은 이 경험 요소에서 최소한 하나, 또는 종종 여러 개의 요소에서 부족한 점이 관찰되었다.

톨스토이Tolstoy의 소설 《안나 카레니나(Anna Karenina)》의 첫 문장은 이렇게 시작된다. '행복한 가정은 모두 모습이 비슷하고, 불행한 가정은 모두 제각각의 불행을 안고 있다.' 톨스토이는 가족이 행복하기 위해서는 몇 가지 요소가 필요하다는 것을 보여주고자 했다. 이러한 요소 중 하나 이상이 결핍되면 가족은 불행하게 된다.

과학 분야에서는 《안나 카레니나》의 법칙이 중요도 테스트에서 자주 사용된다. 만일 여러 가지 주요 측면 중 하나라도 결핍되면 가설이 실패로 돌아간다. 결과적으로 성공적인 가설이란, 가능한 모든 결함이 사전에 방지된 경우를 의미한다. 탁월한 고객 경험을 위해서는 이 경험의 여섯 가지 요소가 모두 존재해야만 한다. 표 6.1은 선도 기업들이 보여주는 여섯 가지 요소 특성들을 보여준다. 여섯 가지 요소를 모두 숙달한 기업은 고객 옹호와 충성도, 상업적 수익을 달성하며 시장을 선도할 것이다.

연구에 따르면 여섯 가지 요소의 성과는 순고객추천지수 결과의 약 65~70%를 차지하며 충성도는 동일하게 나타났다. 기업이 통제할 수 없는 요인이 나머지 30%를 차지하며, 여기에는 경제 상황, 소비자 신뢰도, 산업 분야의 특성 등이 포함된다. 예를 들어, 금융 서비스 분야의 고객은 일반적으로 추천에 더 소극적인 경향이 있다. 고품질의 경험이 제공되면 가격 요인의 중요도는 낮아진다.

여섯 가지 요소는 단순히 고객 경험 성공을 예측하는 것이 아니라, 장기적인 재정적 가치를 예측한다. 이것은 2016년 KPMG에서 실시한 연구에서 매우 뚜렷하게 나타났다. 고객 경험 성과를 전년도의 매출 및 수익성과 비교하는 분석을 수행하였는데, 이를 통해 CEE 상위 100개 브랜드, 즉 '고객 챔피언'과 파이낸셜 타임즈 증권 거래소FTSE 100 주요 지수 간의 성과를 대비해볼 수 있었다. 그 차이는 실로 놀라웠다. 5년 동안 CEE Top 100 브랜드는 FTSE 100대 기업보다 무려 2배 높은 매출 성장을 달성하였다. 5.5%가 아닌 무려 평균 11%의 성장률이었다.

물론, 비즈니스마다 그 역학은 다르게 작용한다. 제안 가치나 비즈니스 모델과 같은 다른 요소들을 고려해야 한다는 점에서, 단순히 훌륭한 고객 경험이 항상 높은 수익으로 이어진다고 보는 것은 순진한 접근일 수 있다. 그러나 여섯 가지 요소에서 정의한 바와 같이 탁월한 고객 경험과 재정적 성공에는 뚜렷한 연결고리가 존재한다. 간단히 말해, 여섯 가지 요소를 완전히 이해하고 실천하는 기업일수록 고객 경험의 경제적 가치를 가장 잘 활용하며, 그 결과 주주 가치를 크게 창출한다.

표 6.1 글로벌 선도 기업의 여섯 가지 요소 특징들

진실성	• 평판 및 브랜드 목적의 적극적인 관리와 사회적 기여 • 목적은 내부 행동과 시장 목표를 주도 • 고객 중심적 리더십 행동 - 서번트 리더 모델(직원의 문제들을 제거하기 위해 존재함) • 고객을 위해 올바른 일을 수행하는 문화 - 올바른 일을 수행할 권한을 부여받은 사람들 • 관계의 분위기를 조성하고 처음부터 믿음과 신뢰를 형성하는 기억에 남을 만한 웰컴 프로세스
해결책	• 고객의 문제를 표면화하고 해결하는 문화 • 첫 번째 접점 해결 • 복잡한 문제에 대한 오너십의 단일접점 • 애자일 대응팀 • 문제 식별은 애자일 팀의 원동력 • 적극적인 고객 회복
기대	• 강력한 브랜드 포지셔닝의 실현 • 실패 가능성이 예상되는 지점 및 기대 수준 재설정 지점을 파악해서 명확하게 정의된 고객 여정 • 심리적으로 기억에 남는 지점에서 고객의 기대 수준을 초과하기 위한 명시적 전략
시간과 노력	• 각 여정과 지원 프로세스의 간소화 및 '원터치' • 고객이 연락 방법을 선택하고 쉽게 변경 가능함 • 고객의 시간 투자에 대한 인정 및 보상 • 고객 마찰지점을 줄이는 데 꾸준히 집중 • 시장 출시 시간의 단축
개인화	• 비즈니스 전반에 걸친 고객과 그들의 삶의 문제에 대한 깊은 이해 – 상황 기반 세분화 모델 • 고객의 상황에서 비롯되는 이성적, 신체적, 심리적 니즈를 이해 • 목표 경험들이 잘 정의되고 이해됨 • 여정의 시작과 전반에 걸쳐 개별 고객을 인식하고 모든 고객을 고유한 개인으로 특별하게 대우함 • 특정 생활 문제들을 해결하기 위한 제품/솔루션
공감	• 회사 전체가 고객을 배려한다는 것을 보여줌 • 문제 인식을 통한 빠른 유대감 형성 가능 • 감성 지능 비즈니스 • 고객의 다양성을 반영

여섯 가지 요소의 탄생

여섯 가지 요소는 문제의 정의들을 해결하기 위해 고안되었다. 어떻게 하면 상업적으로 유익한 고객 경험의 필수 구성 요소들을 체계적으로 정리할 수 있을까?

수백만 건의 고객 설문 조사를 진행하는 과정에서, 고객들이 순고객추천지수와 고객만족도점수 조사에 응답할 때 각기 다른 감정을 바탕으로 점수를 반영한다는 사실을 발견했다. 텍스트 분석 도구를 활용한 결과, 고객들이 표현한 수많은 감정을 자연스럽게 분류할 수 있는 여섯 가지 '메타' 범주가 도출되었다. (표 6.2 참조)

표 6.2 순고객추천지수의 자유 응답 분석

순고객추천지수 점수	가장 빈번하게 보고된 감정들	직원 행동	여섯 가지 요소
10	매우 행복한, 기쁜, 즐거운, 의기양양한, 자랑스러운, 열정적인	• 배려하는 태도 • 적극적인 안내 제공 • 무엇이든 귀찮아하지 않는 태도 - 한 걸음 더 나아가는 서비스 • 열정적이고 환영하는 분위기	공감
9	매우 감사하는, 가치있는, 권한을 부여받은	• 나를 한 사람으로 이해해줌 • 내가 하는 일에 대해 긍정적인 감정을 느끼게 해줌 • 중대한 문제 해결을 도와줌 • 유연한 대응 • 진심 어린 관심	개인화
8	감사하는, 행복한, 능력 있는, 기쁜	친절하고, 지식이 풍부하며, 도움이 되는 태도	시간과 노력

순고객추천지수 점수	가장 빈번하게 보고된 감정들	직원 행동	여섯 가지 요소
7	긍정적인, 자족하는, 만족하는, 신뢰하는	유능하고, 지식이 풍부함	
6	도움이 되었다, 지지하였다, 자신감 있는	전문적이고 효율적인 태도	기대
5	무관심한, 냉담한, 관대한	그럭저럭 괜찮지만, 기계적이고 자신감 없으며, 무심한 태도	해결책
4	불만스러운, 중요하지 않은, 불쾌한, 슬픈	책임을 지지 않으려는 태도	
3	불신, 좌절한	정해진 문구를 반복함	진실성
2	무기력한, 짜증 난, 불행한	융통성 없고, 도움이 되지 않는 태도	
1	성가신, 화가 난, 불신하는, 터무니없는	도움이 되지 않고, 고객을 이리저리 떠넘기는 태도	
0	몹시 화가 난, 격노한, 속상한	무례하고, 무시하는 태도	

조직이 순고객추천지수를 목표로 설정하고, 해당 점수의 개선 방법을 고심하는 경우 이러한 분석정보가 매우 유용하다. 많은 기업이 순고객추천지수 점수를 개선할 수 있는 수단들을 이해하는 데 어려움을 겪는다. 표의 내용은 조직이 조직의 노력을 주력해야 할 분야를 설명한다.

6장에서는 여섯 개의 고객 경험 요소들을 개별적으로 알아보고, 그 이면의 심리학, 기업이 각 요소를 개선하기 위해 실천해야 하는 황금률(golden rule, 고객을 존중하고, 공감하며, 진정성 있게 대하라는 태도)을 검토한다.

진실성: 신뢰를 만드는 힘

'신뢰는 한 방울씩 쌓이지만, 통째로 잃는다.'라는 말이 있다. 소비하는 것은 자신이 누구이며 어떤 사람이 되고 싶은지를 보여준다. 그리고 우리에게 제품을 판매하는 사람들도 그러하다. 고객은 단지 브랜드가 무엇을 하는지를 사는 것이 아니라, 왜 그것을 하는지를 산다. 최고의 브랜드는 언제 어디서나 신뢰를 구축하기 위해 최대한 노력한다. 그리고 그들은 고객과 양방향 관계를 구축하며, 고객이 적극적인 참여자로서 자신의 삶을 개선하는 제품과 경험을 함께 만들어가는 역할을 하도록 유도한다.

어쩌면 당연하게도, 진실성은 KPMG 연구 전반에서 추천을 끌어내는 가장 중요한 요소이다. 신뢰는 전 세계적으로 위기에 처해 있다. 전 세계 주요 국가에서 신뢰도를 측정한 에델만 신뢰도 지표 조사Edelman Trust Barometer에 따르면, 몇 가지 예외를 제외하고 거의 모든 주요 경제와 많은 개발도상국에서 신뢰도가 뚜렷이 감소하였다. 실제로 2020년에는 전 세계적으로 5포인트 하락했다.

모든 브랜드는 더 큰 서사 안에서 작동하며, 오늘날의 서사는 냉소적이고 신뢰가 부족한 분위기 속에 있다. 이러한 배경 속에서 소비자들이 브랜드를 인식하는 방식은 빠르게 변화하고 있다. 고객은 자신의 경험을 바탕으로 브랜드에 대한 인식을 형성한다. 브랜드는 모든 상호작용, 모든 접점 및 모든 소셜 미디어 게시물에서 구축되고, 그 기업의 말, 행동, 운영 철학의 총집합이다. 특히 밀레니얼 세대는 단순히 돈을 버는 것 이상의 가치와 신념을 보여주는 조직에 마음이 끌리는 경향이 있다. 밀레니엄 세대는 핵심 신념을 공개적이고 신뢰할 수 있는 방식으로 의사소통하는 조직을 찾는다. 즉, 강력한 목적을 중심으로 구축된 조직이며, '왜' 그리고 '어떻게'가 '무엇'만큼 중요한 곳을 원한다.

시간이 지남에 따라 브랜드 개념은 정체성으로서의 브랜드, 차별화 요소, 품질 보증 마크, 그리고 최근에는 매력적인 아이디어 등의 여러 단계를 거쳐 발전했다. 이제 브랜드는 가치와 신념을 담고 있는 철학과 연결되어야 하며 잘 알려진 이야기로 포장되어야 한다. 20세기 후반의 브랜드 구축 전략은 수많은 기업 조직에 텅 빈 마케팅 껍데기만을 남겼다. 윤리적 목적에 대한 기업의 형식적인 '기업의 사회적 책임'만으로는 더 이상 충분하지 않다. 이제 브랜드는 속임수보다 진실성을 갖추어야 한다. 인터넷에는 숨을 곳이 없다. 성공적인 브랜드의 경우를 보면 신뢰 기반 브랜드 구축 기술을 완전히 이해하였다. 광고나 제품 품질로 신뢰를 얻던 시대는 지나고, 이제는 수많은 상호작용을 통해 오랜 시간에 걸쳐 신뢰를 쌓아가는 시대로 변화했다. 이것은 소비가 아닌 관계가 중심이 되는 것이다. 그리고 모든 성공적인 관계의 중심에는 신뢰가 있다.

전 세계의 러쉬 고객들은 러쉬 제품을 사랑하고, 러쉬의 사람들을 사랑하며 사명을 사랑한다고 이야기한다. 직원, 고객 그리고 지구와의 윤리적 관계 추구와 자신의 목적을 적극적으로 전달하는 캠페인 브랜드다. 브랜드는 국가와 관계없이 근본적인 인간의 진실을 말한다. 이것이 바로 전 세계적으로 소비자들이 자국 내 고객 경험 부문에서 러쉬를 1위로 꼽고 있는 큰 이유이다.

소비자가 허위 광고와 허위 제품을 경계하는 중국에서, 모바일 결제 플랫폼 알리페이Alipay는 상품이 만족스러운 상태로 도착할 때까지 고객의 돈을 보관할 수 있는 법적으로 보호되는 계정을 개발했다. 이와 같은 단계적 절차는 플랫폼에 대한 고객의 신뢰를 구축하는 데에 도움이 되었고, 소비자의 온라인 구매를 가속하는 동시에 소비자의 두려움을 완화하였다.

USAA와 같은 브랜드는 '신호 행동'에 능숙하여 고객에게 고객이 신뢰할 수 있는 이유를 끊임없이 보여준다. 예를 들어, 미국에서 재정적 업셀링 판매 스캔들이 절정에 달했을 때, USAA는 '우리는 당신이 필요한 만큼만 판매하며, 다운 셀링을 실천한다.'라는 문구를 포함한 광고 캠페인을 선보였다. USAA 고객의 70% 이상은 이 회사가 자신들의 이익보다 회사의 수익을 우선시하지 않고, 진심으로 고객을 위한 서비스를 제공한다고 믿고 있다.

우리가 경험한 바에 따르면, 소비자가 조직과 맺는 모든 상호작용에는 소비자의 가치와 일치해야 하는 특정한 도덕 기준이 존재한다. 선도적인 브랜드들은 가능한 한 언제 어디서나 신뢰를 구축하고자 노력한다는 공통점이 있다. 그리고 그들은 고객과 양방향 관계를 구축하며, 고객이 적극적으로 참여하고, 자신의 삶을 개선해 주는 제품과 경험을 형성하는 주체적인 역할을 할 수 있도록 유도한다. 신뢰가 없으면 관계 구축의 기반도 없다. 개인적으로든, 상업적으로든, 감정적으로든 신뢰는 우리가 삶에서 나누는 모든 의미 있는 상호작용을 뒷받침한다. 오늘날의 소셜 미디어 세계에서 신뢰와 평판은 불가분의 관계이다.

평판 리스크에 무관심한 CEO는 거의 없다. 그들에게 진실성과 신뢰는 동전의 양면과 같다. 진실성은 회사가 행동하는 방식이고, 신뢰는 그에 따른 결과물이다. 2014년 9월 영국 테스코Tesco의 차기 CEO인 데이브 루이스Dave Lewis가 여러 가지 신뢰와 청렴 문제에 직면했을 때 그의 접근 방식은 간단했다. 신뢰를 잃을 위기에 처했을 때, 이를 회복하는 유일한 방법은 스스로 행동해야 한다는 것이었다. 브랜드는 브랜드의 행동 그 자체이다.

신뢰는 조직이 위기 상황에 투명하게 대응할 때처럼 공식적인 계기를 통해 형성되기도 하고, 직원 개개인의 일상적인 행동을 통해 서서히 쌓이기도 한다. 이처럼 신뢰는 작고 세밀한 순간들이 축적되어 만들어지는 것이다. 그것은 시간이 지남에 따라 구축되는 수많은 작은 행위로 구성된다. 이것은 당신이 강요하거나 서두를 수 없는 과정이다. 기업이 직원과 고객 모두에게 항상 옳은 일을 함으로써 대내외적으로 신뢰를 쌓게 되는 자연스러운 결과다.

조직이 고객으로부터 신뢰받는 존재가 되기 위해서는, 다음 네 가지 핵심 요소를 기반으로 행동해야 한다. (그림 6.2 참조)

그림 6.2 고객 경험을 위한 여섯 가지 요소 (2)

신뢰 프레임워크

그림에 나타난 신뢰 프레임워크는 주력해야 할 핵심 영역을 설명하고 있다.

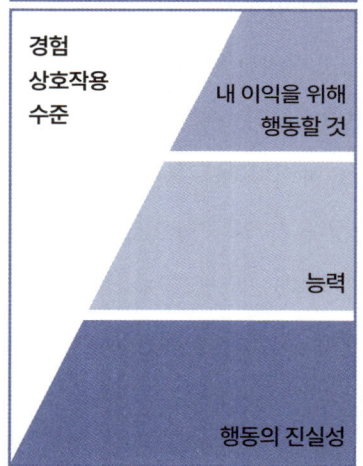

- 브랜드 원칙 / 목적
  - 무엇인가를 상징함
  - 도덕적 규칙
  - 신뢰할 수 있고 일관된 태도
  - 브랜드 약속을 이행함

- 경험 상호작용 수준 / 내 이익을 위해 행동할 것
  - 우려를 표함
  - 나의 복지가 핵심이다.
  - 공평하게 행동하기
  - 개방적이고 정직함
  - 내가 주도권을 가질 수 있게 해줌
  - 결과에 진심으로 신경을 씀

- 능력
  - 기술
  - 역량
  - 호감
  - 풍부한 지식
  - 문제 해결력이 뛰어남
  - 역량 보유
  - 문제 진단 능력
  - 전문성을 보여줌

- 행동의 진실성
  - 신뢰할 수 있는 소통
  - 약속 이행
  - 기준에 대한 헌신
  - 말과 행동의 일치
  - 마감일 준수
  - 상호작용의 일관성
  - 약속 이행하기

과학

처음 몇 나노초 만에, 인간의 뇌는 상대에 대해 12가지의 서로 다른 판단을 내리며, 그 사람이 신뢰할 수 있는지에 대한 결정을 매우 빠르게 내린다. 이것은 우리를 안전하게 보호하기 위해 진화 초기에 형성된 메커니즘이다. 원시인은 도끼를 휘두르며 공격하는 적들이나 검치호랑이와 맞서 싸워야 하는 즉각적인 판단이 삶과 죽음을 결정했다.

로이 J. 레이퀴Roy J. Lewicki는 오하이오주립대학교 피셔경영대학의 명예 교수로 신뢰 및 신뢰 관리 분야의 권위자이다. 그는 신뢰가 반복적인 상호작용에 따라 시간이 지나면서 천천히 형성된다고 제시했다. "신뢰는 계층적이고 순차적인 단계들의 연속체를 따라 형성되며, 신뢰가 더 높은 수준으로 성장함에 따라 더 강력하고 회복 탄력적이며 특성도 변합니다."라고 설명하며, 관계의 초기 단계에서 신뢰가 '계산 기반 신뢰'임을 확인한다. 즉 개인은 주어진 상황에서 상대방이 어떻게 행동할지 신중하게 계산하고 긍정적인 결과를 달성하는 데 필요한 만큼만 신뢰를 확장한다. 이는 신뢰 확장의 위험에 의해 조절되는 부여하는 데 따르는 위험을 고려하여, 인지적 차원에서 수행되는 비용-편익 분석의 한 형태다. 계산 기반 신뢰는 조직이 기업 평판을 관리하고, 약속을 일관되게 이행하며, 신뢰할 수 있는 방식으로 행동하면서 시간이 지남에 따라 발전할 수 있다.

그러나 반복적인 상호작용을 통해 서로를 더 깊게 이해하게 되면, 상호 간의 신뢰는 더 높아지고 질적으로도 다른 단계에 도달한다. 이것이 바로 '동일시 기반 신뢰'이다. 여기서 각 당사자는 상대방의 목표와 목적에 공감하고 동일시한다. 이는 더욱 감정적으로 형성된 유대감이며, 쉽게 깨지기 어려운 관계를 만들어낸다. 계산 기반 신뢰 단계에서 발생하는 신뢰 위반은 미래의 상호관계에 매우 심각한 영향을 미칠 수 있다. 반면, 동일시 기반 신뢰 단계에서는 다수의 긍정적인 상호작용을 통해 형성된 높은 수준의 용서로 인해 이러한 위반이 거의 인식되지 않을 수 있다. 이 단계에서 신뢰가 가져오는 이익이 지속적인 충성도로 이어진다.

이는 기업이 고객을 유치하고 관리하는 방식에 있어 다양한 시사점을 제공한다. 처음 일어난 일은 다음에 일어날 일을 판단하는 기준이 된다. 처음 일어난 일이 훌륭하다면, 이는 감정적 은행 계좌에 신뢰 자산을 쌓는 것과 같다. 즉, 후속 문제에 대해 더 관대하게 반응하게 된다. 반면, 처음 경험한 것이 좋지 않다면, 후속 문제들의 감정적 영향이 더욱 증폭된다.

영국 은행권에 7일 전환 시스템이 도입되자, 산탄데르 은행Santander Bank은 이를 기회로 삼아 '레드 카펫 환영'이라는 특별한 프로그램을 마련했다. 이를 통해 1|2|3 계좌 신규 고객에게 긍정적인 첫인상을 제공하고, 빠르게 신뢰를 형성할 수 있었다. 영국 트러스티 세이빙 은행TSB, Trustee Saving Bank은 내부적으로 '세계 최고의 환영'이라고 부르는 개념을 유사하게 정의하였다. 싱가포르 항공은 승객이 항공기에 탑승할 때 신중하게 선택한 생화 장식으로 환영한다. 보라색은 존엄과 존경을 의미하는데, 싱가포르 항공은 새로운 승객이나 긴장한 승객을 세심하게 살피면서 이러한 가치를 실천한다. 첫인상이 그만큼 중요하다.

영국 보험 산업은 고객 신뢰를 크게 잃는 경험을 하였다. 코업 인슈런스Co-op Insurance는 고객 경험을 개선하기 위해, 고객 여정 전반을 세밀하게 분석하여 신뢰를 약화 해치는 순간들과 신뢰를 정의하는 순간들을 찾아냈고, 신뢰 형성을 중심에 두고 고객 여정을 재설계했다. 또한, 여러 단계에 걸친 접촉이 신뢰를 떨어트린다는 사실을 알고, 첫 접촉 지점에서 문제를 해결하는 데 중점을 두었다. 그 결과 해당 기업의 순위에서 115계단 상승하였고, 비용은 25% 절감할 수 있었다.

황금률
기업 평판: 단순히 돈을 버는 것을 넘어서 무언가 더 의미 있는 것을 추구하라.

1부에서는 KPMG 연구 결과를 바탕으로 목적의 중요성을 설명하였다. 밀레니얼 세대와 다양한 소비자층은 삶에 긍정적인 영향을 주는, 분명한 목적과 상징성을 지닌 브랜드를 선호한다. 이는 고객이 자신이 누구인지, 어떤 가치를 중요하게 여기는지를 표현하는 방식이기도 하다.

더 바디샵The Body Shop 창업자 아니타 로딕Anita Roddick은 이렇게 질문을 던진 바 있다. "화장품 크림과 같은 사소한 제품을 판매하면서, 어떻게 인간 정신을 고귀하게 만들 수 있을까요?" 이에 대한 로딕의 대답은 간단했다. 일련의 원칙을 따르는 것이다. 여기서 한 걸음 더 나아가 러쉬는 '윤리'라는 용어를 피하고, 대신 선함, 지속 가능성, 동물 복지에 초점을 맞추는 것을 선호한다. 그 관점은 간단하다. 모든 비즈니스는 윤리적이어야 한다. 그렇다면 굳이 그것을 강조할 필요가 있는가? 존 루이스 파트너십의 설립자인 존 스페단 루이스John Spedan Lewis는 이를 예견하듯 '제3의 길'이라고 명명했다. 이는 기업이 고객, 직원, 주주에게만 책임을 지는 것이 아닌, 세상을 더 나은 곳으로 만들 책임도 함께 지닌다는 철학이다.

우리는 막스앤스펜서가 수립한 플랜 A(플랜 B가 없기에)의 효과를 끊임없이 추적했다. 소비자들은 막스앤스펜서가 옳은 일을 하고 있다는 확신 이상의 신뢰를 하고 있으며, 자신들 역시 올바른 일을 하는 데 동참하고 있다고 느끼고 있었다.

브랜드의 행동이 항상 감시되는 소셜 미디어의 세계에서, 훌륭한 브랜드는 모든 행동이 브랜드 정체성에 부합하도록 보장하며, 시장 내 행동의 기준을 확립하고 일련의 가치와 원칙을 바탕으로 사고를 유도하고 형성한다. 러쉬, 퍼스트 다이렉트, 존 루이스, 오카도, QVC는 이를 훌륭히 실천한 최고의 모범 사례 기업들이다.

분명히 나의 최선의 이익을 위해 행동하라:
나를 한 사람으로서 배려하고, 진심 어린 관심을 보여라.

KPMG 미국 시장 연구는 투자 은행인 찰스 슈왑Charles Schwab을 강조한 바 있다. 미국 연구에서 이례적인 규모의 응답자가 찰스 슈왑이 항상 회사보다 고객을 우선하여 최선의 이익을 위해 행동할 것이라는 의견을 가진 것을 발견하면서 주목받았다. 이는 금융 기관으로서는 이례적인 수준의 신뢰를 보여주는 사례였다.

슈왑의 임직원들은 끊임없이 고객을 생각한다. 슈왑은 P2P 리뷰와 평가가 점점 더 소비자들이 신뢰할 수 있는 기준으로 점점 더 활용되고 있다는 것을 깨달았을 때, 클라이언트가 웹사이트에 긍정적이든 부정적이든 자유롭게 리뷰를 남길 수 있도록 허용했다. 이것은 실로 조직의 투명성과 자신감을 보여주는 뛰어난 사례다. 일상적인 수준에서 신뢰는 수많은 작은 행동들을 통해 형성된다. 직원이 고객의 복지에 관심을 가지며, 최선을 다해 고객의 목표 달성을 돕고자 한다는 믿음을 심어주는 다양한 '신호 행동'이 있다. 주의 깊게 경청하고, 진단적 탐색 기법을 사용하며, 이해를 표현하는 모든 행동은 고객에게 자신이 중요하고 소중한 존재임을 느끼게 하는 강력한 신호가 된다.

유능하고 호감 가는 사람이 되기

행동 경제학은 자연스럽게 전문가를 신뢰하는 경향이 있음을 이야기한다. 상호작용하는 상대방의 역량에 대한 평가는 신뢰를 형성하는 데 매우 중요하다. 많은 경우, 기술 기반, 혹은 유명인의 추천 여부와 관계없이, 전문가의 대리인을 신뢰할 가능성이 크다. 점점 더 인터넷에서 리뷰와 추천을 검색하며 신뢰를 형성한다. 고객이 인터넷 검색을 통해 관심 주제에 대한 지식을 빠르게 습득할 수 있게 되자, 영업 사원에게 기대하는 지식수준에 대한 기대치도 점점 높아지고 있다.

존 루이스는 KPMG 영국 지수에서 꾸준히 좋은 성과를 거두었고, 그 핵심은 직원들이 보여주는 높은 수준의 지식이었다. 그들은 각자의 분야에서 전문가다. 특히, 판매를 기대하지 않고도 고객에게 자신의 지식을 제공한다. 그들은 고객이 정보에 입각한 결정을 내릴 수 있도록 필요한 모든 지식을 고객에게 제공하는 것을 자신의 사명으로 여긴다. 고객은 다른 곳에서 구매할 수도 있지만, '가장 경쟁력 있는 가격으로 최고 품질의 상품을 제공하겠다는 보장'이 뒷받침되는 상황에서 굳이 그럴 필요가 있을까? 그러나, 인터넷상에서 다양한 가격 모델을 사용하는 공급업체가 시장에 대거 유입되면서 존 루이스는 이 정책을 재고하게 되었다.

마찬가지로 애플 스토어는 지니어스(Genius, 애플에서 매장 직원들을 부르는 명칭)라는 개념을 개척하였다. 아무리 사소한 질문이라도 지니어스에게 쉽게 접근하고 답변을 주고받을 수 있다.

사회 심리학자들은 사회적 유대감이 사회적 자본을 증가시킨다고 말한다. 즉, 우리를 알기 위해 노력하는 사람을 더 신뢰할 가능성이 크다. 그리고 행동 경제학을 통해 우리가 좋아하는 사람을 신뢰하고, 우리를 좋아하는 사람을 좋아한다는 것을 알고 있다.

물론 신뢰는 양방향 소통이다. 고객이 조직을 신뢰하는 것과 조직이 고객을 신뢰하는 것은 별개의 문제다. 아마존은 고객이 미배송을 문의할 때, 먼저 고객을 신뢰한다. 또한, 막스앤스펜서는 고객이 의류를 양호한 상태로 반품할 것이라고 신뢰한다. 그러나 많은 기업은 고객을 신뢰하지 않고, 소수의 문제 고객 사례에 국한하지 않고 모든 고객에게 영향을 미치는 절차와 장벽을 마련한다.

당신이 말한 대로 행동하라

정직한 행동은 신뢰를 구축하는 토대를 제공한다. 약속과 의무를 지키는 것, 마감 기한을 준수하는 것, 그리고 실행에 옮기는 것은 모든 삶의 영역에서 신뢰를 기반으로 하는 관계의 전제조건이다. 말과 행동의 일치는 존 루이스 직원들에게 매우 중요하다. 설문에 응한 고객들은 존 루이스 직원들이 자신들이 말한 바를 정확히 수행하면서, 약속한 바를 어떻게 지키는지에 대해 자주 이야기한다.

노르웨이의 생명 연금 운용사인 KLP^{Kommunal Landspensjonskasse}는 윤리적이고 책임 있는 투자 정신을 기반으로 회사를 운영한다. KLP는 올바른 일을 하는 데 초점을 맞출 때, 어려운 선택을 할 수 있어야 한다고 인식한다. 직원들이 브랜드에 충실하도록 돕기 위해 회사는 타협하지 않는 일련의 원칙을 수립했다. 또한, KLP는 자사가 투자할 기업 목록과 투자에서 제외한 기업 목록을 공개한다. 후자는 KLP가 지지하는 원칙에 어긋나는 상업 관행을 가진 기업들이다. 일부 경우에는, 현재 전쟁 지역에서 운영 중인 기업이나, 원주민에 대한 관행이 논란의 여지가 있는 기업들로부터 철수하는 것을 의미하기도 했다.

내부의 신뢰 아젠다를 구축하기

신뢰는 모든 강한 인간관계의 기반이다. 비즈니스와 공공 생활 부문에 대한 신뢰도가 하락하고 있지만, 신뢰는 그 어느 때보다도 소중히 여겨지고 있다. 신뢰 경제에서 신뢰를 확보할 수 있는 조직은 어려움을 견디기에 가장 적합하게 준비가 된 조직이다.

신뢰는 직원으로부터 시작된다. 조직 내부에 있는 사람들이 조직을 신뢰하지 않는데 어떻게 고객이 조직을 신뢰하기를 기대할 수 있겠는가? 내부의 신뢰가 부족하면 직장에서의 신뢰를 강화하는 것에 대한 새로운 집중이 필요하다. 2018년, 28개국 33,000명을 대상으로 한 에델만 신뢰도 지표 설문 조사에 따르면 3명 중 1명은 고용주를 신뢰하지 않는다. 직원들은 회사의 CEO와 고위 간부보다 동료를 더 신뢰한다고 응답했다.

불신은 대기업이 고객과 직원보다 주주를 앞세우고, 자신의 이익을 최우선으로 생각한다고 인식될 때 발생한다. 리더는 자신이 신뢰할 수 있는 존재임을 입증해야 하며, 직원은 조직 내 롤모델에 따라 정직성이 매일 실천되고 있음을 확인할 필요가 있다. 이는 단지 옳기 때문에 옳은 일을 하고, 조직의 가치에 부합하는 방식으로 리더십을 발휘하며, 정직하게 행동하는 사람들을 인정하고 보상하고, 그리고 상대에게 신뢰를 요구하는 만큼 신뢰를 먼저 주는 것을 의미한다. 내부의 신뢰가 외부의 신뢰보다 앞서며, 오늘날의 글로벌 시장에서 성장하기 위해서는 두 가지 모두 필요하다.

조직에 대한 신뢰는 매우 미묘한 차이가 있고 다양한 형태로 존재한다.

- 서로에 대한 신뢰
- 직속 상사에 대한 신뢰
- 선임 리더에 대한 신뢰
- 조직에 대한 신뢰
- 조직이 외부 이해 관계자(미디어, 규제 기관, 고객)와 관계를 맺는 방식에 대한 신뢰

꾸준히 KPMG 상위 랭킹 기업에 속하는 막스앤스펜서 푸드는, 플랜 A를 통해 윤리적 가치와 신뢰성을 명확히 제시했고, 생산물의 출처와 생산 기준에 대한 확고한 의지를 담고 있다. 영리하게도, 막스앤스펜서 푸드는 도덕적 우위를 주장하지 않았으며, 올바른 일을 올바른 방식으로 수행하겠다는 약속을 매년 확장해 왔다. 그 결과 기업

이 고객으로부터 얻는 신뢰 수준이 크게 높아졌다. 또한, 직원들 사이에서도 상당한 자부심이 형성되었다.

특히 밀레니얼 세대에게 신뢰감은 자신이 고객으로서 혹은 직원으로서 관계하는 조직의 목적과 불가분하게 연결되어 있다. 이러한 목적의식은 반드시 사회적이거나 환경적인 방향일 필요는 없다. 특별한 방식으로 특정 고객 그룹의 니즈를 충족시키겠다는 약속일 수 있다. 그러나 기업이 자신의 이익보다 고객과 직원의 니즈를 명확하고 분명하게 우선시하는 것이 중요하다.

연구가 보여주는 것은, 오늘날의 세상에서 신뢰는 기업이 생존하기 위한 필수 조건이며, 성장의 핵심 전제조건이라는 점이다. 신뢰는 내부에서 시작되어 외부로 확산된다.

해결책: 나쁜 경험을 되살리는 기술

위대한 기업은 일이 잘못되었을 때 문제를 해결하는 방식으로 인정받을 수 있다. 최고의 기업들도 때때로 예상치 못한 일이 발생할 수 있다는 것을 알고 있으며, 일이 잘 풀리지 않을 때 고객 문제를 해결하기 위한 비상 대책인 플랜 B가 필요하다. 그러나 문제 자체를 해결하는 것보다, 문제를 바로잡았을 때 고객이 어떻게 느끼는지가 중요하다. 존 루이스와 웨이트로즈Waitrose 같은 회사는, 이를 '영웅적 회복'이라고 표현한다. 즉, 문제를 처리하는 방식 덕분에 고객이 오히려 그 조직에 대해 더 긍정적인 인상을 갖도록 만드는 것이다.

'서비스 회복의 역설(service recovery paradox, 효과적인 서비스 회복은 고객 만족도를 유지하는 것을 넘어, 오히려 만족도를 높일 수 있다는 주장)'이라고도 알려진 이 개념은 고객 조사에서 자주 관찰되는 현상이다. 이것은 순고객추천지수에서 가장 뚜렷하게 반영된다. 문제가 발생하고 적절히 해결되어 고객이 불편 이전의 상태로 회복되었을 경우에도, 개인의 순고객추천지수는 평균 10점 정도 낮아지는 경향이 있다. 문제가 지속되면 점수는 마이너스 45점으로 떨어진다. 하지만 문제가 훌륭하게 해결되면 플러스 10점이 상승한다.

최고의 기업은 고객을 위해 문제를 해결하려 하지 않는다. 대신 고객과 함께 문제를 해결한다. 고객이 해결하고자 하는 문제와 달성하고자 하는 결과에 대해 배우고, 이러한 통찰력을 활용해 초점을 제품에서 고객 솔루션으로 전환한다.

앤 멀케이Anne Mulcahy가 2001년 제록스Xerox의 CEO로 취임했을 때, 거의 극복하기 힘든 수준의 과제에 직면했다. 파산을 선언하라는 압력을 받고 있었고, 부채가 쌓여가고, 주식은 폭락했으며, 은행가들은 대출 회수를 요구하고 있었다. 2010년, 자신의 자리를 내려놓을 시점에 회사는 활력이 넘치고, 수익성이 높으며, 새롭게 활력을 되찾은 상태였다. 이것이 어떻게 이루어졌는지에 대한 질문에 멀케이는 "나는 전 세계 사람들과 함께 문제를 해결하면서 영향력에 집중했습니다."라고 말했다. 제록스는 고객을 구하기 위해서라면 언제 어디서나 비행기를 타고 찾아가겠노라 제안한 것으로 유명하다.

문제 해결은 바로 마음가짐이다. 조직이 고객의 생활 문제를 해결하든, 조직의 통점으로 인한 문제를 해결하든, 접근 방식은 동일하다. 훌륭한 기업은 문제 해결을 고객 불만이나 고객 서비스에만 맡기지 않고, 새로운 고객 문제를 끊임없이 찾고 해결하려 한다. 이를 위해서는 고객과의 긴밀한 관계와 높은 수준의 공감 능력이 필요하다.

문제가 단독으로 발생하는 경우는 거의 없다. 고객이 성공적인 결과로 인식하는 데 방해가 되는 여러 가지 문제가 존재한다. 고객의 목표에 기반한 문제 매핑은 내부 문제를 제거하고 상업적으로 실행 가능한 솔루션을 개발하는 데 유용하다.

다음과 같은 상황을 고려해보자. 핏비트Fitbit는 많은 사람이 건강 보조 장치로 사용하는 제품이다. 그러나 마라톤(이벤트)을 위해 몸을 만들고자 하는 개인에게는 필요한 것의 일부일 뿐이다. 핏비트와 함께, 현재 체력 수준(상황)을 평가하는 도구, 체육관 회원권, 위치 추적 장치, 심박수 모니터, 다이어트 가이드, 자신의 체력 수준과 칼로리 소비량에 맞는 구조화된 식사 프로그램을 원할 것이다. 그들은 자신의 목표(동기 부여)를 향한 진행 상황을 알고 싶어 하고, 이상적으로는 이 모든 것을 한곳에 모아두기를(솔루션) 바랄 것이다. 그들은 학습 환경에서의 경험을 다른 사람들과 공유하고(연결), 자신의 가치를 반영하고 동기를 지지하는 기업(목적)과 거래하기를 원할 것이다.

이것은 경험의 전체 모습이다. 이는 일련의 장애물과 난관으로 구성되며, 경험의 필요에 대한 해결책을 통해 제거될 수 있다. 친절한 서비스나 훌륭한 제품만의 문제가 아니라, 고객의 삶에서 출발해 의미 있는 솔루션을 제공하는 것이다.

내부 실수로 인해 고객에게 문제가 발생한 경우, 고객 회복은 매우 중요하다. 최상의 프로세스와 절차를 갖추고 있더라도 일이 잘못될 수 있다. 훌륭한 회사는 고객을 가능한 한 빨리 제자리에 되돌려 놓을 뿐만 아니라, 고객이 그 경험에 대해 기분 좋게 느끼게 하는 프로세스를 갖고 있다.

과학

해결의 핵심에는 마음의 평안에 대한 인간의 본능적인 욕구, 즉 불안과 걱정이 사라졌을 때 느끼는 만족감이 자리하고 있다.

- 문제가 발생하면, 고객은 상황이 통제 불가능하다고 느끼고, 계획되지 않은 결과에 대한 두려움을 가지며, 스트레스와 분노 수치가 증가하는 것을 느낄 수 있다.
- 이러한 부정적인 감정을 피하기 위한 비상 대책은 불안을 감소시킨다. 해당 대책이 장기적으로 브랜드와 연계됨으로써, 신뢰가 형성된다. 한 번의 매우 나쁜 경험은 기억 속에서 덮어 쓰이기 위해 다섯 번의 긍정적인 경험이 필요하다고 여겨진다.
- 서비스 회복의 역설은 문제 해결 방법이 고객에게 미치는 영향을 설명한다. 이 섹션의 앞부분에서 정량적 순고객추천지수가 미치는 영향을 살펴보았지만, 훌륭하게 수행된 영웅적인 문제 해결은 고객에게 긍정적인 이야기를 제공하고, 이를 친구나 동료에게 공유하도록 동기를 부여한다. 활주로에서 긴 시간 동안 지연을 겪은 승객을 위해 피자를 배달 주문해 준 제트블루 조종사 이야기는 자주 회자 되는 일화다.

최고의 기업에 있어, 문제 해결 중심 사고방식은 단순히 소셜 미디어라는 거대한 증폭기와 그에 따른 평판 리스크에 대한 방어적 대응 이상의 의미가 있다. 이러한 사고방식은 고객을 위해 올바르게 일을 하고 브랜드 약속을 항상 일관성 있게 이행하려는 진정한 욕구를 바탕으로 한다.

> 존 루이스와 웨이트로즈는 이것을 '영웅적 회복'이라고 부르고, 아마존은 이 과정을 '거북이 뒤집기'라고 부른다. 거북이가 등으로 넘어지면 외부의 도움 없이는 다시 네 다리로 걸을 수 없다. 아마존은 자사 브랜드에서 발생하는 모든 문제에 대해 처음부터 끝까지 책임을 지며, 성공적인 문제 해결의 모범을 보여준다. 고객 경험 탁월성 연구 응답자들은 아마존이 문제를 성공적으로 해결한 수많은 사례를 제공했으며, 그중 다수는 아마존 자체적인 실수에서 발생한 것이 아니었다.
>
> 애플 스토어는 고객이 지니어스와 상호작용하도록 장려하는 것이 사용자와 기기 관련 문제 모두를 처리할 수 있는 핵심 해결점이라는 것을 깨달았다. 애플은 심지어 해결책을 중심으로 긍정적인 언어를 자체 개발하기까지 했다. 애플 제품은 고장 나는 것이 아니라, 단지 응답을 멈출 뿐이라며 긍정적인 언어를 사용한다. 애플 직원들은 말할 때 표현 방식에 주의를 기울이도록 조언받는다. 까다로운 거래처나 클라이언트를 마주했을 때, 직원들은 부정적인 표현을 사용하기보다, 이를 '잘할 수 있는 기회' 또는 '우리가 무엇을 배울 수 있을지 돌아볼 기회'로 인식한다. 이러한 긍정적인 태도는 전염성을 가지며, 모든 실패는 고객 서비스를 개선할 수 있는 계기로 여겨진다.
>
> 네이션와이드 빌딩 소사이어티Nationwide Building Society는 KPMG 영국 고객 경험 탁월성 순위가 큰 폭으로 상승하여 2014년 Top 10에 진입하

였다. 해결책은 경험 전략의 핵심이다. 고객이 문제와 이슈를 공유하도록 유도하는 것은 근본 원인 분석과 해결 조치 계획을 수립할 수 있다. 최초 접점에서의 문제 해결과 첫 접점 소유권은 서비스에서 극적인 개선을 끌어냈다. 폐쇄형 고객의 소리 시스템은 문제를 신속히 식별하고, 문제가 발생한 고객에게 즉시 후속 연락을 취할 수 있도록 지원한다.

오카도는 파손이나 교체로 인해 고객이 겪을 수 있는 문제를 즉시 처리할 수 있도록 운전자에게 권한을 부여하여, 필요한 시점에 신속한 해결을 보장하며 우수한 고객 경험을 주도했다.

리츠칼튼은 '전설적인 서비스'로 유명하다. 오카도와 마찬가지로 문제 해결은 직원 권한 강화를 통해 이루어진다. 모든 직원은 고객에게 적합한 서비스를 제공하기 위해 경영진의 승인 없이도 최대 3,000달러를 지출할 수 있다. 그러나 리츠칼튼에는 문제 해결 그 이상이 존재한다. 그것은 바로 고객이 문제가 있음을 깨닫기 전에 고객에게 솔루션을 제공하는 예상 서비스에 관한 것이다.

조시Joshi라는 이름의 기린 인형은, 7세 소년이 마이애미에 있는 리츠칼튼 호텔에 가족과 방문한 후 자신이 가장 좋아하는 봉제 인형을 두고 가면서 유명해졌다. 가장 좋은 해결책은 소년과 기린 인형을 최대한 빨리 재회시키는 것이었다. 호텔이 수행한 훌륭한 일은, 조시 인형이 호텔에서 다양한 놀거리와 함께 호텔에서의 시간을 만끽하는 모습을 약 한 시간 남짓 사진 촬영한 것이었다. 스파에서 마사지를 받고, 수영장 옆에서 휴식을 취하고, 다른 봉제 인형 손님들과 함께 바에 앉는 모습, 그리고 해변을 따라 버기카를 운전하는 모습들이었다. (기린 인형이 운전할 수 있다고 그 누가 알았겠는가?) 조시는 실제로 빠르게 되돌아왔지만, 조시가 휴가를 아주 잘 보냈다는 걸 보여주는 사진 앨범과 함께였다. 리츠칼튼에서는 문제 해결이 확실히 스타일과 우아함을 갖춰 이뤄진다.

황금률
내가 결백하다고 가정하기 – 내 관점을 바라보기

당신이 결백하다는 것을 증명해야 하는 동시에, 문제를 해결하려고 노력하는 것은 무척 어려운 일이다. 새로운 유형의 온라인 소매업체(아마존, 어플라이언스 온라인(AO, Appliance Online), 자포스)들은 문제 해결을 위한 출발점을 완전히 재정의했다. 이들은 고객 중 1%의 악용 가능성보다, 99%의 선의 있는 고객 만족을 우선으로 고려해 자사의 문제 해결 프로세스를 설계했다.

따뜻하고 진심 어린 사과

미안하다는 심리는 흥미로운 것이다. 심리학자 데이비드 드 크레메David De Cremer와 크리스 라인더스 폴머Chris Reinders Folmer는 불만을 가진 사람들은 사과를 받으면 도움이 될 것이라고 믿지만, 실제로 사과를 받았을 때 기대에 미치지 못하는 것 같다고 보고했다. 그 이유는 사과의 의도는 좋았지만, 결과적으로 발생하는 고객 상황에 대한 공감과 상황을 바로잡겠다는 명확한 의도를 보여주지 못하기 때문이다. 따라서 고객에게 자신의 의견이 잘 전달되고 인정받는 느낌을 받게 하는 것이 사과하는 과정의 중요한 핵심이다. 그리고 고객이 자신의 말을 직원이 경청한다고 느끼는 것이 매우 중요하다.

응답자 중 한 명은, 존 루이스 고객 센터에 전화를 걸어서 증기가 새는 결함이 있는 주전자 상태를 이야기했다. 상담원은 "맙소사, 정말 죄송합니다. 고객님, 다치신 곳 없이 괜찮으신가요?"라고 반응했다. 상담원의 주요 관심사는 고객이었다. 그리고 다음 날 아침 새 주전자가 고객에게 배달되었다.

드 크레메 교수는 연구 결과가 진정성 있는 사과가 화해 과정의 첫 번째 단계라는 것을 나타내지만, 추가적인 조치를 할 의지를 보여야 한다고 제안한다. 고객이 상황과 조직에 만족감을 느끼도록 하려면, 단순한 사과를 넘어 실질적인 행동이나 해결책이 필요하다.

해결책 확보하기 – 시급하게 문제 해결하기

부실하거나 느린 대응은 회사의 명성에 즉각적인 손상을 줄 수 있다.

신속하게 대응하고 고객에게 정보를 제공하면 부정적인 감정을 제거하고 긍정적인 느낌을 줄 수 있다. 스코틀랜드 왕립은행RBS과 내셔널 웨스트민스터 은행NatWest은 2012년 대규모 은행 시스템 장애 사태 당시, 빠른 대응과 신속한 개선조치로 인해 은행의 순고객추천지수 점수가 오히려 향상했다.

내 문제를 얼마나 잘 해결해주는지로 놀래주기

기린 인형 '조시'와 같은 순간이 있는가? 그렇다면 세련되고 기품 있게 문제를 해결할 수 있는가? 호주 온라인 가전업체인 어플라이언스 온라인은 KPMG 설문 조사에서 5위를 차지했다. 응답자 중 두 명은 특별한 고객 경험을 느꼈다고 전했다. 한 사례에서는 제조업체에서 주문한 밥솥이 배송되지 않았을 때 어플라이언스 온라인이 고객에게 끼니를 해결할 수 있도록 피자를 보냈다고 이야기하였다. 다른 사례에서는 산모에게 세탁기가 배송되지 않자 회사에서 아기 옷을 전달하기도 했다.

필요한 경우에 특별한 노력과 관심을 기울이기

한 응답자는 두바이 공항 라운지의 에미레이트 항공 담당자에게 욕실 수건이 떨어졌다고 말했을 때 담당 직원이 보여준 대응 방식에 인상을 받았다고 회상했다. 담당자는 문제를 해결하기 위해 서비스 구역으로 달려갔다. 공항에서 시간이 매우 중요하다는 것을 인식하고 있음을 보여주며, 문제를 최대한 빨리 해결하는 것이 직원에게 중요했다.

선택할 수 있는 여러 가지 옵션 제공하기

문제를 해결하는 데 있어 단 하나의 방법만 존재하는 경우는 드물다. 고객이 자신에게 가장 적합한 해결책을 선택할 수 있도록 옵션을 제공하는 것이 도움이 된다. 한 응답자는 존 루이스 백화점에서 구매한 상품을 배송받을 수 없었을 때, 대체 날짜를 제공했을 뿐만 아니라 고객이 사는 지역의 웨이트로즈(1.6 킬로미터 떨어진) 또는 사무실로 배송되는 옵션을 제공하면서 이렇게 질문을 했다고 이야기했다. "고객님께서 가장 좋은 배송 옵션이 무엇일지 말씀해 주시겠어요?"

서비스 회복의 역설은 특정 상황에서 효과를 발휘한다. 훌륭한 문제 해결이 손상된 관계를 완전히 복구하는 것은 아니지만, 훌륭한 조직은 세련되고 효과적으로 일을 바로잡을 때 고객 만족도, 브랜드 옹호 및 충성도 측면에서 막대한 이익을 얻을 수 있다는 것을 배워왔다.

기대: 예상을 초과하는 만족 설계

　기대란 고객의 기대를 만족시키고, 가능할 경우 그 이상을 실현하는 것이다.

　세 번째 경험 요소는 바로 기대다. 기대는 조직의 성과를 판단하는 기준 또는 참조 기준 역할을 하며, 제품이나 서비스가 어떻게 제공될지에 대한 고객이 가지는 사전 기대를 의미한다. 고객이 무엇을 기대하는지 아는 것은 훌륭한 경험을 제공하기 위한 첫걸음이자 가장 중요한 단계다.

　고객의 기대를 뛰어넘는 것이 고객 만족, 기쁨 및 충성도의 핵심이라는 사실은 널리 받아들여지고 있다. 최근 연구에 따르면 고객 만족을 위한 최소한의 조건은 기대 수준을 충족하는 것이다. 따라서 조직은 고객이 기대에 미치지 못하거나 이를 초과하지 못한 경우, 불만족과 고객 이탈로 이어질 수 있기에 사전에 고객의 기대를 파악하는 것이 중요하다.

　기대가 끊임없이 변하는 세상에서, 기대 수준을 정확하게 설정하고 이를 충족시키는 것이 핵심 역량이 되어야 한다. 결과적으로 세계적 수준의 조직은 두 가지 사항에 주의를 기울인다. 기대 수준이 형성되는 방식과 이 기대들을 충족시키는 방식이다. 예를 들어, 아마존은 3일 이내에 제품을 배송하기 위해 노력한다. 기대치를 설정한 뒤 이를 초과하기 위해 다양한 배송 방법을 활용한다. 최소한 스스로 설정한 기대치를 충족할 것으로 기대된다.

　자포스가 처음 거래를 시작했을 때 선택권이 있었다. 광고에 투자

하거나 경험에 투자해서 입소문을 유도하는 것이었다. 자포스는 후자를 선택했고, 밤새 항공편으로 제품을 배송하여 고객들을 놀라게 했다. 당시 고객이 기대한 배송기간은 3일이었다. 실제로, 자정 이전에 주문하면 다음 날 아침 8시까지 제품을 받을 가능성이 컸다. 자포스는 이 기적과도 같은 빠른 배송이 어떻게 가능했는지 밝히지 않았다. 이에 감동한 고객들은 친구들과 동료들에게 이 놀라운 서비스를 이야기하며, 자포스의 입소문 마케팅 전략을 더욱 강화했다.

기대 수준은 명시적으로 또는 암묵적으로 설정할 수 있다. 일부 브랜드는 브랜드 약속에 기대치를 달성하는 것을 포함한다. 영국의 긴급 출동 및 차량 복구 서비스업체인 그린 플래그Green Flag는 '60분 이내에 도착하지 않으면 10파운드를 보상해드립니다.'라고 강조하며, 프리미어 인Premier Inn의 경우에도 '숙면하지 못한 고객에게는 환불 보장'이라는 원칙을 내세운다. Ibis 호텔은 15분 이내에 호텔에서 받은 서비스와 관련하여 발생할 수 있는 문제를 해결하거나 무료 숙박을 보장한다.

다른 일부 조직은 고객의 기대 수준을 은연중에 설정하기도 한다. 예를 들어, 리츠칼튼은 여러 가지 작은 기대들이 충족되면 이것이 모두 누적되어 '우리 최고의 미션은 고객에게 진정으로 편하고 안락한 공간을 제공하는 것이다.'라는 브랜드 약속에 부합된다는 것을 알고 있다. 실제로 리츠칼튼은 개별 고객의 기대 수준을 과학적으로 관리하며, 고객에게 고도로 개인화된 서비스 기반을 제공한다. 체인 내 각 호텔에는 고객 인지도라는 특별한 조직이 운영된다. 이 특수 기능은 리츠칼튼 호텔의 네트워크인 CLASS 데이터베이스를 사용하여

80만 명 이상의 고객 이력을 저장하고 모든 해당 직원들에게 알맞게 정보를 생성한다. 좋아요와 싫어요, 과거의 애로사항, 가족 관심사, 개인 관심사, 선호하는 신용 카드, 숙박 빈도수, 평생 누적 이용량과 총 구매 금액 등과 같은 정보를 저장한다. 이러한 방식으로 직원은 개별 고객과 관련하여 '새롭거나 다른' 정보를 알 수 있다. 직원은 특별한 휴대용 노트북에 각 손님에 대해 파악한 내용을 캡처한 다음 해당 정보를 데이터베이스에 입력한다. 이를 통해 리츠칼튼은 고객의 기대를 꾸준히 충족하고 종종 초과로 달성할 수도 있다. 이는 리츠칼튼 고객 감동 신화이다.

훌륭한 조직은 명시적 기대와 암시적 기대를 모두 관리한다. 특히 이들은 기대가 어떻게 형성되는지에 초점을 맞추고 그에 따라 전략을 개발한다. 그들은 스스로 다음과 같은 질문을 한다.

- 입소문은 기대치를 어떻게 형성하는가?
- 고객에게 할 수 있는 명확하고 직접적인 약속 또는 공약은 무엇인가?
- 일상에서 기대치를 설정하는 간단한 방법에는 무엇이 있는가? 이를 정확하게 설정하고 있는가?
- 고객의 기대에 감정을 더하는 요소(강화 요인)는 무엇인가?
- 고객의 서비스 기대치를 누가 설정하는가? 이에 대응하려면 무엇을 해야 하는가?

모든 기대치는 같지 않다. 조직은 충족할 기대치, 초과 달성할 기대치, 그리고 고객을 기쁘게 할 방법을 선택할 수 있다. 대부분, 고객 각자의 기대치가 충족될 수 있는 범위가 있다. 예를 들어, 일부 고객은 전화를 받을 때까지 60초 동안 기꺼이 기다리며, 120초 이내에 전화를 받으면 만족도에 변화가 없다. 이것은 허용 범위라고 하며, 응답 시간을 계획하고 자원 최적화를 위해 매우 중요한 개념이다.

과학

기대는 세상을 이해하고, 다음에 일어날 일을 이해하는 방법이다. 이스라엘의 심리학자이자 경제학자인 대니얼 카너먼은 우리의 뇌는 기대에 관한 네트워크를 통해 세상을 바라보는 두 가지 사고 시스템이 존재한다고 설명한다. 첫 번째는 대부분의 시간을 자동으로 운영할 수 있게 해주는 모니터링 시스템이다. 모든 것이 기대에 부합하는 한, 우리는 이를 의식적으로 생각하지 않고도 수행할 수 있다. 그러나 기대가 충족되지 않으면, 두 번째 시스템이 활성화되어 기대가 충족되지 않은 사실을 의식적인 주의로 가져온다. 그것은 감정을 활성화하며, 다음에 일어날 일을 정확하게 예측할 수 없을 때 우리는 두려움을 가지게 된다.

그래서 사람들은 일들이 자신이 기대하는 방식으로 진행되는 것을 좋아한다. 어떤 일이 기대한 대로 진행될지 불확실한 상황에서는, 일이 기대한 방식대로 진행될 경우 그 상황에 더 큰 만족감을 느낀다. 기대치가 기분 좋은 방향으로 초과될 때, 그 상황에 특히 더 만족한다. 뇌는 다음에 일어날 일을 끊임없이 예측하고 재예측한다. 이 프로세스는 의식 수준 아래에서 발생하며, 계산하는 노력을 줄이기 위해 간편 추론의 한 방법인 휴리스틱과 지름길을 사용한다. 따라서 기대치는 고객 경험에서 매우 중요한 요소를 차지한다.

카노(Kano) 모델

일본의 도쿄이과대학 명예 교수인 노리아키 가노 Noriaki Kano 교수는 비즈니스 과학에서 고객의 기대 수준이 점점 높아질 것을 예견하고, 한때는 예상치 못한 놀라움이었던 것이 익숙해짐에 따라 곧 당연한 기대가 된다는 사실을 보여주는 세계적으로 널리 인정받는 고객 만족 모델(카노 모델)을 개발했다. 바로 이 효과 때문에 고객 기대 수준이 점점 높아지고, 기대 전이 현상이 나타난다. 이는 어느 한 분야에서의 최고의 경험이, 다른 분야에서도 유사한 수준의 경험을 기대하게 만든다는 것을 의미한다.

황금률
나의 기대치를 정확하게 설정하기

AO는 매우 능숙하게 기대치를 수준을 관리하는 모범 사례다. 오후 8시 이전에 주문하면, 다음 날 고객이 원하는 시간대에 제품이 배송된다. 기대 관리에 대한 이러한 접근 방식은 신중하게 조정된다. 고객의 물류에 대한 기대 수준을 설정하고 이를 충족하는 것이 첫 번째 단계다. 직원이 고객을 대하는 방식, 세심한 배려, 친절함 등이 기대치를 초과하면서 고객 만족도를 극대화한다.

나와의 타이밍 합의하기

계획과 고객이 해야 할 일을 명확히 하는 것은 성공적인 기대 관리에 매우 중요하다. AO는 고객의 타이밍과 니즈를 명확하게 파악함으로써 성공할 수 있었다. 편리한 시간을 설정할 수 있는 것이 중요한 첫 단계다.

추적 기술의 등장은 실시간으로 정보를 얻는 것에 대한 소비자의 기대를 바꾸어 놓았다. 오카도는 이 영역에서 새로운 표준을 설정하고, 고객에게 배달 차량의 색상, 드라이버 이름 및 연락처 세부 정보를 사전에 문자로 보내, 문 앞에 서 있는 사람이 오카도 소속 직원인지 확인할 수 있도록 해서 고객의 불안을 해소했다. 예상 배송 시간 및 대체품도 전달되며, 이 모든 것이 신뢰를 구축한다.

예상 시간보다 더 빠르게 응답하기

고객은 문의, 문제 또는 불만에 대한 신속한 대응을 기대한다. 회사는 고객의 관점에서 상황을 파악하고 그에 따라 적절히 조치해야 한다. 신속한 대응은 고객에게 감동을 주는 요인이라기보다 기본적인 기대 요소다. 이는 회사가 상황을 진지하게 받아들이고 있다는 확신을 심어 준다.

일반적인 쉬운 영어 사용 – 전문 용어 금지

사용하는 언어도 매우 중요하다. 애매한 약속은 실패로 이어진다. 존 루이스 앤 파트너스의 '가장 경쟁력 있는 가격으로 최고 품질의 상품을 제공하겠다는 보장'과 프리미어 인의 '숙면하지 못한 고객에게는 환불 보장'과 같이 명확한 약속은 처음부터 기본 규칙을 설정한다. 고객은 이제 모호한 표현이나 숨겨진 면책 조항을 쉽게 간파할 수 있게 되었다.

약속을 이행하거나 이를 뛰어넘기

명확한 약속을 이행하지 않는 것은, 약속을 전혀 하지 않는 것보다 더 안 좋은 일이다. 앞서 AO가 고객이 주문한 밥솥이 배송되지 않았을 때 피자를 보내는 것과 같이, 고객과의 약속을 이행할 수 없을 때 이를 처리하기 위한 프로세스를 구축하고 있는 사례를 살펴보았다. 기대를 충족하지 못한 이후에도 기대치를 뛰어넘는 것이다.

프로세스 안내하기

전반적인 프로세스를 고객에게 주의 깊게 안내함으로써 기대치를 정확하게 설정하고 전달할 수 있다. 고객은 종종 목표를 달성하는 데 얼마나 걸릴지 모르는 경우가 많다. 기대치를 설정하는 프로세스는 조직이 곤란한 상황에 빠지지 않도록 한다.

시간과 노력: 마찰을 줄이는 프로세스

고객의 노력을 최소화하고 원활한 프로세스를 만든다.

다음 핵심 요소는 시간과 노력의 가치를 높이는 것이다. 우리가 고객에게 목표 달성을 위해 시간을 투자할 것을 요청할 때, 우리는 고객의 시간 투자를 인지하고 이에 감사한다는 것을 고객에게 보여주어야 한다. 또한, 최대한 일을 간결하게 하여 고객의 시간 투자를 최소화해야 한다. 본질적으로 이는 고객이 자신이 투자한 시간에 대해 어떻게 느끼는지에 관한 문제다.

시간 빈곤은 현대 생활의 특징이다. 고객은 시간(그리고 돈)을 사용함으로써 자신의 삶을 편리하게 해주고 보상을 제공하는 회사에 이끌린다. 이러한 '노력 요소'를 이해하고 검토함으로써 고객 여정을 다른 관점에서 분석하고 이해할 수 있다. 이를 통해 고객의 이익을 위해서 프로세스 과정에서 노력을 기울일 수 있는 부분을 확인할 수 있다.

고객 경험 설계를 안내하는 데 사용할 수 있는 두 가지 측면의 노력 영역이 있다.

1. 교육, 정보 또는 엔터테인먼트를 통해 고객에게 가치를 제공할 수 없는 '비부가가치 시간'인 대기 시간을 제거하는 것이 중요하다. 예를 들어, 독일 소매업체 리들Lidl은 계산 절차를 재설계하여 고객들이 계산이 끝난 쇼핑 물건을 다시 포장하는 과정에서 발생하는 긴 대기 시간을 계산대에서 제거하였다. 이를 통해 계산대에서의 지연을 최소화하고 보다 원활한 쇼핑 경험을 제공한다.
2. 식스 시그마에서 차용한 개념인 최소 행동 원칙에 초점을 맞춘다. 고객이 가능한 최소한의 단계로 목표를 달성할 수 있도록 창의적으로 경험을 설계하는 것을 목표로 한다.

아마존은 이것을 마음에 새겼다. 사실, 아마존의 슬로건은 '최고의 서비스는 서비스가 필요 없는 것이며, 이는 모든 것이 원활하게 작동하는 상태'이다. 아마존은 고객이 목표를 달성하는 데 방해가 되는 장애물을 체계적으로 제거함으로써 만족도와 수익을 높였다. 클릭 한 번으로 주문하는 것은, 고객이 구매하는 데 아무런 방해를 받지 않도록 하는 좋은 예시다. 미국의 교통안전국Transportation Security Administration은 승객이 필요로 하는 지원 수준에 따라 공항의 대기 시스템을 수정하고 있다. 승객들은 도착한 순서가 아닌, 자녀 유무, 비정기 여행자로서 도움이 필요한 승객인지, 또는 절차에 익숙한 여행자인지 등을 고려해 대기 줄을 조정한다. 이를 통해 각 그룹은 경험 수준이나 자녀 수를 고려하여 최소한의 절차만으로 보안 검색대를 통과할 수 있다.

통신 회사 브리티시 텔레콤BT, British Telecom의 '고객 노력' 연구에 따르면 노력은 실제로 고객 충성도의 핵심 척도이며, 인지된 비용 가치에 영향을 미친다(어려움을 겪은 고객 중 단 5% 만이 투자 대비 가치가 높다). BT가 거래하기 쉬운 회사라고 말한 고객은 BT를 어렵다고 평가한 고객보다 경쟁업체로 이동할 가능성이 40% 낮았다.

글로벌 자문 서비스 기관이자 전문 조직인 CECCorporate Executive Council의 연구에 따르면, 모든 경험에서 고객이 소비하는 노력에 대해 어떻게 느끼는지는 전체 경험 평가의 65%를 차지한다. 우리는 경험에서 가장 먼저 일어나는 일(초두 효과의 법칙)이 나머지 경험의 분위기를 결정한다는 것을 알고 있다. 출발이 좋으면 고객은 미래의 문제점들에 대해 더 관대해질 것이다. 마지막으로 발생하는 일은 고객이 기억하는 것이다(최신 효과의 법칙). 이 둘의 조합을 서열 위치 효과라고 부른다. 경험의 첫인상이 길게 유지되고 비생산적인 기다림과 노력이 많이 드는 상호작용이라면, 경험이 아무리 잘 끝나더라도 좋지 않게 기억된다. 따라서 대기 시간과 노력을 관리하는 것은 해당 경험에 대한 긍정적인 기억을 형성하는 데 필수적이다.

UX 디자인의 창시자인 도널드 노먼Don Norman은 자신의 논문 <대기 열의 심리학(The psychology of waiting lines)>에서 대기 시간에 대해 우리가 생각하는 방식을 지배하는 여덟 가지 원칙을 소개한다.

- 감정이 지배한다.
- 대기열 시스템의 작동 방식에 대한 명확한 모델을 제공하여 혼란을 줄인다.
- 대기 시간이 적절해야 한다.
- 기대치를 설정한 다음 이를 충족하거나 초과 달성해야 한다.
- 사람들은 시간을 바쁘게 채워야 한다. 채워진 시간은 더 빠르게 지나가기 때문이다.
- 공정성을 유지해야 한다.
- 강하게 끝내고 강하게 시작하라.
- 실제 경험보다 그 경험에 대한 기억이 더 중요하다.

우리 연구 프로그램의 상위권 조직들은 이 여덟 가지 원칙을 준수하며, 이를 실행할 때 다음 세 가지 주요 사항에 주목한다.

1. 고객에게 실제로 제공된 서비스 또는 조치
2. 고객이 인식한 경험
3. 고객이 기대한 수준

> **사례 연구**
>
> ## 잘란도
>
> 2008년에 설립된 잘란도는 시가 총액이 118억 5천만 달러에 달하며 직원 수는 약 15,000명으로, '패션 운영 시스템'을 구축하여 사업 전반에 걸쳐 브랜드 파트너에게 물류, 기술 및 마케팅 솔루션을 제공하고 있다. 이는 패션을 대상으로 한 '소비자 플랫폼'이다. 잘란도는 독일에서 시작하여 24개월 만에 15개 유럽 시장으로 진출하였다.
>
> 잘란도의 차별화의 핵심은 편의성이다. 설립 초기부터 잘란도의 창업자들은 배송, 반품 및 고객 서비스 접근성에 집중해야 한다고 믿었고, 이를 위해서는 물류, 고객 서비스 인터페이스, 온라인 플랫폼을 직접 운영하며 완벽한 고객 경험을 제공을 목표로 삼았다. 잘란도 창업자들은 프런트 오피스와 백 오피스 기술에 막대한 투자를 하여 모든 것이 정렬되고 연결되도록 했다. 그들은 플랫폼의 세계를 예견했다. 예를 들어 교통용 앱(우버), 엔터테인먼트용 주요 앱(넷플릭스), 음악용 앱(스포티파이)이 있다. 잘란도는 이러한 패턴을 따르며 패션을 위한 대표 앱이 되기를 원했다.
>
> 잘란도의 공동 창업자인 다비드 슈나이더^{David Schneider}는 회사의 목표를 소비자를 위한 목적지이자 브랜드를 위한 플랫폼이 되는 것이라고 설명했

> 다. 즉, 패션을 위한 통합 마켓플레이스, 하나의 앱에서 모든 패션을 해결할 수 있는 패션 전용 플랫폼을 구축하는 것이 핵심이다. 창업자들은 자포스, 알리바바Alibaba, 위챗WeChat 등에서 모범 사례를 참고하여 자신들의 자산을 플랫폼화하여 생태계를 구축하는 전략을 개발했다. 그들은 온라인 소매, 특히 패션 분야에서 상당히 비효율적인 시스템을 인지하였다. 잘못된 예측으로 인해 창고에 재고가 쌓일 위험이 크기 때문에, 패션 전용 운영 체제를 구축함으로써 기업의 위험을 제거하고 트렌드에 가장 근접한 기업들이 최적의 시장 환경에서 제품을 판매할 수 있도록 지원했다. 이를 위해 접근성을 높이고, 편리함과 개인화를 극대화하는 플랫폼을 구축하여 기업들이 디지털 전환을 이루고, 새로운 고객층에 도달할 수 있도록 돕는다.

과학

우리 뇌는 신체 에너지의 약 20%를 소비한다. 심리학자들은 이것을 '최소 노력의 법칙'이라고 오랫동안 인식해 왔다. 우리의 두뇌는 '인지적 구두쇠'이며 생각과 에너지가 필요한 복잡한 일보다는 쉬운 일을 하고 싶어 한다. 우리는 복잡한 사고 능력을 갖고 있지만, 굳이 생각할 필요가 없다면 최소한의 노력으로 해결하려 한다. 어떤 일을 할 수 있는 여러 방법이 있을 때, 우리는 가장 인지적으로 부담이 적은 선택지를 택한다. 그리고 이는 대개 무의식적으로 이루어진다.

인지적 효율성의 원칙에 따르면, 개인은 목표를 달성하는 데 필요한 최소한의 인지적 노력만 사용하려는 경향이 있다. 따라서 가장 적용하기 가장 쉬운 절차나 판단 기준을 선택한다. 지식 접근성은 개인이 정보를 이해할 때 보유한 관련 지식 일부만을 활용하여, 일반적으로 우리 마음속에 가장 빠르고 쉽게 떠오르는 지식을 우선으로 사용한다는 것을 의미한다. 어떤 일이 예상보다 쉽게 이루어질 때, '유창성 효과(fluency effect, 정보가 자연스럽고 쉽게 처리될 때, 해당 정보에 대해 더 긍정적인 평가를 하게 되는 인지적 특성)'는 우리가 활동과 그것을 제공하는 기업에 훨씬 더 큰 가치를 부여하는 경향이 있음을 설명한다.

황금률

고객 경험의 핵심, 특히 초기 단계에서 중요한 요소는 기다리는 시간과 목표를 달성하기 위해 고객이 들이는 노력이다. 연구에 따르면, 실제로 어떤 경험을 했는가보다 고객이 그 경험을 어떻게 인식하고 느끼는지가 더 큰 영향을 미친다. 더 나아가, 중요한 것은 경험 자체가 아니라 그 경험의 기억이다. 긍정적인 기억은 다음과 같은 황금률이 적용될 때 생성된다.

시간 투자를 즐겁게 하기

디즈니랜드 테마파크는 아마도 긴 대기 줄로 인한 고객의 불만을 능숙하게 처리하는 챔피언일 것이다. 사람들에게 가장 싫은 것이 무엇인지 묻는다면 대답은 즉각적으로 대기줄과 기다림이라고 말한다. 사람들은 대기줄을 싫어한다. 다시 디즈니랜드를 방문할 의사가 있는지 묻는다면, 고객의 대답은 확실히 '그렇다'이다. 중요한 것은 기억이다. 줄 서는 과정 자체를 브리핑 또는 오리엔테이션 연습처럼 대기 시간을 경험의 일부로 만들었고, 사람들은 기다리는 것이 적절하고 공정하며 기다릴 만하다고 느낀다. 최근에는 디즈니 손목 밴드와 '패스트 패스' 시스템을 도입하여 긴 대기 시간을 줄이게 되었다.

간단하고 명확한 지침 제공하기

알버트 아인슈타인Albert Einstein은 "어떤 것이든 최대한 단순하게 만들어야 하지만, 지나치게 단순화해서는 안 됩니다."라고 말했다. 너무 많은 정보와 너무 적은 정보 사이의 균형을 잡는 것은 좋은 일이다. 애플은 단순함에 대한 디자인 중심의 접근 방식으로 잘 알려져 있다. 신형 휴대폰 또는 아이패드를 위한 '스타트업' 가이드는 고객이 즉시 휴대폰을 시작하고 능숙해질 수 있도록 한다.

목표를 달성하기 위한 최소한의 실행 가능한 단계 – 최대 3단계

고객이 목표를 달성하는 데 최소한 몇 번의 단계를 거쳐야 할까? 리들의 한 유명한 광고는 경쟁업체인 모리슨Morrisons보다 얼마나 거래하기 쉬운지를 극적으로 보여주었다. 광고에는 경쟁업체 모리슨의 로열티 카드를 가지고 더 낮은 가격으로 구매하기 위해서는 거쳐야 하는 절차가 무려 44단계라고 나열했다. 또한 "여러분은 그냥 리들에 갈 수도 있습니다."라는 광고를 했다. KPMG 연구에 따르면 절차가 세 단계 이상이면 짜증 나거나 혼란스러워지기 시작한다는 점이 확인되었다. 순고객추천지수 점수는 4단계에 이르면 하락하는 경향이 있다.

대기 시간은 2분 이내로 설정하기

심리학 연구에 따르면, 어쩔 수 없이 기다리게 되는 경우 우리의 마음은 걱정거리나 신경 쓰이는 일로 향하게 되며, 그 결과 우리의 기분 상태가 악화된다. 일반적으로 사람들이 2분 이상 대기해야 하는 경우 순고객추천지수 점수가 떨어지는 것을 볼 수 있다. 호주에서는 은행들이 2단계의 고객 센터 모델로 전환 중이다. 고객이 문의하면 즉각 답변(거의 스위치 보드처럼)을 제공한 다음 필요한 전문분야로 해당 내용을 배정하여 처리한다. 이 새로운 모델은 고객 만족도를 크게 향상했다. 해결까지의 경과 시간은 과거와 같더라도 불필요한 대기 효과를 크게 제거하기 때문에, 상담원과 즉시 연결될 수 있는 이 시스템에는 특별함이 있다.

문의 시 필요한 답변을 제공해 주십시오

정보가 넘쳐나는 세계에서, 처음 연락하는 사람이 관련된 모든 정보를 가지고 있으며 해당 주제에 대해 자신을 능가하는 수준의 역량을 갖췄을 것으로 기대한다. 푸르덴셜Prudential은 직원 교육에 막대한 투자를 하고 CRM과 원콜 처리율을 지원하는 지식 시스템을 구축한 후, 2014년 실시한 KPMG 영국 상위 100개 기업 조사에서 100위 이상 순위가 상승했다.

잠재적 위험 요소에 대해 조언하기

고객보다 한발 앞서 나가 잠재적으로 부정적인 상황이 발생하기 전에 이를 인지하는 것이 중요하다. 한 응답자는 은행 콜센터 상담원에게 파리에서 직불 카드 사용을 가능하게 해달라고 요청한 경험을 이야기했다. 상담원은 작업을 완료한 다음, 문제가 발생할 경우, 즉시 거래를 승인할 수 있도록 파리에 있는 상점 계산대에서 고객의 휴대전화로 연락 가능한 전화번호를 제공했다.

점점 더, 속도와 사용 편의성이 경쟁 우위의 원천이 되고 있다. 우리는 즉각적인 만족을 원하고, 종종 미래의 큰 보상을 포기하고 지금 당장의 보상을 선택하곤 한다. 예를 들어 킨들Kindle은 기존의 독서 시스템에 혁명을 가져왔다. 킨들에서는 보고, 사고, 읽고, 몇 초 만에 거래를 처리하는 등 집에서 편안하게 모든 것을 할 수 있다. 가장 최근의 경험 우수성 설문 조사에서 AO는 가전제품 구매에 대한 신속한 접근 방식으로 찬사를 받았다. 고객이 오후 7시 30분 이전에 주문하면 다음 날 무료로 제품이 배송된다. 쉽고 빠른 경험이 핵심 차별화 요소가 되고 있다.

개인화: 감동을 만드는 맞춤 연결

다섯 번째 고객 경험 요소는 개인화다. 개별화된 관심으로 정서적 연결을 유도하는 것이다. 많은 기업에게 이것은 적절한 정보를 적절한 시점에 적절한 고객에게 전달하는 것을 의미하며, 이는 분명히 매우 중요한 요소다. 그러나 진정한 개인화는 고객의 상황에 대한 깊은 이해와 이에 맞게 경험을 조정하는 것, 그리고 고객이 상호 용 후 느끼는 감정에서 비롯된다. 그들은 스스로를 중요하고 가치 있는 존재로 느끼는가? 더 많은 것을 알고, 더 통제할 수 있다고 느끼며, 세상을 더 잘 다룰 수 있는 역량이 생겼다는 이유로 자아존중감이 높아졌는가?

이제 코로나19 이후의 시대에서는 고객을 알고 인식하는 것만으로는 충분하지 않다. 고객은 이제 자신을 이해하는 기업을 기대한다.

개인화에는 고객의 특정 요구 사항과 상황을 이해하고 그에 따라 경험을 조정할 것임을 입증하는 것이 포함된다. 이름 부르기, 개별화된 관심, 고객 선호도에 대한 지식 및 과거 상호작용들이 모두 더해져 고객은 개별화된 경험이라고 느끼게 된다. 이는 고객이 중요하고 가치 있다고 느끼도록 하고 정서적인 연결을 구축하기 시작한다. 훌륭한 개인화 경험은 자아에 영향을 미치고 고객의 자아존중감을 향상한다. 여섯 가지 요소 중에서도 개인화는 고객의 옹호 및 충성도에 가장 큰 영향을 준다.

기술의 발달로 많은 기업이 개인화 작업을 '내부 시각 접근 방식'으로 수행해왔다. 예를 들어, 명시적 선호도, 암묵적 행동, 과거 히스토리를 기반으로 웹 콘텐츠를 제공하거나, 적재적소에 고객에게 최적의 제안을 제공하는 능력 등이 이에 해당한다.

우리가 고객의 입장이 되어 '외부 시각' 접근 방식을 선택한다면, 개인화는 조직이 고객의 다양한 정서적 욕구 즉, 특별하고 소중한 존재로 인정받고 싶어 하는 욕구에 어떻게 반응하는가에 관한 것이다.

과학

소비자는 개인화된 경험을 통해 자신이 존중받고 있다고 느끼며, 그 점에서 큰 매력을 느낀다. 특히, 또 한 명의 소비자로서 느낄 수 있는 오늘날의 시장에서 더욱 중요하다. 단순한 고객이 아니라 자신만의 고유한 욕구, 니즈, 그리고 바람을 가진 개인으로서 대우받고 싶어 하며, 그렇게 인식되기를 원한다.

연구원 펠헴Pelham, 미렌버그Mirenberg 그리고 존스Jones는 2002년 자신들의 공동 논문에서 사람들이 자신에 대해 긍정적으로 느끼고 싶은 기본 욕구가 있으며, 그러한 욕구에 따라 행동한다고 주장했다. 이러한 자동적인 긍정적 연관성은 자신과 관련된 거의 모든 감정에 영향을 미친다. '암시적 자기중심주의'는 자신과 관련된 것들에 무의식적으로 선호를 가지는 심리 현상을 말하며, 무의식적인 자존감 형성에 영향을 미친다는 가설이다.

개인화된 경험은 서비스를 제공하는 회사에 우리가 중요한 고객이라는 인상을 준다. 개인화를 이해하는 것은 고객 충성도와 옹호를 추구하는 기업에게 중요도가 더욱 커지고 있다.

황금률
인사하기

직원들이 인사하는 방식은 앞으로의 일에 대한 분위기를 결정한다. 콜센터에서는 첫 시작의 중요성을 오랫동안 인식하고 있으며, 직원들이 목소리에 미소를 띤 어조로 응대하도록 권장하였다. 일부 직원은 심지어 책상에 거울을 설치하여 자신의 미소 띤 모습을 확인하며 고객 응대를 한다.

리츠칼튼 호텔은 '레이더 온 - 안테나 업'이라는 슬로건을 가지고 있어, 직원이 모든 고객을 세심하게 살피고, 고객이 표현하지 않은 니즈까지 파악하여 숙박 경험을 향상하도록 한다. 영국의 프리미어 인은 이러한 접근 방식에서 많은 것을 배웠다. 모든 직원은 미소를 짓고 눈을 바라보며 고객을 맞이한다. 더 중요한 것은, 고객과 적극적으로 소통하고 도울 준비가 되었다는 점이다.

고객을 알고 있음을 보여주기

사람들은 모두 인정받는 것을 좋아한다. 레스토랑의 지배인이 나의 이름과 내가 가장 좋아하는 창가 테이블 위치를 기억하는 것은 영화 속 클리셰일지 몰라도, 여전히 효과적이다. 기업도 마찬가지다. 우리는 공급업체에 중요한 고객이라고 생각하고, 최소한 인식되고 있다고 기대한다.

브리티시 항공British Airways의 유명한 '노우 미Know Me'라는 고객 서비스 프로그램은 이 이슈를 정면으로 다루었다. 디지털 기술을 활용해 개별 승객 정보를 비행 전 기내 태블릿에 업로드하여, 승무원들이 탑승 시 이름을 불러 환영할 수 있도록 했다. 예를 들어, 실버 이규제큐티브 클럽 회원이 처음 비즈니스 클래스를 탑승하는 경우, 승무원은 이 디지털 정보를 바탕으로 승객을 환영하고 객실의 혜택들을 명확하게 설명할 수 있다. 또는 자주 이용하는 승객이 이전 비행에서 문제가 있었던 경우, 승무원들은 문제를 파악해 나은 서비스를 제공할 기회로 삼아, 승객이 남은 여정을 순조롭게 진행할 수 있도록 돕는다.

서로의 역사를 함께 인식하기

누군가와 관계를 맺고 있다면, 이전의 상호작용들이 분위기를 형성한다는 것을 알고 있다. 이를 통해 서로 다시 만났을 때, 마지막으로 교류했던 내용을 이어서 이야기를 나눌 수 있으며, 이는 모든 관계의 본질이다. 기술은 이러한 관계 시스템을 대규모로 재현할 수 있게 되었다. KPMG 연구에 따르면 아마존은 고객의 이름을 사용하고, 구매 및 검색 이력을 보여주며, 선호도를 반영해 맞춤형 추천을 고객에게 제공하는 등 고객과의 관계를 유지하고 강화한다.

직원의 전문성과 응답성은 유럽 최대의 안경사 중 하나인 스펙세이버스가 경쟁업체와 차별화되는 요소들이다. 설문 응답자들은 스펙세이버스 직원들과 상호작용할 때, 자신이 가장 중요한 존재처럼 느껴졌다고 말했다. 응답자들은 안경테를 고르기 위해 여러 개 시도하며 가장 잘 어울리는 스타일을 찾을 때 직원들이 보여준 인내심을 높이 평가했다. 또한, 직원들이 고객과 협력하여 최적의 선택을 돕는다는 느낌을 받았다고 강조했다.

유능한 직원이 되기

직원이 고객에 대한 정보를 쌓으면 자아존중감이 향상되고 상황 통제력이 높아진다.

대만의 타이신 은행Taishin Bank은 모바일 뱅킹을 통해 최고의 금융 고객 경험을 제공하겠다는 목표로 산하에 디지털 은행인 '리차트Richart'를 개발했다. 젊은 대만인이 가장 좋아하는 리차트는 젊은 대만 거주자에게 젊은 나이에 효과적으로 부를 관리하는 방법을 가르치는 것을 목표로 하며, 전국의 대학과 학교에서 캠퍼스 강의를 진행하고 있다. 리차트는 사회적 영향력을 분석하기 위해 국제적으로 인정받는 프로젝트 성과 평가 접근 방식인 사회적 투자 수익을 진행한 대만 최초의 디지털 뱅킹 플랫폼이다. 리차트에 대한 1 신대만달러(NT$)의 투자가 1.5배인 5.5 신대만달러의 사회적 가치 창출을 할 수 있는 잠재력이 있음을 보여줬다.

러쉬의 고객 경험 전략에서 직원 교육은 핵심 요소로 자리 잡고 있으며, 고객에게 적절한 제품을 추천하기 위해 뿌리내려 있다. 러쉬 직원은 진단 질문을 하고 제품 시연과 샘플, 테스트를 제공하도록 교육받는다. 직원은 고객의 요구 사항을 깊이 이해할 때까지 섣불리 제품을 추천하지 않는다. 피부 상태에 문제가 있는가? 고객에게 효과적인 미용 관리법 것과 그렇지 않은 방법은 무엇인가? 이러한 핵심 질문을 통해 직원들은 고객의 근본적인 문제를 파악하고 해결할 수 있다. 이같이 깊은 이해를 바탕으로 러쉬는 고객을 만족시키는 동시에 제품 판매량도 크게 늘리고 있다.

통제하고 싶은 욕구는 강력한 동기를 부여 요소이다. AO는 고객이 다양한 방식으로 주도권을 가질 수 있도록 한다. 배송 시간을 선택하고 개별 제품에 대한 자세한 설명과 웹사이트 리뷰를 읽을 수 있다. 선택은 통제의 핵심 요소다. 선택의 폭이 너무 크면 혼란이 생기고, 선택이 너무 적으면 고객이 강압적인 느낌을 받는다. 고객들은 AO가 적절한 범위 내에서 선택 가능한 옵션을 제공한다고 평가했다.

관련성을 찾아 고객에게 놀라움을 선사하기

블랙 토마토Black Tomato는 영국에서 가장 빠르게 성장하고 있는 온라인 여행 회사로 꼽히고 있지만, 아직까지 CEE Top 100에 진입한 적은 없다. 그러나 이 회사는 매우 놀라운 접근 방식을 취하고 있다. 고객은 장소를 선택하는 것이 아니라 휴가 때 어떤 기분을 느끼고 싶은지에 따라 목적지를 선택한다. 고객들은 출발 시 소소하지만 특별한 의미 있는 선물, '여행의 기술'이라는 키트를 받는다. 이 키트는 관련 문헌부터 목적지에서 영감을 받은 음악까지 다양한 요소로 구성되어 있어, 여행객들이 여행에 대한 기대감을 높이고 여행을 시작하기 전에 마음의 준비를 할 수 있도록 돕는다. 그리고 여행을 마치고 일상으로 돌아갈 때 와인 1병과 테이크아웃 상품권이 포함된 '현실로 복귀하기'라는 이름의 키트가 제공된다. 블랙 토마토는 휴가 중 고객이 느낄 수 있는 감정 기복들을 인식하고, 그에 따라 고객의 경험을 설계한다.

나의 니즈와 상황 이해하기

2장에서는 '고객을 이해하는 것'이 '고객을 아는 것'만큼 중요하다는 것을 살펴봤다. 그것은 공감의 필수적인 필수 전제조건이자 경험을 맞춤화하는 첫 번째 단계다.

미국 내 고객 경험 기업 1위인 USAA는 고객의 삶을 포렌식 분석 기법으로 조사하고, 정기적으로 고객을 사무실로 초청해 '만남 세션'을 진행한다. USAA는 삶의 중요한 이벤트에 초점을 맞춰, 고객이 해당 이벤트를 겪을 때 느낄 감정을 이해하고 성공적으로 이를 헤쳐 나가는 데 필요한 지원을 제공한다. 모든 고객은 USAA의 지원과 안내가 특별하게 느껴질 것이며, 이러한 경험은 기업이 대규모 개인화를 구현하는 하나의 방식이다.

업무를 개별화하기

훌륭한 라디오 방송인은 청취자에게 이야기하듯이 진행한다고 말한다. 각 청취자는 자신이 마치 그 방송을 듣는 유일한 청취자라고 느낀다. 훌륭한 고객 경험도 동일하다. 스티치 픽스Stitch Fix는 고객 경험 측면에서 대규모 개인화가 가능하다는 점을 입증한 대표적인 사례. 기업은 고도로 개별화된 의류 품목들을 각 고객에게 맞춤 제공한다. 데이터 과학, 알고리즘, 인공 지능을 사용하여 사람들에게 맞춤형 옷을 스타일링 해준다. CEO이자 창립자인 카트리나 레이크Katrina Lake는 상호작용 과정을 회사와 고객이 서로를 더 잘 이해할 수 있는 지속적인 대화라고 설명한다. 고객의 응답은 제품이 자신의 체형이나 라이프 스타일 또는 전반적인 취향에 맞는지와 같은 요구 사항과 선호도 정보를 나타낸다. 이러한 고객에게 딱 맞는 제품을 추천하는 데 사용되는 모든 유용한 정보들이다.

고객은 처음에 80개 문항으로 구성된 설문 조사를 완료한 다음, 미국 내 고객의 85%가 스티치 픽스에 자신이 받은 아이템에 대한 선호도와 핏에 대한 피드백을 제공한다. 또한, 75% 이상의 고객이 특정 스타일과 의류에 대한 선호도를 표시하는 스타일 셔플 게임을 하며, 이를 통해 생성된 제품 평가는 알고리즘에 반영되어 고객과 완벽하게 맞는 아이템을 추천하는 데 활용된다.

공감: 마음을 움직이는 이해의 기술

마지막 요소는 고객의 감정적 상황을 이해하고 깊은 공감대를 형성하고자 노력하는 공감이다. 공감은 인간이 서로 관계를 형성하는 중심에 있다. 인간은 본능적으로 무리를 짓는 동물이며, 유대관계를 맺는 욕구는 인간의 기본 동인 중 하나다. 성공적인 무리 형성과 소속감을 위해서는 다른 사람의 의도를 정확하게 읽는 능력이 필수적이다. 자연은 공감 능력과 타인의 관점에서 세상을 볼 수 있는 능력을 부여하여, 그들의 동기를 추론할 수 있도록 했다. 이를 통해 타인과 관계를 형성하고, 본질적으로 타인과 공감하고 그들의 감정을 대리 경험함으로써 자신의 감정적 반응을 조절한다. 안타깝게도, 대기업들은 이러한 공감 능력을 약화하는 경향이 있다.

오늘날의 비즈니스 환경에서 공감은 조직의 핵심 역량이 되어야 한다. 고객의 심리적, 물리적 요구 사항을 기업 차원에서 직관적으로 이해할 수 있다면 혁신을 촉진하는 데 도움이 된다. 공감은 고객의 관점에서 그들의 감정을 진정으로 이해하고 있다는 것을 전달하는 기술이다. 공감을 불러일으키는 행동은 강력한 관계를 형성하는 데 중요하다. 이는 비슷한 상황에서 자신이 어떻게 느꼈는지를 담은 개인적인 이야기를 고객에게 들려주는 것을 포함한다. 그리고 그들의 감정을 이해하기 때문에 한 걸음 더 나아가 행동하는 것이다.

기업 차원에서 공감은 '기업은 고객의 관점에서 생각하고, 고객 경험을 진정으로 이해하고 있습니까?'라는 질문에 대한 답을 찾는 것이다. 회사가 감성 지능을 발휘하여 고객과 소통하고, 기업이 진정으로 고객을 배려하고 있음을 보여주는 것이 중요하다. 공감은 단순히 고객의 관점에서 세상을 바라보는 것을 넘어, 고객의 감정을 고려해 최적의 대응을 선택하고, 이를 통해 고객 경험을 개선하는 능력을 의미한다.

조직은 공감을 소프트 스킬로 여기고, 고객과 접촉하는 직원의 영역이라고 믿는 경향이 있다. 그러나 고객에 대한 공감은 조직의 핵심 역량으로, 고객에게 직접 서비스를 제공하는 사람들과 마찬가지로 마케팅, HR 및 리더십과 관련 있다. 고객의 관점에서 세상을 바라보고, 다양한 시각을 이해하는 능력은 제품 및 서비스 기획, 혁신, 전략 수립에 필수적인 자질이다. 실제로 공감은 기업이 경쟁 우위를 확보할 수 있는 중요한 자산이며, 성공적인 기업일수록 이를 적극적으로 활용하고 있다.

과학

일부 신경과학자들은 뇌 속의 거울 뉴런 세포가 타인의 감정뿐만 아니라, 다른 사람의 행동을 관찰할 때 이를 머릿속에 거울처럼 모방할 수 있게 활성화된다고 가정한다. 논란의 여지가 없진 않지만, 거울 뉴런은 타인의 감정이나 생각, 또는 그들이 느끼는 것을 직접 말하지 않아도 감지할 수 있는 능력과 관련이 있다. 이 뉴런들은 우리가 서로를 이해하고 공감할 수 있게 해주며, 타인의 경험을 들여다볼 수 있는 하나의 창을 제공한다.

데브 팻나이크Dev Patnaik는 그의 저서인 《와이어드(Wired)》에서 인간이 그룹이나 조직 안에 있을 때 이 능력을 잃는 것 같다고 말한다.

그는 USAA와 같은 공감 중심 조직이 거울 뉴런을 활성화하는 환경을 조성하여, 직원들이 주어진 고객 상황에 적절한 감정적 반응을 보일 수 있도록 한다고 설명한다.

황금률

연구에 따르면 공감을 받아들이며 발전하는 조직은 이러한 황금률을 따른다.

시간을 투자해 경청하기

오랜 시간 동안 심리학자들은 이해받는 느낌이 지닌 힘에 대해 인지해왔다. 미국의 심리학자 칼 로저스Carl Rogers는 인간 중심 치료의 창시자 중 한 명으로, 이렇게 설명한다. "누군가가 내 말에 귀 기울여 줄 때, 나는 세상을 새롭게 바라보고 한 걸음 더 나아갈 수 있습니다. 해결 불가능해 보이는 일들이, 누군가가 귀를 기울였을 때 해결될 수 있는 것을 보면 매우 놀랍습니다. 저는 이렇게 섬세하고 공감적이며 집중된 경청을 경험한 시간을 가질 수 있어서 매우 감사했습니다."

러쉬는 고객 접근 방식으로 공감을 조작했다. 직원들은 판매 중인 제품을 사용해보고, 심지어 제품 성분을 이해할 수 있도록 제품 제조에도 참여하도록 한다. 고객에게 진단을 위한 개방형 질문을 함으로써, 직원들은 점차 각 고객에게 정확히 맞는 제품을 찾을 수 있다. 경청의 상업적인 결과는 높은 순고객추천지수 점수와 높은 수준의 교차 판매라는 놀라운 성과로 이어진다. 이 모든 것은 귀 기울여 듣는 것에 있다.

적절한 정서적 반응 제공하기

감성 지능은 주어진 상황에 대해 감성적으로 어떻게 반응할지 선택하는 능력이다. 은행 고객이 직불 카드를 분실했을 때, 고객은 동정심이 아닌 안심을 원한다. 그들은 카드 거래가 즉시 중단되고 새 카드가 신속하게 발급될 것이라는 확신을 갖고 싶어 하며, 자신이 어리석게 느껴지지 않도록 배려받는 것이 중요하다.

구글과 같은 선도적인 조직들은, 신입 사원을 채용할 때 성적이나 경력보다는 지원자의 감성 지능에 더 의존한다. 구글은 지원자에게 '구글리니스'를 찾는다. 이는 공감력을 기반으로 한 태도로 볼 수 있다. 이에 대한 구체적인 테스트는 없지만, 채용 담당자는 채용 과정에서 지원자가 보여주는 행동 방식에서 특정한 특성을 갖추었는지를 평가하도록 신입 모집자들이 훈련되어 있다.

비슷한 경험을 공유하기 – 정서적인 연결을 만들기

온라인 신발 소매업체 개인적인 감정적 연결을 형성하고 오래도록 기억에 남는 경험을 남기는 능력을 자사의 핵심 차별화 요소 중 하나로 꼽는다. 이것은 긍정적인 입소문에 의존하는 마케팅 전략을 뒷받침한다. 회사는 자연스럽게 공감력이 뛰어난 인재를 채용한 후, 고객과 유대관계를 구축할 방법을 교육한다.

통화 품질 평가의 근거는 다음과 같다.

- 상담원이 고객과 개인적인 유대관계 구축을 시도했는가?
- 고객이 응답했을 때, 그 연결을 계속 유지했는가?

- 고객이 신발을 구매하는 진정한 동기(예, 결혼식, 파티, 특별한 행사 참석)를 찾아냈는가? 고객의 니즈를 정서적으로, 이성적으로도 충족시켰는가?
- 정말 깜짝 놀랄 만한 '와우' 경험이었는가?

기업은 고객과 소통하기 위해 다양한 방법을 사용한다. 직원은 날씨나 스포츠 같은 가벼운 주제로 이야기를 나누거나, 고객의 말에서 대화의 실마리를 얻기도 한다. 최근에는 고객들의 전화를 고객과 같은 주에서 살거나 근무한 경험이 있는 상담원에게 전화를 연결했다. 이렇게 연결된 직원과 고객은 공통점을 가지고 상담을 시작한다. 회사는 또한 직원들이 자신의 경험을 공유하는 것이 고객과 동등하게 상호 작용하는 기틀을 제공한다는 사실을 알게 되었다.

고객을 최우선으로 대우하기

공감이 풍부한 경험은 직원이 고객에게 개인적인 관심을 보여줄 때 발생한다. 이는 '나는 한 사람으로서 당신에게 관심이 있습니다. 나는 당신과 친밀하게 소통하고 싶습니다. 당신은 나와 내 조직에 중요한 존재입니다. 당신은 소중합니다.'라는 메시지를 전달하는 과정은 일련의 행동으로 구성된다.

문제를 책임지고 해결하기

고객은 문제를 제기할 때, 조직 내 특정 직원이 문제를 책임지고 성공적으로 해결해줄 것이라는 확신을 원한다. 퍼스트 다이렉트는 종종 KPMG의 탁월성 조사에서 자주 선두를 차지하는데, 응답자들의 피드백 대부분이 퍼스트 다이렉트 직원이 얼마나 훌륭하게 오너십을 가지고 이를 해결하기 위해 적극적으로 책임지는 태도를 보인다는 점을 강조한다.

관심 보이기

응답자들은 직원들이 관심을 보여주는 세 가지 방법에 관해 이야기한다.

- 나에게 '특별한' 관심을 기울인다.
- 상당한 노력을 기울인다.
- 커피 한 잔의 작은 배려처럼, 기대하지는 않았지만 감사하게 느낄 수 있는 무언가를 추가로 제공했다.

몸짓, 목소리 톤 그리고 열정은 모두 직원이 고객에게 좋은 결과를 제공하고자 하는 진심을 보여주는 중요한 요소다.

공감은 다른 사람의 감정을 이해하고 이를 긍정적으로 반영함으로써, 고객이 자기 자신과 기업에 대해 좋은 감정을 갖도록 돕는 방식이다. 이를 위해서는 고도로 발달된 감성 지능과 함께 강력한 감지 능력이 필요하다. 고객이 안심을 원할 때 문제를 대신 해결해주고, 예상치 못한 일이 발생했을 때 긴급하게 대응하고, 동정과 이해가 필요한 순간에 적절히 반응하는 것은 퍼스트 다이렉트 직원들의 특징으로 자주 언급된다.

주요 시사점

1. 여섯 가지 요소들은 훌륭한 경험을 정의하는 특성이다.
2. 여섯 가지 요소 중 일부만 선택해서 적용할 수는 없다. 탁월성을 달성하기 위해서는 여섯 가지 요소가 모두 필요하다.
3. 이 요소들은 인간 심리에 뿌리를 두고 있기에, 인간 대 인간 또는 인간 대 디지털 방식의 상호작용에서 작용한다.
4. 각 요소는 상호 의존적이며 서로 얽혀있다. 이렇게 각 요소가 연결되는 방식이 전체 고객 경험을 제공한다.

07

여섯 가지 요소,
이렇게 활용한다

7장에서는 성공적인 고객 경험의 핵심적 특징인 여섯 가지 요소를 살펴보도록 한다. 오늘날 러시아에서 브라질에 이르기까지 전 세계 기업들이 널리 채택하고 있는 여섯 가지 요소는, 변경 관리뿐만 아니라 모범 사례들을 조직 생활의 모든 구조에 스며들게 하는 전략적인 방법이다. 이 요소들은 조직의 질문에 답을 제시하기 위한 메커니즘을 제공할 뿐만 아니라, 공통된 언어와 접근 방식을 중심으로 조직의 노력을 조정하는 엄격한 체계성을 구축한다.

성공적인 고객 경험을 달성하려면, 여섯 개의 요소들을 하나의 세트로 관리해야 한다. 여섯 개중 하나라도 빠지면 나머지 다섯 개의 의미가 퇴색된다. 이 요소들은 각기 순차적으로 또는 동시에 개발시킬 수 있지만, 기업이 상호 연결성을 관리할 때 비로소 경쟁력 있는 가치가 드러난다. 조직이 한두 가지에만 집중하면 단기적인 이익을 얻을 수는 있겠지만, 장기적인 성공이 보장되지 않는다. 앞에서 살펴볼 바와 같이, 집중과 우선 순위화를 모두 지원하는 요소에는 자연스러운 계층 구조가 존재한다.

브랜드 목적과 여섯 가지 요소

브랜드를 일련의 커뮤니케이션이 아닌 경험으로 전환하는 일은 항상 간단하지는 않다. 많은 조직의 경우, 고객과의 상호작용에서 브랜드에 대한 흥미를 높이려는 노력은 체계적이지 못하다. 이번 장에서는 그 과정을 구체적으로 제시하고, 여섯 가지 요소가 경험의 완성도와 일관성을 어떻게 높이는지 설명한다. 고객 및 직원 경험의 모든 구성 요소는 브랜드와의 일관된 조화를 이루도록 정교하게 설계될 수 있다.

표 7.1 여섯 가지 요소의 황금률과 브랜드

요소	브랜드 지향점	고객 경험의 황금률
개인화	• 나만의 맞춤형 서비스가 가능하다. • 커뮤니케이션이 나에게 관련 있고 의미 있게 느껴진다. 예를 들어, 버거킹의 '당신의 방식대로 드세요.'가 있다.	• 나를 알아봐 줄 것 • 우리가 함께한 이력을 기억하고 인식해 줄 것 • 내가 능숙하다고 느낄 수 있게 해주고, 주도권을 내게 줄 것 • 내게 의미 있는 무언가로 놀라움을 줄 것 • 나의 니즈와 상황을 이해할 것 • 제공하는 서비스를 개인화할 것

요소	브랜드 지향점	고객 경험의 황금률
개인화		• 내가 소중하고 중요한 존재라고 느끼게 해줄 것
해결책	뛰어난 서비스 혹은 상황을 바로잡겠다는 것을 공개적 약속. 예를 들어서, 그린 플래그와 프리미어 인이 있다.	• 책임감을 가지고 임할 것 • 한 번에 문제를 해결할 것 • 나를 의심하지 말고, 내 입장에서 생각할 것 • 따뜻하고 진심 어린 사과를 전할 것 • 해결책을 스스로 책임지고, 신속하게 조치할 것 • 문제를 얼마나 잘 해결하는지로 놀라움을 줄 것 • 필요하다면 한 걸음 더 나아가 최선을 다할 것 • 앞으로의 선택지를 제시해줄 것
진실성	우리의 명성: 단순히 이해관계자를 위한 수익 창출을 넘어, 우리가 어떤 가치를 추구하는 기업인지에 대한 정체성. 예를 들어, '우리는 최고의 정직성, 윤리적 행동, 그리고 모범적인 도덕성을 지향합니다.', '화장품 산업의 동물 실험에 맞서 싸웁니다.'가 있다.	• 자신의 역할에 대해 전문성과 능숙함을 보여줄 것 • 약속은 반드시 지킬 것 • 내 이익을 위해 행동하고 있다는 것을 분명히 보여줄 것 • 한 사람으로서 나에게 관심과 배려를 보여줄 것 • 말한 바를 반드시 실천할 것 • 과정과 상황을 꾸준히 알려줄 것 • 호감 가는 태도를 유지할 것
시간과 노력	쉽고 간단한 서비스를 제공하겠다는 공개적 약속. 예를 들어, 미국 자동차 보험사 게이코(Geico)는 '15분 이내 출동하여 보험비를 15% 이상 절감해 드립니다.'라고 설명한다.	• 내가 투자한 시간이 기분 좋게 느껴지도록 해줄 것 • 간단하고 명확한 안내를 제공할 것 • 목표까지 최대 세 단계 이내로 이끌어줄 것 • 대기 시간은 2분을 넘기지 않을 것 • 문의할 때 내가 원하는 답변을 바로 제공할 것 • 앞으로 예상되는 문제나 주의할 점을 미리 알려줄 것
기대	브랜드 약속. 예를 들어, 퍼스트 다이렉트의 슬로건은 '예상하지 못한 은행', '인간의 정신을 품고 비행하기'이다.	• 내 기대치를 정확하게 설정해줄 것 • 일정이나 시간에 대해 나와 사전 합의할 것 • 내가 예상한 것보다 빠르게 응답할 것 • 전문 용어 없이 쉬운 언어로 설명할 것 • 약속한 바를 지키거나 그 이상을 제공할 것 • 과정을 단계별로 잘 안내해줄 것 • 정보를 투명하고 정직하게 제공할 것

요소	브랜드 지향점	고객 경험의 황금률
공감	도움을 주고, 친근하거나 이해심을 가진다는 공개적 약속. 예를 들어, '저렴한 우대 요금', 내셔널웨스트민스터 은행의 유용한 뱅킹 업무와 슬로건 '당신은 당신이 하는 행동 그 자체다.'가 있다.	• 내 말을 경청하는 데 시간을 아끼지 말 것 • 상황에 맞는 적절한 감정적 반응을 보여 줄 것 • 비슷한 경험을 공유해 공감할 것 • 나를 우선순위로 대할 것 • 내 문제에 대해 책임감을 가지고 해결에 나설 것 • 진심으로 신경 쓰고 있다는 태도를 보여 줄 것

목적 중심의 세상에서 경험 브랜딩은 단순히 잘 꾸며진 제품보다 훨씬 더 심도 있게 접근해야 한다. 브랜드와 같은 가치를 공유하고, 현실적이든 이상적이든 자신의 성격 일부를 브랜드에서 발견하는 사람들을 대상으로 한다. 이러한 경험적 특성은 모든 제품, 커뮤니케이션, 경험 그리고 접점마다 스며들어야 한다.

브랜드 개성은 명확하게 정의된 가치와 행동을 안내하는 신념들이 정립된 브랜드 지향점에서 자연스럽게 형성된다. 이러한 가치와 신념은 여섯 가지 요소들에 해당하는 모든 행동과 활동을 촉진한다.

브랜드 경험을 정의하기

6장에서는 각 요소에서 성공을 이끄는 황금률을 살펴보았다. 브랜드 지향점을 여섯 가지 요소들에 적용하면, 황금률은 해당 지향점을 어떻게 일상적인 경험으로 전환할 수 있는지를 보여준다. 표 7.1에 몇 가지 사례들이 나와 있다.

러쉬

러쉬는 브랜드 기본 범위를 여섯 가지 요소들에 매핑할 수 있는 기업의 모범 사례다.

진실성

러쉬는 무언가를 대표하고 행동으로 실천하는 것이 중요하다고 믿는 기업이다. 러쉬는 브랜드 슬로건에서 말하듯이 '우리 엄마가 자랑스러워할 회사'처럼, 도덕적 가치를 중시하며 사업을 운영하는 것에 집중한다. 직원들의 열정을 자극하는 것은 러쉬의 캠페인 정신이다. 러쉬는 '윤리적'이라는 표현은 피하면서도, 스스로를 지속 가능하고 책임감 있으며 선한 기업으로 정의한다. 러쉬는 동물 실험, 불필요한 포장, 과도한 경영진 보수를 지양하고, 사회적 가치에 부합하는 단체에 기부하며, 공급업체에 공정한 가격을 지급하는 등 브랜드의 신념을 실천한다.

해결책

러쉬는 즉각적이고 이의 없는 반품 정책을 운영한다. '고객은 항상 옳다'라는 러쉬가 추구하는 모토는, 고객이 제품 구매에 완전히 만족하기를 원하며 이유가 무엇이든 제품을 교환하거나 환불이 가능하다는 것을 설명한다. 종종 고객은 불편에 대한 보상으로 다양한 무료 샘플을 받는다.

기대

러쉬의 브랜드 약속은 '신선한 핸드메이드 화장품'으로 명확하다. 러쉬의 모든 고객 경험 요소는 이 같은 명확한 약속을 실현하는 데 초점을 맞춘다. 또한, 고객의 기대는 단순히 판매하는 제품의 품질뿐만 아니라 직원들의 태도와 개성에서도 충족된다. 러쉬의 직원들은 자신이 판매하는 제품을 진심으로 좋아하고, 열정적이며, 적극적으로 추천하는 팬 같은 존재다.

시간과 노력
조직 대부분은 고객의 시간을 절약하는 방법, 조직에 쉽게 접근하고 이용하도록 만드는 방법에 그 초점을 두고 있다. 러쉬에서는 이 모든 것이 현실로 이루어진다. 러쉬는 고객이 의미 있게 시간을 보낼 수 있을지에 집중한다. 집에서도 러쉬 경험을 즐길 수 있도록 다양한 제품을 제공하며, 이를 통해 휴식과 스트레스 해소를 돕는다. 이것이 바로 '나만의 시간'이다. 자신을 위한 시간과 사색의 순간을 제공하며, '나만의 시간'을 갖는 경험을 위해 명확한 문구가 표시된 제품 세트를 제공한다.

개인화
이것은 직원이 고객과 상호작용하는 방식에서 시작된다. 판매를 시도하지 않고, 진단적인 질문을 통해 고객의 구체적인 니즈를 파악한 후 적절한 제품을 추천한다. 러쉬는 개인화 부문에서 궁극적인 목표를 성취하였다. 고객이 러쉬 및 다른 '러쉬즈'와 유대관계를 형성하면서 자신의 가치가 높아졌다고 느끼는 것이다.

공감
러쉬는 고객 접근 방식에서 공감을 체계화했다. 개방형 진단 질문을 통해 개별 고객에게 적합한 제품을 추천한다. 그 결과 높은 순고객추천지수 점수와 높은 교차 판매율을 기록하며, 놀라운 상업적 결과를 달성하였다. 이 모든 것은 경청하는 태도에서 비롯된다.

디지털 미래를 향한 고객 경험

우리는 기술 플랫폼을 통해 삶을 관리하는 시대에 접어들고 있다. 포털은 다양한 일상의 문제를 해결하고, 물건을 구매하며, 일정과 일상을 관리하는 핵심 창구가 되고 있다. 이러한 플랫폼을 통해 제공된 정보를 바탕으로, 기업은 고객의 요구 사항을 예측하고 사전에 대응할 수 있다. 자동화 컨시어지 서비스와 챗봇은 AI와 머신 러닝 기반의 기능을 통해 고객에 대한 지식을 축적하여, 향후 필요한 사항을 예측하고 필요한 순간 즉시 제공할 수 있도록 돕는다.

기술은 파괴적 혁신이자 성장 촉진제임이 분명하다. 성공적인 기업은 고객의 문제를 먼저 정의하고, 이를 해결하기 위해 기술과 창의적 혁신을 적용한다.

여섯 가지 요소를 활용한 트렌드 분석은 미래의 고객 경험을 개선할 기회들을 발견하는 데 유용하다. 기업이 최첨단 기술의 흐름을 파악하는 것은 전략을 유연하게 조정하고, 기술 도입이 고객 경험 개선으로 이어지도록 보장하는 데 핵심적인 역할을 한다. 새로운 기술에 대한 분석 결과를 살펴보면, 그림 7.1에서 나타나는 바와 같이, 가장 큰 영향(음영 부분)을 받는 부문은 개인화와 시간 그리고 노력일 가능성이 높다.

개인화

개인화된 경험의 핵심은 상황으로, 즉 제품이나 서비스를 고객의 삶과 연결하고, 고객이 결정을 내릴 준비가 되었을 때 적절한 순간에 존재하는 것이다. 이는 단순히 기업의 스토리를 전달하거나 구매 가능성이 큰 시점에만 등장하는 것이 아니라.

개인화는 고객의 자아존중감에 영향을 미친다. 어떤 면에서 이것은 고객 자신이 가치 있고 중요하다고 느끼도록 만드는 것이다. 또 다른 측면에서는 공유된 가치와 브랜드 개성에 관한 것이다. 이를 위해서는 조직이 고객의 개인 브랜드에서 어떻게 역할을 하는지를 이해하는 것을 의미한다. 랄프 로렌과 캘빈 클라인과 같은 소매업체는 고객이 자신의 성격이나 이상적으로 닮고 싶은 특성을 브랜드에서 발견할 수 있도록 설계되어 있다.

따라서 브랜드 경험은 디지털이든 인간 중심이든 개인의 자기 인식을 증폭하고 반영해야 한다. 이러한 흐름은 개인 맞춤형 제품과 서비스의 정밀한 큐레이션으로 이어지고 있으며, 자포스와 넷플릭스 등은 개개인에게 꼭 맞는 제품을 제공하기 위해 이를 실현하고 있다. 흥미로운 사례로는 2015년 두바이 미래 정부 서비스 Duabai Future od Government Services Exhibition에서 파르마 카페 Pharma Café로 알려진 팝업 카페가 운영되었다. 카페에서 식사할 때 방문객들은 입구에서 손을 스캔하였고, 이를 통해 얻은 자신의 DNA에 기반한 맞춤형 음료를 받았다. 이 개념은 웰니스 산업에서 한층 더 발전하여, DNA 테스트를 활용해 개별 맞춤형 보충제, 운동 프로그램, 웰빙 활동을 처방하는 방식으로 적용되고 있다.

그림 7.1 여섯 가지 요소와 관련 기술들

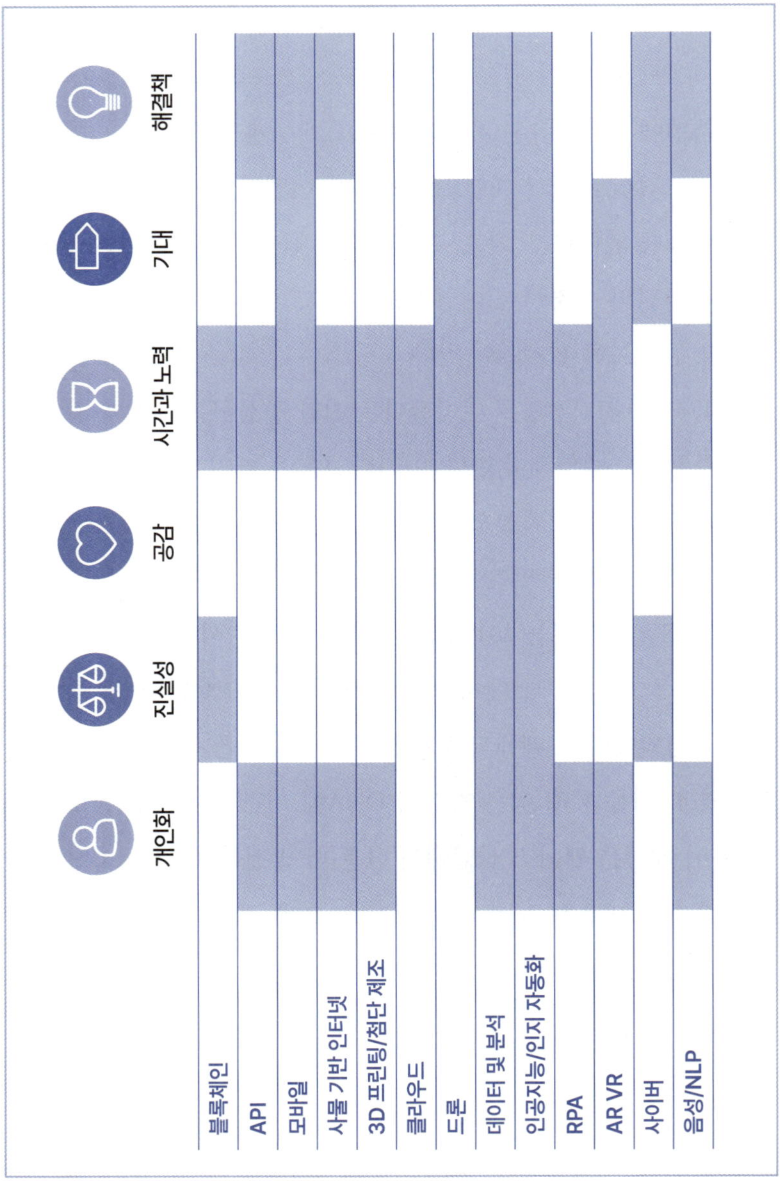

	개인화	진실성	공감	시간과 노력	기대	해결책
블록체인		■				■
API	■	■		■		■
모바일	■			■		■
사물 기반 인터넷				■		■
3D 프린팅/첨단 제조						■
클라우드				■		
드론				■	■	■
데이터 및 분석	■	■	■	■	■	■
인공지능/인지 자동화	■	■	■	■	■	■
RPA		■		■		
AR VR	■		■		■	■
사이버		■				
음성/NLP	■		■			■

해결책

해결책은 기본적인 사항, 즉 조직의 일상에서 당연하게 받아들이고 고객 또한 감수해야 한다고 여겼던 문제들을 해결하는 과정이다. 그러나 소셜 미디어가 폭발적으로 성장하면서, 조직은 사회적 영향을 미치는 문제에 대해 훨씬 더 신중해졌다. 경험은 점점 더 사회화되고 있다. 부정적인 리뷰는 기존 고객과 잠재 고객에게 '나에게도 일어날 수 있는 일'이라는 반응을 유발하며 비즈니스에 심각한 피해를 줄 수 있다. 부정적인 인식을 긍정적인 인식으로 전환하는 능력이 필요하며, 그 과정에서 사회적 자본을 재구축하는 역할을 한다.

고객 문제를 예측하는 것은 새로운 과학 영역이다. 여기에는 고객이 특정 상황에서 직면할 수 있는 장애물과 문제를 이해하고, 문제가 발생하기 전에 해결하여 일이 잘못되었을 때 고객이 상황을 통제할 수 있도록 하는 것이 포함된다.

USAA 고객은 사고가 일어났을 때 자동차 보험 앱을 사용할 수 있다. 사고가 발생하면 휴대전화에 무슨 일이 일어났는지 쓰고, 현장 사진을 찍기만 하면 된다. 증강 현실 화면을 통해 고객은 사고의 주요 측면을 정확히 파악할 수 있다. 이 앱은 사고 당시의 GPRS 좌표와 기상 조건을 추가한다. 그리고 버튼을 누르면 불만이 즉시 접수된다. 여기에는 그 어떤 신청 양식이나 서류 작업도 필요하지 않다. 교체 차량은 1시간 안에 현장으로 배송될 수 있다.

스웨덴 철도청Swedish Rail은 예측 분석을 사용하여 잠재적인 대중교통 지연을 사전에 파악하고 고객에게 대체 경로를 문자로 전송한다. 통근 예측이라고 불리는 이 모델은, 2시간 후의 철도 시스템을 시각화하기 위해 예측 모델을 적용한다. 스톡홀름스토그Stockholmstag은 예측기법을 활용하여 철도 서비스 차질을 예측할 수 있고, 더 중요한 점은 이 회사의 교통관제 센터가 대부분의 지연을 유발하는 연쇄 효과를 방지할 수 있다는 것이다.

진실성

중요한 구매 결정의 90%는 사회적 영향을 받는다. 구글 연구에 따르면, 소비자는 평균적으로 결정을 내리기 전에 11개의 정보 출처들을 참조한다. 의사 결정은 검색 엔진에서 시작할 수 있지만, 고객들이 통찰력과 방향을 구하고자 소셜 네트워크를 검색하는 추세가 점차 늘어나고 있다. 조직이 고객과 정서적으로 연결되고 의미 있는 존재가 되려면, 고객이 신뢰하는 사회적 네트워크에 참여할 수 있어야 한다.

기업들은 이제 자신들의 타겟 고객도 또 다른 '관객'을 가지고 있다는 사실을 이해하기 시작했다. 그리고 기업은 고객뿐만 아니라 그 주변 사람들까지도 진정성과 신뢰성을 느낄 수 있어야 한다는 점을 인식하고 있다. 기업은 다양한 방식으로 접근하지만, 이제는 훌륭한 기업 시민으로서의 역할이 커뮤니케이션의 핵심 요소가 되고 있다.

미국의 앨리 뱅크Ally Bank는 업계의 잘못된 여러 판매 문제들로 인해 발생한 은행에 대한 반감을 창의적으로 대응했다. 은행업의 새로운 행동 기준을 설정하고, 고객을 위해 옳은 일을 하는 것에 대한 주제로 광고 캠페인을 시작했다.

코카콜라에게 진실성은 지속 가능성에 대한 약속이다. 코카콜라는 쓰레기 매립지 배출량을 최소화하는 노력에 힘쓰고, 이러한 목표들을 달성하고 있다는 것을 입증하고 있다.

시간과 노력

이것은 현재의 긴급 사안에 대응할 수 있다는 것을 의미한다. 9시부터 5시까지 운영되는 소셜 미디어 조직은 이제 의미가 없다. 커뮤니케이션은 이제 24시간 쉼 없이 운영되고 있다. 즉, 고객이 필요할 때 언제든지 존재하고 응답할 수 있어야 한다. 예를 들어, 네덜란드 항공사 KLM은 모든 항공 문서들을 한 곳에서 디지털 방식으로 이용할 수 있게 하였고, 메신저 봇을 통해 지연 발생 시 실시간 업데이트를 제공한 최초의 항공사였다.

기업들은 이제 터치 포인트를 설계하여 인간의 개입 없이도 원활한 서비스가 가능하도록 하고 있다. 예를 들어 스타벅스의 모바일 앱은 적립과 사전 주문을 관리한다. 이제 거의 2,800만 명의 사용자가 최소 6개월에 한 번씩 앱으로 제품을 구매한다. 이제는 전체 고객의 25%가 주문하기 위해 줄을 설 필요가 없는 셈이다.

님블Nimbl은 뉴욕에서 운영되는 모바일 ATM이다. 고객이 앱을 통해 필요한 현금 금액을 지정하기만 하면, 사무실 책상이나 집으로 직접 배달된다. 노드스트롬 트렁크 클럽Nordstrom trunk club은 남성 의류를 매달 배송하는 서비스를 제공하며, 고객의 반품 내용을 바탕으로 개인에게 맞는 제품이 무엇인지 파악한다. 아마존은 도심에서 1시간 내 배송 서비스를 제공하며, 선반에서 고른 물건에 따라 알맞은 금액이 자동 청구되는 시스템을 바탕으로 계산하려고 대기할 필요가 없는 계산대 없는 매장을 운영한다.

기대

증가하는 고객 기대 수준에 대응하기 위해 조직의 애자일 능력이 중요해지고 있으며, 이제 사일로 기반 비즈니스 모델은 적합하지 않다. 기업들은 빅데이터를 활용하여 고객들의 기대 수준을 뛰어넘는 경험을 제공하는 도구로 활용되고 있다.

지루한 순간을 감지하고 개인 맞춤형 콘텐츠를 보내주는 앱이 있다. 텔레포니아Telefonica는 지루함과 그것을 감지하는 방법에 대해 연구를 수행했다. 전화 사용을 모니터링하고 4천만 개 이상의 데이터 포인트에 접근하여 보라앱Borapp을 개발했다. 수집된 데이터를 활용하여, 앱은 82%의 정확도로 지루함을 예측하고 맞춤형 콘텐츠를 휴대폰에 전송할 수 있다.

스마트 홈과 사물 기반 인터넷은 냉장고 재고 보충과 같은 일상적인 작업을 새로운 수준의 자동화로 끌어올리고 있다. 가정에 설치된 장치는 모바일 배송 서비스와 연결되어 사용자의 선호도를 학습하며, 특정 날짜에 고객이 원하는 제품을 정확히 주문할 수 있도록 한다.

공감

사회 세계에서 사람들의 관심이 자신의 관심사, 도전 과제 및 선택 사항을 이해하고 공감하는 사람들에게 이끌린다. 소속감은 이해받는 느낌을 통해 형성된다. 공감은 감지 가능하며 심리적인 만족에 필수적이지만, 기술을 통해 인간적인 공감을 어떻게 전달할 수 있을까?

한편으로는 고객 서비스를 위한 동반자 로봇의 적응이 증가하고 있다. 인구 고령화가 급속히 진행되고 있는 일본에서는 로봇 간병인 사용이 급속도로 증가했다. 인간의 기본적인 감정을 인식하고 반응할 수 있는 공감 로봇의 학습은 인공 지능의 발전으로 가속화되어 고객 서비스 영역으로 이동하고 있다. 아마존은 인간의 행동을 미묘하게 모방하여 더욱 매력적이고, 심리적인 만족도가 높고, 연결성이 높아 보이는 인터페이스를 설계하고 있다.

무엇부터 바꿀 것인가: 실행 우선순위

조직 대부분은 이니셔티브를 실행할 수 있는 역량을 과대평가한다. 어느 정도 규모가 있는 조직에서는 동시에 진행 중인 이니셔티브가 수백 개에 이를 수 있다. 이들 중 다수는 부서 차원에서 시작되며, 고객 중심성과는 무관한 기존 비즈니스 모델 내에서 부서의 운영 역량을 향상하는 데 집중된다. 이러한 이니셔티브들의 총합이 고객에게 전반적으로 긍정적인 엔드투엔드 경험을 제공하는 경우는 극히 드물다.

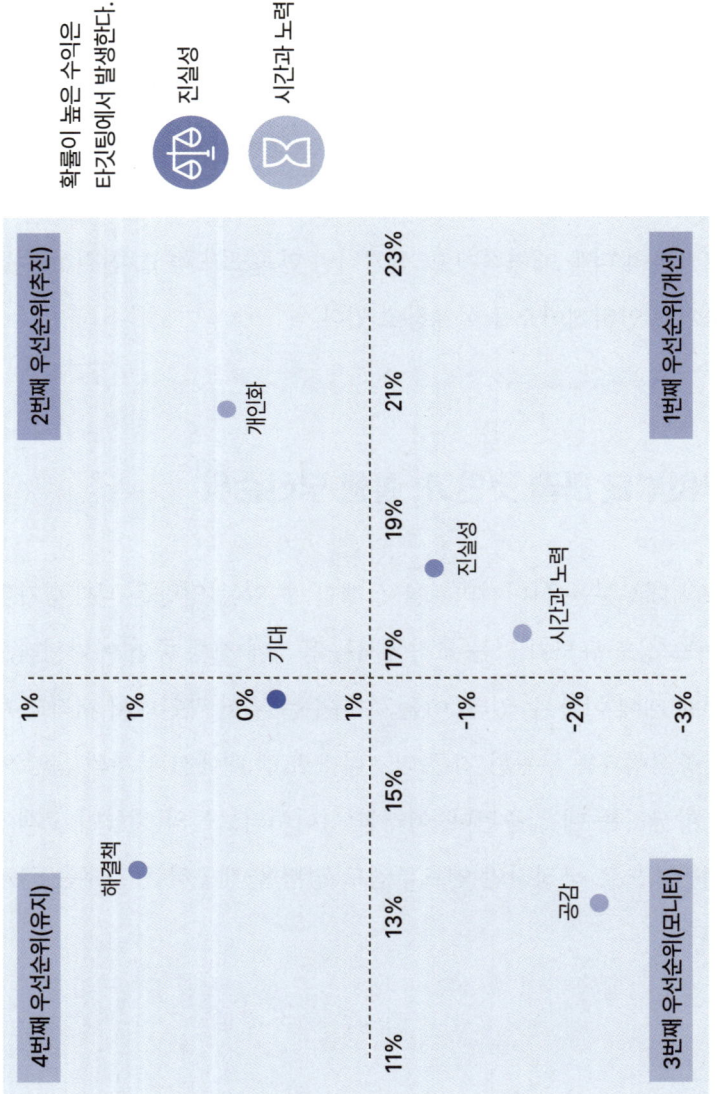

그림 7.2 여섯 가지 요소의 우선순위

286 2부 탁월한 고객 경험을 완성하는 프레임워크

수많은 사례 연구에서 우리는 이러한 이니셔티브 중 소수만이 고객에게 의미 있는 변화를 가져올 수 있다는 것을 발견했다. 한 대형 은행은 진행 중인 433개의 이니셔티브 중 실제로 11개만이 고객에게 큰 차이를 만들 수 있었다. 100개 이상의 이니셔티브는 부서별 사일로 목표만 충족할 뿐, 고객 중심적인 세계에서는 이제 필요하지 않으므로 중단할 수 있으며, 이를 통해 '특징적인' 11개 프로젝트의 성공을 보장하는 데 자원을 집중할 수 있다.

문제는, 정렬되지 않은 이니셔티브들이 시간과 자원, 노력을 소모함으로써 실질적인 긍정적 변화를 이끌 수 있는 이니셔티브들에 대한 지원이 부족해지고, 그 결과 최적 이하의 성과로 이어진다는 점이다. 따라서 우선순위를 설정하고 순차적으로 실행하는 것이 필수적이다. 무엇이 실제로 중요한지, 그리고 이를 효과적으로 지원할 수 있는지를 판단하는 일은 핵심적인 리더십 과제다.

최우선으로 집중할 목표를 결정할 때, 많은 기업이 성능 중요도 회귀 분석 통계 기법을 활용한다. 이 통계 기법은 고객이 받은 서비스 품질에 얼마나 만족하는 평가하고, 해당 서비스의 특성이 얼마나 중요한지를 상대적으로 측정하는 데 사용된다. (그림 7.2 참조)

회기 분석은 여섯 가지 요소 모델과도 잘 적용되기 때문에, 서비스 개선에 가장 큰 영향을 미치는 요소를 명확하게 파악할 수 있다. 다만, 기업은 분석 방식에 따라 각각 다른 결과로 이어질 수 있으므로 부정적 요인과 긍정적 요인에 대한 분석을 신중하게 설계해야 한다.

런던경제학교의 연구에 따르면 기업은 긍정적 고객을 만드는 것보다 부정적 고객을 제거할 때 4배의 상업적 이익을 달성한다. 부정적인 사유는 긍정적인 사유와 다르다. 결과적으로, 여섯 가지 요소들에 초점을 맞출 때, 고려해야 하는 매슬로의 욕구 단계 이론(Maslovian hierarchy of needs, 인간의 욕구는 중요도 별로 단계를 형성한다는 이론. 하나의 욕구가 충족되면 다음 단계의 다른 욕구가 나타나며 이를 충족하고자 하는 것이 인간의 욕구)이 있다. 낮은 단계의 욕구가 제대로 충족되지 않아 부정적 요소를 유발하는 상황에서, 높은 단계의 개인화 또는 공감을 개선하는 데 집중하는 것은 의미가 없다.

계층 구조(그림 7.3 참조)는 조직의 노력을 어디에 집중해야 할지를 조명한다. 불신이나 미해결된 문제, 잘못된 기대 설정을 해소하는 것이 기본을 다지는 핵심이다. 고객이 조직을 쉽게 이용할 수 있고, 자신의 상황에 잘 맞으며, 조직의 관심과 배려를 느낄 때, 이는 적극적인 추천으로 이어진다.

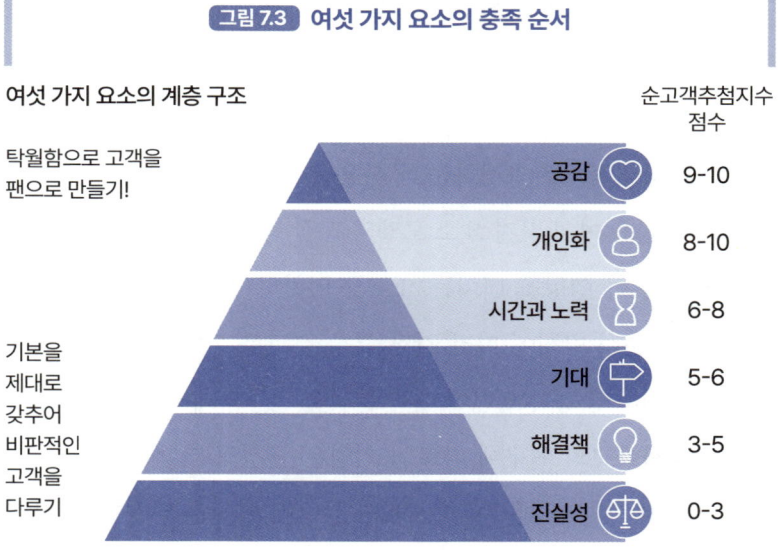

그림 7.3 여섯 가지 요소의 충족 순서

이니셔티브 효율성 평가

표 7.2는 개별 이니셔티브의 기여도를 검증하는 채점 기반 방식을 보여준다. 두 가지 점수 척도 중 어느 하나에도 기여하지 않는 이니셔티브는 불필요하다고 판단되어 중단해야 한다.

직원 경험과 고객 경험의 연결

여섯 가지 요소는 직원 영역에도 똑같이 중요하며, 직원의 경험을 고객 경험과 일치시키는 자연스러운 다리를 연결한다. 3장에서는 신입 직원과 고객 경험과의 연관성을 살펴보았다.

고객 경험의 변혁을 위해서는 기업이 직원 경험에 대해 동등하게 체계적인 접근 방식을 사용해야 한다. 세상을 변화시키려는 사람들

표 7.2 여섯 가지 요소들과 이니셔티브의 우선순위화						
영향력을 기준으로 각 이니셔티브에 1에서 5사이의 점수를 매기십시오						
	진실성	해결책	기대	시간과 노력	개인화	공감
무대응의 결과						
재정적 ROI						
이행의 용이성						
리스크 준수						
고객에게 주는 이점						
전략적 중요도						

그림 7.4 고객과 직원 경험을 일체화하기

		직원 경험	고객 경험
차별화 요인	고객의 상황을 이해함으로써 깊은 친밀감을 형성하기	**공감** • 동료들과 유대감을 형성하고 소속감을 느낄 수 있다. • 문제들은 섬세하게, 감성 지능을 바탕으로 다뤄진다. • 리더들은 압박을 받는 상황에서도 긍정적으로 반응하며, 가치에 부합하는 방식으로 행동한다.	**공감** • 고객을 진심으로 이해하려는 시간을 투자한다. • 비즈니스와 개인 모두에게 관심을 가지는 모습을 보인다. • 불공정하게 대우받았다는 느낌을 남기지 않는다.
	개별적인 관심을 통해 감정적 연결을 이끌어내기	**개인화** • 개인으로서 성장하고 최고의 역량을 발휘할 수 있도록 돕는다. • 고유한 재능을 활용할 수 있는 업무 역할을 제공한다. • 지속적인 학습과 발전을 장려하는 환경을 조성한다.	**개인화** • 고객으로서 중요하게 여겨지고 있다고 느끼게 만든다. • 개인으로서 특별하고 성공할 수 있다고 느끼게 만든다.
기본 사항	고객의 노력을 최소화하고 마찰 없는 프로세스를 만들기	**시간과 노력** • 나의 시간과 추가 노력을 인정하고 적절히 보상한다. • 개인 목표를 달성하기 위한 여정을 명확하고 단순하게 설계한다. • 리더와 매니저가 나의 시간을 존중한다.	**시간과 노력** • 고객의 시간 투자가 최대한의 가치를 가지도록 한다. • 기존 자산을 재사용하려는 의지를 보인다. • 비용을 절약할 수 있는 방법을 현명하게 찾아낸다.
	고객의 기대를 관리하고, 충족하며, 그 이상을 실현하기	**기대** • 조직은 도전적인 목표를 설정한다. • 리더는 자신의 기대를 명확히 전달한다. • 리더는 유익하고 건설적인 피드백을 제공한다.	**기대** • 프로젝트가 진행됨에 따라 기대를 정확히 설정하고 조정한다. • 과도하게 약속하고 부족하게 이행하지 않는다. • 명확하고 개방적으로 소통한다.

		직원 경험	고객 경험
기본 사항	부정적인 경험을 긍정적인 경험으로 전환하기	**해결책** • 개인적인 문제를 신속하게 처리한다. • 나와 내 팀에게 영향을 미치는 결정에 참여할 수 있도록 한다. • 실수로부터 비난 없이 배울 수 있도록 리더가 지원한다.	**해결책** • 문제가 발생했을 때 신속하게 해결한다. • 문제가 있을 때 고위 리더는 보이지 않는 존재가 아니라, 드러나는 존재가 된다. • 문제 해결을 위한 일정, 업데이트, 계획을 제공한다.
	신뢰할 수 있는 존재가 되어 신뢰를 형성하기	**진실성** • 비즈니스는 단순히 돈을 버는 것 이상의 더 높은 목적을 가진다. • 인간관계는 신뢰를 기반으로 형성된다. • 커뮤니케이션은 일관되고, 개방적이며, 명확하다.	**진실성** • 약속한 것을 이행한다. • 어떤 가치를 더했는지를 명확히 전달한다. • 투명하고 개방적인 태도를 유지한다.

은 먼저 자신을 변화시켜야 한다는 것을 알고 있다. 이를 달성하기 위해 이러한 조직은 고객과 동일한 시각을 통해 직원을 바라보고, 고객 참여 전략과 같은 방식을 적용하여 직원 유치, 동기 부여 및 유지율을 향상하고 있다. 이는 가치 제안, 경험, 여정 및 개인 성장 전반에 걸쳐 이루어지며, 궁극적으로 고객 중심의 문화를 형성하는 것으로 나타난다.

연구에 따르면, 여섯 가지 요소는 고객과 직원 관계 모두에 보편적으로 적용될 수 있다. 사람과 그들의 디지털 정체성을 통합적으로 이해하면, 조직은 단절을 줄이고 구성원들을 하나의 방향성과 사고방식으로 연결할 수 있다. 동일한 프레임워크를 통해 직원과 고객 경험을 모두 살펴보면 몇 가지 장점을 얻을 수 있다. (그림 7.4 참조) 고객이든 직원이든 경험의 탁월함을 설명할 수 있는 일관된 내부 언어를 가질수 있으며, 원하는 고객 결과를 달성하기 위해 필요한 직원 경험과 행동을 명확히 보여주는 모델이 생긴다. 또한, 고객 중심 역량과 채용 기준의 기초를 정의할 수 있고, 고객의 목소리와 직원 피드백을 연결해 고객 및 인재 인사이트를 통합적으로 분석할 수 있는 기반이 마련된다.

3장에서 우리는 직원, 고객 그리고 상업적 결과 사이의 연결고리인 '인간 형평성 연속체'의 개념을 소개했다. 직원 경험의 여섯 가지 요소들은 이 모델에서 어떤 모범 사례가 있는지 평가하는 데 유용한 수단이다.

조직이 일관되게 정렬되어 있다면, 브랜드 가치와 내부 가치 사이에 구분이 없다. 문화가 브랜드이며, 브랜드가 문화다. 이 둘은 동의어다. 고객 경험은 조직 문화에서 비롯된 직원들의 행동에 뿌리를 두고 있다. 다음은 미국 내 상위권의 두 기업이 어떻게 직원 경험과 고객 경험을 조정하는지 보여주고 있다.

그림 7.5 여섯 개의 요소들과 인간 형평성 연속체

경험의 여섯 가지 요소들은 통합 프레임워크를 제공하여
직원 경험이 탁월한 고객 경험을 제공하도록 설계되어 있다.

 USAA

문화

- 공감을 중심으로 구축됨 – 고객을 더 잘 이해하는 조직은 없다.
- 고객과 서로에 대한 진심 어린 관심
- 고객 중심 사고에 집착하며 탁월한 서비스를 제공하는 데 전념
- 엄격한 직원 채용 및 온보딩 절차
- 고객 중심의 지표는 조직의 집중 방향을 이끈다. 예를 들어, 고객의 삶에 긍정적인 변화를 만들어내는 것이 그 지표가 될 수 있다.
- '서번트 리더십' 모델 – 먼저 섬기는 자세로 리드

직원 경험

- 포용적이고 다양성이 있으며, 성장 기회가 풍부한 조직
- '고객처럼 살아보기'를 통해 고객에 대한 공감을 형성

- 정기적인 고객 접점 세션 운영: '고객 서라운드 사운드'
- 지속적인 고객 서비스 교육 실시
- 전체 직원의 92%가 '이곳이 일하기 좋은 곳'이라고 응답

직원 행동
- 고객에게 '놀라울 정도로 훌륭한 서비스'를 제공
- 한 걸음 더 나아가는 서비스를 자발적으로 실천
- 고객에 대한 진심 어린 관심과 배려를 행동으로 보여줌

고객 경험
- 강한 신뢰감 형성
- 삶의 문제를 해결하는 혁신적인 제품들, USAA 연구실에서 고객과 함께 개발
- 소속감을 느끼게 하면서도 개인의 개성은 존중
- USAA를 책임감과 애국심의 상징으로 인식

고객 행동
- 놀라운 수준의 고객 충성도 (고객 유지율 97.8%).
- 다양한 제품을 함께 이용하는 비율이 높음
- 추천 의향이 매우 높음

상업적 결과
- 고객의 이익을 위해 단기적인 수익을 기꺼이 포기한다. 예를 들어, 이라크에 파병된 군인을 위한 보험료 환급이 있다.
- 순자산 매년 4% 증가.

- 자산 매년 7% 증가.
- 18억 달러의 배당금을 조합원에게 환급.

에어 뉴질랜드

2005년 에어 뉴질랜드가 자국 기업 역사상 가장 큰 손실을 기록했을 때, 회사의 미래는 암울해 보였다. 그러나 그때, 에어 뉴질랜드는 세계 역사상 가장 고객 중심적인 전환을 모색했다. 기업은 '본질적인 키위니스'를 발견했으며, 이는 뉴질랜드에 대한 자부심을 의미했다. 그 이후로 직원들, 커뮤니케이션 방식, 그리고 모든 접점의 거의 모든 요소가 자국에 대한 자부심을 반영했다. 오늘날 항공사는 세계에서 가장 지속적인 높은 수익성을 달성하는 풀 서비스 항공사 중 하나가 되었다.

이러한 변화를 촉진한 인물은 뉴질랜드에서 존경받는 은행 CEO인 랄프 노리스 경 Sir Ralph Norris이었다. 그는 사업을 혁신하기 위해 투입되었다. 랄프 경의 고객 중심 리더십과 고객 집중 전략은 '우리는 비행기를 운송합니다.'에서 '우리는 사람을 실어 나릅니다.'의 사고방식 변화로 구체화 되었다. 랄프 경이 가장 먼저 한 일 중 하나는, 에어 뉴질랜드의 상위 800명의 리더를 참여시켜, 고객 피드백과 관찰에서 얻은 인사이트에 대해 생각하고 토론하고 행동에 옮기는 것이었다. 그는 고객들이 비행을 경험할 때, 무엇을 중요하게 여기고 무엇을 싫어하는지 알고자 했다. 에어 뉴질랜드는 고객이 뉴질랜드인 특유의 친근하고 활기차며 약간 위트 있는 유머를 좋아한다는 것을 깨달았다. 이것이 변화의 기반이 되었으며, 직원들은 자신들의 뉴질랜드적 개성을 자유롭게 발휘하고, 고객들과 따뜻하고 친근하게 소통하도록 장려받고 권한을 부여받았다. 이 모든 고객 지식은 '본질적인 키위니스'에 구

> 현되어 있다. 에어 뉴질랜드를 이용하면 이러한 분위기를 경험할 수 있다. 심지어 안전 안내 방송도 호감을 자아내고, 뉴질랜드의 스타 럭비 선수, 뉴질랜드의 멋진 풍경, 뉴질랜드에서 제작된 유명한 영화들의 소개가 제공된다.
>
> *우리는 뉴질랜드의 성공을 극대화하는 것이라는 매우 분명한 내부 목표를 가지고 있습니다. 우리의 목적은 단순히 사람들을 A 지점에서 B 지점으로 이동시키는 것 이상을 의미합니다. 그것은 바로 뉴질랜드를 세계와 연결하는 것입니다.*
>
> 에어 뉴질랜드 고객 경험 총괄 책임자, 애니타 호손 Anita Hawthorne

리더십의 출발점

탁월성의 뿌리가 조직 문화와 직원 경험에 있다면, 가장 필요한 리더십 역시 바로 이 지점에서 발휘되어야 한다.

수많은 리더십 모델이 존재하지만 뛰어난 고객 및 직원 경험과 관련해서는 한가지 모델이 지배적이다. 바로 서번트 리더 모델이다. 이 문구를 처음 제시한 로버트 K. 그린리프 Robert K. Greenleaf는 서번트 리더가 개인이 사람으로 성장하도록 돕는 것에 초점을 두도록 하여, 직원이 더 온전하고 원만하며 자기관리가 가능하도록 성장을 지원해야 한다고 설명했다. 또한, "서번트 리더는 권력을 공유하고, 직원의 필요를 우선시하며, 사람들이 가능한 한 높은 수준으로 발전하고 성과를 달성하도록 지원합니다."라고 하였다. 서번트 리더십은 전통적인 규범을 뒤집는다. 고객 서비스 담당 직원이 최우선이 된다. 직원들이 리더를 위해 일하는 것이 아니라 리더가 직원들을 위해 존재하고 그들을 섬긴다.

근본적으로 리더십은 더 이상 명령과 통제에 관한 것이 아니라 직원의 역량 부여에 관한 것이다. 높은 신뢰, 높은 직원 참여도, 낮은 이직률이 보이는 조직에서는 서번트 리더십 스타일이 적용되고 있다. 이 스타일에서는 존중과 품위를 가지고 대우를 받으면서도 최고의 성과를 달성하도록 도전받는다.

미국 백화점 노드스트롬은 KPMG 미국 지수에서 좋은 성적을 거두고 있다. 조직은 역피라미드 구조의 서번트 리더십을 지배적인 리더십 전략으로 규정했다. 이 모델에서 리더십은 피라미드의 가장 아래에 위치하고 직원은 최상층에 위치한다. 이는 직원들을 그저 기분을 좋게 하려는 영리한 책략이 아니라, 리더십의 역할에 대한 진정한 접근 방식이다. 노드스트롬의 공동 창립자인 세 명의 형제들도 창고에서 시작했다. 기업은 고객 중심의 팀을 지원하고 모든 동료가 탁월한 고객 서비스를 만들도록 영감을 주기 위해 서번트 리더십에 크게 의존한다.

미국 패스트푸드 체인 그룹이자 KPMG 미국 지수의 선두 기업인 칙필레의 창립자 트루엣 캐시Truett Cathy는 서번트 리더십 개념이 존재하기 훨씬 이전에 최초의 서번트 리더를 몸소 실천한 리더 중 한 명이었다. 그는 겸손함, 직원과 고객에 대한 진심 어린 배려, 그리고 세상을 더 나은 곳으로 만들겠다는 약속을 바탕으로 회사를 100억 달러 규모의 비즈니스로 성장시켰다. 그는 이러한 비즈니스의 기조를 설정했다. 직원들의 삶을 더 쉽고 나아지게 만드는 것이 우선이며, 이를 바탕으로 직원은 고객에게 훌륭한 경험을 제공하는 것이 목표였다. 그는 직원들이 매주 하루를 근무일이 아닌 휴무일로 지정해 쉴 수 있는 자격이 있다고 믿었다. 이를 위해 칙필레는 일요일에 영업하지 않는다.

그의 겸손함은 독특한 문화를 형성했다. 직원들은 기업 문화가 서로 간의 관계에 기반하고, 구성원 각자의 가치를 존중하는 문화라고 말한다. 조직이 정치적, 사회적 문제에 관여하며 논란이 되기도 했지만, 이 문화는 종종 사람들의 잠재력을 끌어내고, 리더십을 성장시키며, 훌륭한 비즈니스 성과를 창출하는 원동력으로 평가받는다.

디 앤 터너Dee Ann Turner는 자신의 저서인 《저의 기쁨입니다: 뛰어난 인재와 강력한 문화의 영향(It's My Pleasure: The Impact of Extraordinary Talent and a Compelling Culture)》에서 칙필레의 조직 문화가 세 가지 요소들을 안에서 유지된다고 이야기한다.:

1. **적합한 사람 찾기.** 칙필레의 직원 선발 프로세스는 '성격character', '역량competency', '케미스트리chemistry'라는 세 가지 C 요소들에 집중한다. 기업은 직위와 관계없이 만나는 모든 사람을 존경과 친절로 대할 성품을 갖춘 사람을 찾는다.

2. **인재를 육성하기 위해 진실을 말하라.** 칙필레는 건설적인 피드백을 제공하는 것이 직원을 위해 할 수 있는 가장 친절한 일이

며, 개인과 관계를 소중히 여기는 신뢰의 문화를 형성한다고 믿는다.

3. 칙필레를 찾는 고객들도 기업의 매력적인 문화를 경험하게 된다. 고객은 존경과 배려 속에서 예우받는 서비스를 기대할 수 있다. 칙필레 직원들은 기업의 '세컨드 마일 서비스(second mile service, 1마일을 동행하길 원하는 사람에게 2마일을 함께 가라고 한 성경 구절, 모든 고객에게 2마일을 기꺼이 동행할 것이라는 고객 중심 정신을 담고 있음)'를 제공하고, 칙필레의 대표 문구인 '저의 기쁨입니다'라는 문구와 함께 고객 응대를 함으로써 회사가 명성을 얻는 데 일조했다.

서번트 리더는 직원과 그들이 직면한 문제에 밀접하게 관여할 뿐만 아니라, 고객과도 긴밀한 관계를 유지하며, 다른 리더들 역시 이러한 태도를 따르도록 독려한다. 월트 디즈니는 직접 고객의 삶을 경험하는 것으로 유명했다. 그는 정기적으로 변장하고 테마파크를 돌아다니며 고객이 좋아하는 것과 싫어하는 것을 관찰하고 고객의 이야기를 듣곤 하였다. 그는 리더십 팀이 점심을 먹으러 테마파크 밖으로 나가는 것을 발견했을 때, 고객이 경험한 것을 보고 느낄 기회를 놓치고 있다면서 꾸짖었다.

영국 슈퍼마켓 체인 세인즈버리Sainsbury's의 전 CEO인 저스틴 킹Justin King은 일주일에 서너 번 예고 없이 매장에 방문하여, 단순히 매장을 돌아다니며 잘 운영되는 부분과 그렇지 않은 부분을 관찰했다.

그가 이렇게 예고 없이 매장을 방문하는 것은 대접받기 위한 목적이 아니라 고객이 바라보는 관점에서 세인즈버리를 관찰하기 위한 목적이었다. 회의실에서 수립된 전략이 실제 고객에게 어떻게 전달되는지를 확인하는 유일한 방법은, 실생활에서 어떻게 실행되지를 직접 보는 것이라고 했다

스타벅스는 서번트 리더십을 실천하는 회사로 잘 알려져 있다. 하워드 슐츠Howard Schultz 스타벅스 회장 겸 CEO는 주주 가치와 직원 가치를 연결하는 것만이 장기적으로 지속 가능한 훌륭한 회사로 성장시키기 위한 유일한 방법이라고 믿었다. 재임 동안 스타벅스는 초기의 78개국 11개 매장에서 28,000개 매장으로 성장했지만, 그에게 더 중요한 것은 직원들을 배려하는 회사를 만드는 것이었다. 그는 직원들에게 학비 지원, 무료 교육, 의료 서비스를 제공하며 그들이 성장할 수 있도록 했다. 이것은 바로 하워드 슐츠가 인류애를 고양 시키는 비즈니스라고 표현했다. 그에게는 겸손과 서번트 리더십이 위대한 리더십의 본질이었다.

서번트 리더의 행동

그렇다면 세계 최고 브랜드들을 이끄는 리더들을 연구한 결과 우리는 무엇을 결론지을 수 있을까? 만약 서번트 리더십이 성장을 위한 조직 문화를 만드는 입증된 방식 중 하나라면, 오늘날의 경영진들이 갖추어야 할 리더십의 핵심 자질은 무엇일까?

- 경청: 최고의 리더는 말하는 것보다 경청한다. 그들은 모든 직

원, 고객 및 이해 관계자의 말을 경청하며, 무엇보다도 이해에 초점을 맞추고 있다.
- **치유**: 다른 사람들을 존중하고 소중히 여기는 방식으로 갈등을 해결할 수 있다. 강렬한 정서적 문제를 해결하고, 타인들이 협력하며 서로를 존중하도록 격려할 수 있다.
- **인식**: 핵심 트렌드와 새로운 사고방식을 꾸준히 탐색하고, 이를 비즈니스 운영 방식에 적절히 반영하여 발전시키는 능력.
- **설득**: 조작이 아니라, 더 나은 방법을 볼 수 있도록 격려하는 능력. 불협화음과 불필요한 분주함을 줄이고, 통일성과 집중력을 창출하기 위함이다.
- **개념화**: 목적과 사명을 바탕으로 거시적 관점을 구상하고 이를 비전으로 구체화해 효과적으로 전달하는 능력.
- **예측**: 문제가 발생하기 전에 예측하고, 과거의 실수로부터 배우고, 다른 직원들이 같은 일이 반복하지 않도록 돕는 것
- **관리**: 일정 기간 자신이 맡은 역할을 인식하고, 그 역할을 이전보다 더 나은 상태로 만들어 물려주려는 태도.
- **감성 지능**: 세상을 다양한 시각에서 바라보고 타인의 입장에서 생각할 수 있는 능력. 무엇보다 중요한 것은 타인과 감정적으로 연결되어 있다는 것을 보여주는 일이다.

이러한 특성 중, 글로벌 지수 상위권인 우수한 조직의 리더들과 인터뷰를 한 경험을 바탕으로 볼 때, 가장 중요한 요소는 감성 지능이다. 감성 지능은 새로운 개념이 아니지만, 다른 모든 것을 가능하게

하는 촉매제 역할을 한다. 가치의 원동력, 즉 문화에서 경험으로 이어지는 연속성은 본질적으로 복잡한 인간 상호작용의 집합이라 할 수 있다. 이 모든 상황은 근본적으로 이성적인 것이 아니다. 결국, 우리는 충동과 본능에 지배되는 감정적인 존재이기 때문이다. 이러한 상황을 읽고, 예상하며 대응하는 것이 리더이며, 모든 비즈니스가 번창하는 데 필요한 연결고리를 만들 수 있는 최적임자가 바로 리더이다.

이러한 감성 지능은 기업이 단순히 이성적이고 실증적이며 재무적인 조직 체계가 아니라는 사실을 암묵적으로 인정하는 것과 결합되어야 한다. 기업은 돈 버는 기계가 아니다. 오히려 그들은 경험과 인간의 감정을 만들어내는 공장이다. 특히 많은 서구 시장에서는 전통적인 비즈니스 경영이 감정을 배제하고 엄격한 합리성을 장려하도록 설계되었다. 많은 실패하는 조직에서는, 브랜딩, 교육, 디자인 등 인간의 감정과 밀접한 몇몇 부서들이 가볍게 취급된다. 재무, 시스템, 운영과 같은 '어려운' 분야에 비해 가볍고 '쓸데없는 감성'으로 폄하되는 것이다.

하지만 바로 이들, 인간 본성과 가장 밀접한 분야들이야말로 내일의 조직에 필요한 리더를 길러내는 토대가 되곤 한다. 인간의 감정적 본성에 가장 잘 조율된 리더들이야말로 내부 서비스 문화를 조성할 수 있는 최적의 위치에 있으며, 바로 그로부터 탁월성을 향한 여정이 시작된다.

전자제품 분야의 서번트 리더십

몇 년 전, 기업에 전자 부품을 전문적으로 공급하는 회사와 협업한 적이 있었다. 그 기업의 문화적 특성을 평가하는 과정에서, 뜻하지 않은 장소인 하역장에서 진정한 고객 중심적 리더를 만나게 되었다. 그는 여러 포장 팀을 관리하는 책임자로, 창고의 선반에서 재고를 골라서 운송 중에 깨지지 않도록 신중하게 포장하는 것이었다.

그가 매니저로 팀을 인계받았을 때, 단조로운 업무로 인해 높은 이직률에 직면하였다. 그는 이를 해결하기 위해 팀원들에게 자신들의 업무에 대해 더 깊이 생각하도록 도전 의식을 북돋아 줬다. 구성 부품의 역할은 무엇이었는가? 왜 일부는 긴급 배송 중이었고, 이 부품을 보낸 고객은 누구였으며, 그들은 어떤 경험을 하였는가? 팀원들은 부품들이 어떤 역할을 하는지 그리고 더 큰 시스템에서 어떻게 작동하는지 이해하고자 사무실 벽은 곧 다이어그램으로 뒤덮였다. 팀원들은 개별 부품과 그 역할을 맞추는 경쟁을 하였고, 이 부품들이 응급 서비스에서 필요한 인명 구조 장비에 사용되고, 레이더 시설을 유지하며, 국군이 국가를 지키는 데에 사용한다는 사실을 알게 되었다.

그들은 고객에게 연락하기 시작했고, 부품 배송과 관련된 문제를 파악했다. 포장 크기가 잘못되었거나, 여러 번 주문해야 하는 경우 또는 부품의 불량률이 높아 첫 번째 교체의 실패를 대비하기 위한 두 번째 부품을 긴급 주문해야 하는 경우를 찾아냈다. 이직 문제가 해결되었고, 직원들은 이 팀에 합류하고 싶어 했다. 근무 환경은 재미있고 영감을 주는 공간이 되었으며, 직원들은 더 높은 차원의 목적과 연결되어 있고, 권한을 부여받고 지원받는 느낌을 받게 되었다. 이 모든 것은 매니저가 하역장 팀과 고객 사이를 직접 연결하는 업무 가시성을 확보했기 때문이다.

표 7.3은 여섯 가지 요소와 직원 경험, 그리고 이러한 핵심 요소들이 직원 행동에 자연스럽게 반영되도록 보장하는 리더십 행동 간의 연관성을 보여준다.

표 7.3 여섯 가지 요소들과 조직 행동

여섯 가지 요소	직원 경험	고객 중심적 리더십 행동
개인화	• 내가 한 사람으로서 성장할 수 있도록 도와주고, 최선을 다할 수 있는 여건을 마련해줄 것 • 내 자존감을 높여주고, 내가 하는 일이 가치 있고 의미 있다고 느끼게 해줄 것 • 내 고유한 재능을 발휘할 수 있는 업무를 맡길 것 • 지속적인 학습과 성장을 장려하는 환경을 조성할 것	• 고객을 하나의 '개인'으로 바라보고 집중할 것 • 고객이 특별하고 중요한 존재라고 느낄 수 있도록 할 것 • 고객에게 제공하고자 하는 목표 경험이 명확히 정의되고 공유될 것 • 직원들에게 자율성을 부여하고, 모두의 창의성을 장려할 것
시간과 노력	• 내 시간과 추가적인 노력에 대해 인정받고, 그에 상응하는 보상을 받을 수 있을 것 • 리더와 관리자들이 내 시간을 존중해줄 것 • 개인적인 목표를 달성하기 위한 직원 여정이 명확하고 단순할 것	• 고객이 우리와 소통하거나 이용하는 데 드는 노력을 최소화할 것 • 고객의 시간을 소중히 여긴다는 점을 분명히 보여줄 것
기대	• 리더는 기대하는 바를 명확하게 전달할 것 • 리더는 유익하고 건설적인 피드백을 제공할 것 • 조직은 도전적인 목표를 가지고 있을 것	• 고객의 기대치를 정확하게 설정할 것 • 목표는 명확하게 전달할 것 • 약속을 지키지 못했을 경우 이를 인정하고 설명할 것
진실성	• 비즈니스는 단순한 수익 창출을 넘어서는 더 높은 목적을 지닌다. • 공정성이 핵심 가치이다.	• 우리가 추구하는 가치를 고객에게 명확히 전달할 것 • 리더는 신뢰를 불러일으키는 존재일 것

여섯 가지 요소	직원 경험	고객 중심적 리더십 행동
진실성	• 인간관계는 신뢰를 바탕으로 형성된다. • 나답게 행동할 수 있는 안전한 환경이 마련되어 있다. • 말과 행동 사이에 일관성이 있다. • 소통은 개방적이며 설명이 충분하다. • 규칙은 일관되게 적용된다. • 팀 내 그리고 팀 간에도 신뢰가 형성되어 있다.	• 리더는 조직의 가치를 몸소 실천하는 본보기가 될 것 • 팀은 자신들의 행동이 고객에게 어떤 영향을 주는지 인식할 수 있을 것 • 고객을 위한 올바른 행동을 최우선 가치로 둘 것
해결책	• 필요할 때 즉시 지원을 받을 수 있을 것 • 개인적인 고민이나 문제는 긴급하게 해결해줄 것 • 나와 내 팀에 영향을 미치는 의사결정에 참여할 수 있을 것 • 리더는 나의 이익과 상황을 고려해줄 것 • 실수에 대해 비난하지 않고, 배움의 기회로 삼을 수 있도록 도와줄 것 • 합리적인 결정을 스스로 내릴 수 있도록 권한을 부여할 것	• 문제 해결 중심의 사고방식을 장려할 것 • 고객 문제에 신속하게 대응할 것 • 문제 해결 후, 고객이 우리 조직에 대해 더 긍정적인 인상을 갖도록 만들 것
공감	• 조직과 리더가 나를 진심으로 아껴주고 관심을 갖고 있다고 느껴질 것 • 동료들과 유대감을 형성하고 소속감을 느낄 수 있을 것 • 문제는 감정적 지능을 바탕으로 섬세하게 다루어질 것 • 리더는 압박 상황에서도 조직의 가치에 맞게 긍정적으로 대응할 것 • 리더는 구성원의 필요와 감정에 대해 민감하고 세심하게 반응할 것	• 조직이 고객과 직원을 진심으로 아낀다는 것을 행동으로 보여줄 것 • 리더는 의사결정을 할 때 항상 고객을 우선적으로 고려할 것 • 고객에 대한 열정을 조직 전반에 걸쳐 키워나갈 것

주요 시사점

1. 여섯 가지 요소는 황금률을 적용하여 브랜드 행동과 고객 행동의 본질을 설명할 수 있는 유용한 메커니즘이다.
2. 여섯 가지 요소는 환경 분석을 위한 렌즈 역할을 하며, 특히 기술적인 검토 외에도 정치, 환경, 사회, 법 그리고 경제적인 측면들도 측정하는 수단이 된다.
3. 여섯 가지 요소는 순서와 우선순위 지정을 지원하는 매슬로의 계층 구조를 형성한다.
4. 여섯 가지 요소는 직원 경험과 고객 경험의 교차 매핑을 가능하게 하고, 직원 경험의 모든 측면에 스며들게 한다.
5. 이러한 요소들은 여섯 가지 요소의 행동이 자연스럽게 나타날 수 있도록 하는 리더십 행동을 형성하고 이끈다.

08

기억에 남는 경험을 설계한다

전 세계 기업들이 '기억에 남는 경험'을 달성하고자 노력하지만, 실제로 그것을 어떻게 실현할 수 있는지에 대해 명확히 이해하고 있는 기업은 드물다. 여섯 가지 요소들은 신경 과학 및 심리학 분야의 최신 정보들을 경험 설계에 접목하여 기억에 남을 만한 경험을 제공하기 위한 메커니즘을 제공한다.

인생의 결정은 실제 경험이 아니라 그에 대한 기억에 기반한다. 기억은 유연하고 쉽게 변형되기 때문에, 경험과 기억 사이의 차이는 매우 중요하다. 이는 경험을 설계하는 사람들이 무엇이 기억에 남을지, 그리고 그 기억이 어떻게 상업적으로 유리한 행동을 유도할지를 고려해야 함을 의미한다.

새로운 경험을 통해 과거의 기억을 유지하고 보호하기보다는, 수정하며 때로는 인식을 넘어선 수준으로 변화시킨다. 새로 저장된 정보는 변화되어, 사건에 대한 새로운 형태이자 수정된 표현들로 재구성된다. 기업에게 이것은 브랜드에 대한 기억을 구체화하고, 인간의 두뇌에 어떻게 저장되고 회상되는지 영향을 주기 위해 마케팅 노력에 힘써야 한다는 것을 의미한다. 이것이 기업이 제품 자체보다 제품을 다루는 경험들에 점점 더 많은 마케팅 노력을 쏟는 이유다.

신경과학자 대니얼 카너먼은 '경험하는 자아'와 '기억하는 자아'라는 '두 자아'의 개념을 사용하여 기억의 과정을 설명한다. 경험하는 자아는 현재에 살면서 물리적, 사회적 환경의 현재 입력된 내용과 정보를 처리한다. 그러나 이 순간들이 지나면 대부분은 영원히 잊힌다. 카너먼은 경험의 평균 보존 시간을 약 3초라고 추정한다.

기억하는 자아는 변화로 인해 정의되는 경험, 특히 새롭고, 참신하거나 개인적으로 의미 있는 경험을 회상하면서 경험의 흐름에서 감정의 절정을 제공한다. 신경 화학물질 태그가 기억에 추가되는데, 이것은 기억을 되살리고 미래 행동에 영향을 미치는 정서적으로 중요한 역할을 한다. 이것은 우리에게 인간으로서의 행동에 중대한 영향을 미친다. 무의식적으로 기존의 긍정적인 감정이 담긴 기억을 다시 떠올릴 가능성이 있는 상황에는 '다가가고', 감정적으로 강렬한 부정적인 기억을 다시 자극할 수 있는 상황은 '피하게' 된다.

긍정적인 감정보다 부정적인 감정을 훨씬 더 강렬하게 기억한다. 실제로, 감정을 먼저 기억하고, 그다음에 사건 자체를 기억한다. 이를 근거로 일부 전문가들은 하나의 강력한 부정적인 기억을 덮어쓰는 데 다섯 개의 긍정적인 기억이 필요할 수 있다고 추측하기도 했다.

감정이 기억에 미치는 영향에도 세대 차이가 존재하며, 이는 경험 디자이너가 반드시 고려해야 할 요소다. 노인들은 부정적인 기억보다 감정적으로 긍정적인 기억을 유지하려는 경향을 보이지만, 젊은 성인들은 그 반대의 경향이 있다. 젊은 사람들에게는 부정적인 정보가 더 매력적이고 기억에 남는 것으로 보인다. 따라서 충성도에 집착하는 CEO에게 주어진 과제는, 소비자가 자연스럽게 끌릴 수 있도록 '경험하는 자아'의 욕구를 충족시키는 것이다. 동시에, '기억하는 자아'가 꾸준히 떠올릴 수 있는 인상적인 경험의 순간을 제공해, 모든 연령대의 소비자가 반복적으로 브랜드를 찾도록 만들어야 한다.

기업 대부분이 대규모 변혁 프로젝트를 통해, 고객 경험의 대대적인 개선에 몰입하고 있다. 그러나 카너먼의 '두 자아' 이론에 따르면, 기업은 언제 경험하는 자아의 욕구를 충족시키는 수준에서 충분히 좋은 서비스를 제공해야 하고, 언제 기억하는 자아를 활성화하기 위해 탁월성을 추구해야 하는지를 구분해 이해하는 데 집중해야 한다. 많은 사람에게 이것은 반드시 전면적인 변화가 아닌 우선순위의 부여와 집중을 위한 프로그램으로 이어질 것이다.

기억에 남는 소규모 경험은 반복을 통해 고객의 정신에 굳어질 수 있다. '저의 기쁨입니다'라고 말하는 칙필레 직원, 애플 스토어의 지니어스, 홀리스터Hollister의 비디오 화면, 스타벅스에서 컵에 이름을 적어주는 행동처럼 각 브랜드의 시그니처 행동은, 고객의 기억과 기대 속에 자리를 잡으며 브랜드를 더욱 강하게 각인시킨다. 또한, 영국 온라인 유통기업 AO와 주방용품 체인점 레이크랜드Lakeland와 같은 회사는 기억에 남는 경험이 반드시 최고일 필요는 없고, 특정 고객층에게 특정 가격대에서 고객의 요구를 충족시키는 것으로 충분하다는 것을 보여준다. 어떤 경우에는, 직원들이 기억에 남는 순간을 만들어내고자 하는 욕구와 자율성을 갖도록 요청할 뿐이다.

기억에 남는 경험 아키텍처: 서열 위치 효과

영국에서는 에미레이트 항공, 러쉬, 애플 스토어, 영국 이동통신사 기프가프giffgaff, AO 등과 같은 회사들은 어떻게 기억이 생성되는지 의식적 또는 직관적인 관점에서 초점을 맞춰왔다. 이들은 경험의 어떤 특정한 부분이 기억에 특별히 남는지, 그리고 그 이유에 관심을 보인다. 이 회사들은 탁월성을 발휘할 곳과 적당한 경험으로도 충분한 곳을 명확하게 파악한다.

기억에 남는 경험의 열쇠는 바로 심리학 용어인 '서열 위치 효과'로 구체화 된다. 이 이론에서는 기억에 남는 경험을 만들 수 있는 장소와 시기를 강조한다.

1. 첫인상
2. 감정의 정점
3. 마지막 인상

훌륭한 시작은 새롭고, 참신하거나 개인적으로 의미 있는 경험으로, 일련의 경험 속에서 감정적인 장점을 제공한다. 우리의 기억하는 자아는 또한 경험의 결말을 중요하게 여기며, 강렬한 마무리를 선호한다.

서열 위치 효과는 심오한 진실을 내포하고 있다. 만일 경험을 구성하는 이 세 가지 부분들을 잘 관리한다면, 핵심이 되는 경험들 사이에 무슨 일이 벌어지든 끔찍한 경험이 아닌 이상 아마도 기억되지 않을 것이다. 이러한 초점은 중요하지 않은 경험 부분에 과도한 기술과 투자 낭비가 발생하는 것을 방지한다.

첫인상

첫인상은 심리학에서 우선성의 원리로 알려진 이론과 관련이 있다. 최초로 발생한 일은 다음에 발생하는 일에 대한 관점을 형성한다. 이것은 점화(priming, 프라이밍 효과라고도 하며, 선행된 정보가 이후의 정보 처리 과정에 무의식적으로 영향을 미치는 현상) 과정이다. 초기 경험이 뛰어나면 내 마음속 감정 통장계좌에 거액의 예금을 입금하는 것과 같다. 그 다음에 일어나는 일이 긍정적이라면, 확증 편향의 영향을 받는다. 즉, 우리는 자신이 내린 결정을 정당화하고 뒷받침할 이유를 찾게 된다. 이후에 일어나는 일이 긍정적이지 않더라도, 그로 인해 생기는 문제는 더 쉽게 용서받을 수 있다. 그러나 초기 경험이 부정적이면 그 반대의 경우가 발생하고, 부정적인 것을 확대하려는 경향이 있다.

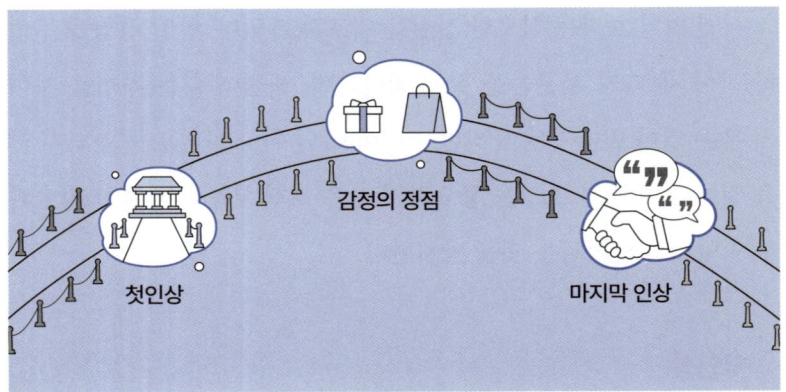

그림 8.1 서열 위치 효과

첫인상은 그 자체로 기억에 남을 필요는 없다. 좋은 첫인상을 심어 주는 브랜드는 기대 수준을 충족하거나 이를 초과하여 신뢰를 구축하는 프로세스를 시작하고, 브랜드에 대한 긍정적인 성향을 심어주기 시작하면서 이를 실천한다. 조직이 '환영'에 집중하는 데에는 분명한 이유가 있다.

이 원칙을 잘 실천하는 기업은 다음과 같다.

- 산탄데르 - 고객에게 '레드 카펫 환영' 서비스를 제공한다.
- 영국 항공 - 환영 인사에 뚜렷한 초점을 가지고 기장이 밖에 나와 승객을 맞이한다.
- TSB - 지점에 들어서자마자 직원이 미소를 지으며 기꺼이 도와주려고 한다.
- 퍼스트 다이렉트 - 컴퓨터가 아니라 따뜻하고 친근한 목소리로

인사한다.
- 재규어 Jaguar - 디자이너는 고객이 차에 탑승해서 어떤 일을 겪게 될지 심도 있게 관찰한다.
- 애스턴 마틴 Aston Martin - 새 차를 구매자에게 선보일 때 강렬한 감정을 줄 수 있는 경험을 조율한다.

고객에게 미치는 영향은 무엇인가? 좋은 첫인상은 미래의 긍정적인 기억을 저장할 수 있는 환경을 조성한다.

감정의 정점

감정의 정점을 설계할 때, 세 가지 방법으로 경험에서 감정의 역할을 살펴볼 수 있다.

- 고객이 감성적이고, 감성 지능 반응이 기억에 남는 경우. 예를 들어, 긴급성, 동정심, 이해심, 안심 등이 있다.
- 고객의 마음이 감성적으로 바뀔 수 있는 경우. 예를 들어, 첫 번째 자동차, 첫 번째 공동 계좌 또는 개인적으로 의미 있는 경험이 있다.
- 거래가 가능한 빠르고 편리하게 이루어져야 하고 감정적인 내용이 없는 경우. 감정의 정점은 선물이나 추가로 제공되는 유형의 물건이 될 수도 있고, 또는 직원이 나를 대하는 방식 및 내게 보여주는 개인적인 관심과 따뜻함에서 느끼게 되는 무형의 내용일 수 있다.

감정의 정점이 무엇이든 간에, 그것은 대개 고객이 반드시 기대하고 있던 것은 아닌 무언가다.

고객의 '최초' 경험을 활용하게 되면, 생애 첫 주택을 구매하는 고객, 비행기를 타고 첫 해외여행을 떠나는 어린이의 사례처럼 '감정의 정점'을 경험할 좋은 기회를 제공한다. 교육하고 보살피고 관심을 보이며, 신뢰할 수 있는 동맹이 될 기회인 것이다.

이 원칙을 잘 실천하는 기업은 다음과 같다.

- 에미레이트 항공: 기내에서 가족 사진을 찍어 기념품 폴더에 제공.
- 리츠칼튼: 직원들은 개인적으로 관심을 두고 있으며, 고객의 요구를 한발 먼저 예측.
- 네이션와이드: 주택담보대출을 이용해 새 집으로 이사한 고객에게 환영 선물 바구니를 제공함으로써 긍정적인 첫 경험을 만든다.
- 더블트리 바이 힐튼 Doubletree by Hilton: 체크인 시 따뜻한 쿠키 제공.

고객에게 미치는 영향은 무엇인가? 감정의 정점에서부터 긍정적인 기억이 만들어진다. 앞서 논의한 바와 같이, 인간의 두뇌는 그러한 기억을 반복하려는 욕구를 만들어내며 브랜드 충성도를 높인다.

마지막 인상

마지막 인상은 고객의 기분을 좋게 만들고 긍정적인 분위기를 남기는 것이다. 여기에는 최신 효과의 법칙이 적용된다. 우리는 마지막 경험 단계에서 일어난 일을 바탕으로 기억을 회상한다. (절정-대미 이론)

이 원칙을 잘 실천하는 기업은 다음과 같다.

- 애플 스토어: 포시즌스 Four Seasons 호텔 직원들이 긍정적인 마지막 인상을 전달함으로써 가지는 영향력으로부터 영감을 받아, 애플 스토어는 팀원들이 따뜻하고 친절한 마무리 인사와 함께 다시 방문해 달라는 초대 인사로 끝을 맺도록 한다.
- 영국 항공, 버진 아메리카 등의 항공사: 기장이 조종실 밖에서 승객들에게 작별 인사와 함께 항공사를 이용해 주신 것에 감사를 표하는 한편, 주요 공항에 도착 라운지를 신설해서 승객에 대한 지속적인 관심을 보여주는 방식으로 마지막 인상을 확장한다.

브랜드는 작은 손길이 긍정적인 마지막 인상을 남길 수 있다는 것을 인식해야 한다. 이러한 작은 손길의 예는 다음과 같다.

- 고객의 이름을 사용한다.
- 무엇을 해결했는지 요약한다. (예, '우리가 스미스 고객님을 위해 다음과 같은 일을 처리했습니다.')

- 문제가 발생할 가능성이 있는 부분을 미리 알리고, 그 경우 어떻게 하면 되는지도 안내한다. (예, '해외에서 사용할 수 있도록 고객님의 체크카드를 활성화했습니다. 혹시 문제가 생기면 이 번호로 전화 주시면 즉시 해결해 드릴 수 있습니다.')
- 이전에 있었던 개인적인 대화를 참조한다. (예, '결혼식 잘 치르시길 행운을 빕니다!')
- 따뜻한 작별 인사와 함께 재방문을 권유한다. (예, '다시 방문하셔서 사용 후기를 말씀해 주시면 좋겠습니다.')
- 고객이 '감사합니다.'라고 말하면 '천만에요.'가 아니라, '저의 기쁨입니다.'라고 답변하는 것이 환대 업계에서의 모범적인 응대 방식이다.
- '오늘 고객님께서 필요한 사항을 다 처리해 드렸는지요?'라고 질문하기. ('오늘 추가로 필요하신 사항이 있습니까?'라는 문구는 사용하지 않기) 그 이유는 첫 번째 응대 문구가 고객이 '예'라고 말하고, 긍정적인 진술을 남길 기회를 주기 때문이다.

고객에게 미치는 영향은 무엇일까? 작은 손길은 고객과의 공감을 보여주고 브랜드에 대한 따뜻한 느낌을 남긴다. 마지막 인상은 거창할 필요는 없지만, 그 기억이 종결되고 핵심 기억이 긍정적으로 남아 있는 한, 고객은 다시 방문하고 싶을 것이다.

여섯 가지 요소와 기억에 남는 경험

여섯 가지 요소들은 긍정적인 방식으로 기억을 보존하고 확고하게 유지하도록 하는 경험 디자인에 도움이 된다.

기억에 남는 경험의 예
리츠칼튼에는 40,000명의 '추억 제작자'가 있으며, 모든 직원은 개별 고객에게 기억에 남는 추억을 제공하는 책임을 맡고 있다. 리츠칼튼은 고객에게 다양한 기회를 제공하면서 리츠칼튼만의 추억 만들기 디자인 기술을 개척하고 있다.

- 오늘 하루 동안 고객님 인생의 선장으로 만들어 드리겠습니다.
- 110층에서 바라보는 경치를 보여드리겠습니다.
- 고객님을 위한 음료를 제조해 드리겠습니다.

이것들은 모두 '커다란' 기억이지만, 직원들은 모든 고객 접점에서 훌륭한 추억을 선사할 책임이 있다. 리츠칼튼에서는 40,000명의 강력한 추억 제작자 그룹이 고객에게 기억뿐만 아니라, 다시 리츠칼튼을 방문해서 즐길 수 있는 특별한 손길을 제공하려고 매일 노력하고 있다는 것을 의미한다.

표 8.1 여섯 가지 요소들과 기억

요소	기억이 미치는 영향들
개인화	개인적으로 의미가 있고, 관심 있는 대상을 반영하는 기억들을 간직한다. 또한, 자기 가치와 자존감에 영향을 미치는 일들에 대해 염려한다. 자신에 대해 더 긍정적으로 느낄 수 있는 기억을 간직할 가능성이 높다.
해결책	오류, 문제점 및 이슈는 미래의 회피 행동에 큰 영향을 미치는 강력한 부정적 기억으로 유지된다. 그러나 KPMG 연구에 따르면, 고객이 겪은 좋은 않은 상황이 훌륭하게 회복될 경우, 그 경험은 감성적 이야기의 기준을 충족하기 때문에 기억에 더 강하게 남는다는 것이 밝혀졌다. 이것이 바로 서비스 회복의 역설이다.
진실성	행동 경제학은 자신과 비슷한 사람을 좋아하고, 우리가 좋아하는 사람들을 신뢰한다는 것을 가르쳐준다. 호감도는 신뢰를 얻는 데 핵심적인 요소이며, 우리는 호감 가는 사람을 더 잘 기억하는 경향이 있다.
시간과 노력	인지적 노력이 많이 들어갈수록, 뇌는 그 정보를 더 오래 기억할 가능성이 높아진다(심층 처리 이론). 그러나 이러한 노력은 긍정적인 방향으로 작용해야 하며, 그렇지 않으면 오히려 부정적인 기억으로 각인될 수 있다.
기대	뇌는 기대의 원동력이다. 대니얼 카너먼은 '두 자아'를 뇌 시스템, 즉 시스템 1, 시스템 2로 설명한다. 시스템 1은 우리가 자동으로 기능할 수 있게 해주는 두뇌 안의 빠른 처리 영역이다. 하지만 이는 기대가 충족되어야만 효과를 발휘한다. 만일 우리의 기대가 충족되지 않으면, 좀 더 느리고 사색적인 시스템 2를 작동시키고, 충족되지 않은 기대의 함축적 의미들을 고려할 수 있게 한다.
공감	감정적인 순간에 어떻게 다뤄지는지는 좋고 나쁜 것을 떠나 기억에 오래 남는다. 이를 바로잡는 것은 필수적이다. 고객 경험에서 상당한 발전을 이룬 조직은 경험에 인간성을 회복하는 것으로 간단히 이를 실행한다.

KPMG, Nunwood, 2016

고객은 소셜 미디어에서 이러한 추억을 공유하도록 권유받는다. 현장 뒤에서 활약하는 추억 제작자는 리츠칼튼 경험을 기억에 남도록 만드는 방법에 대해 새로운 아이디어와 통찰력을 매일 공유한다. 리츠칼튼은 비디오 시리즈를 제작해서 그룹이 평생 지속되고, 지워

지지 않는 추억을 만드는 사업을 하며, 집중적인 관심과 장인정신을 크게 활용해 전 세계의 안목 있는 여행자들에게 추억을 제공한다고 소개한다.

이것을 잘 달성하는 모범 사례들은 다음과 같다.

- 영국에서는 막스앤스펜서 CEO 스티브 로우Steve Rowe가 내부적으로 직원을 '모먼트 제작자'라는 이름으로 다시 브랜드화했고, 직원들은 고객의 감성적 기억에 남는 순간들을 만들어낼 책임을 맡고 있다.
- 미국의 리더 기업의 사례로는, 디즈니 파크와 리츠칼튼을 들 수 있는데, 이들은 특별한 순간을 포착할 수 있는 전문 사진작가의 서비스를 제공한다.
- AO은 다른 사람의 기억이 개인의 행동을 촉진하는 자극이 될 수 있음을 깨닫고, 사이트 전체에 리뷰 스트리밍 서비스를 제공하였다.
- 러쉬는 웹사이트에서 러쉬 키친 코너를 운영하여 고객의 마음속에 있는 특정 제품 경험에 대한 기억을 공유하는 데 활용한다.
- 유로스타Eurostar는 '이야기들이 당신을 기다립니다.'라는 광고 캠페인을 통해 잠재 고객들에게 유로스타를 이용해 자신만의 이야기와 기억을 만들도록 권유하였다. 유로스타는 영감을 바탕으로 사람과 장소를 연결하며, 미래의 추억을 가능하게 하는 촉진자 역할을 자신들의 정체성으로 삼고 있다.

- 최근 가장 인상 깊었던 금융 서비스 광고 중 하나로, 내셔널 웨스트민스터 은행의 긴급 현금 서비스 광고를 들 수 있다. 이 광고는 누구나 공감할 수 있는 부정적인 감정을 즉각적으로 자극하면서도, 궁극적으로 긍정적인 결말을 통해 따뜻한 메시지를 전달했다. 감성적인 이야기 구조와 행복한 결말이 어우러져 소비자의 기억에 강하게 남았다.

- 싱가포르 항공은 '스테판 플로리디안 워터스 Stefan Floridian Waters'라는 특수 개발된 향을 사용한다. 객실 승무원이 이 향을 향수로 사용하고, 승무원들이 나눠주는 뜨거운 수건에도 향을 뿌린다. 흥미로운 점은 이를 개발하는 데 사용된 신경과학적 원리이다. 이 향은 뇌의 쾌락 중추를 자극하고 긍정적인 기억을 불러일으키도록 특별히 개발되었다. 냄새는 기억을 불러일으키는 감각 중에서 가장 강력하다. 기내에 탑승하자마자 서비스에 대한 긍정적인 기억이 환기되고 축적되며 더 깊이 각인된다.

- 전 세계에서의 버진 그룹의 항공 브랜드들은 감성적인 추억이 가지는 힘을 오랫동안 잘 알고 있었다. KPMG 설문 응답자 중 한 명은 자신과 자신의 파트너가 막 결혼해서 신혼여행을 가는 중이라고 객실 승무원에게 말한 경험을 이야기했다. 15분 뒤 기장은 모든 승무원의 서명이 적힌 샴페인 한 병을 들고 이 신혼부부를 찾아와 왔고, 기내 모든 승객과 함께 이들을 박수로 축하했다. 155명의 사람과 함께 감정적이고, 기억에 남는 경험을 공유한 것이다.

- 홀리스터는 분위기가 가지는 힘을 잘 보여주는 독특한 다중 감

각 경험을 제공한다. 냄새(후각), 시끄러운 음악(청각), 조명의 특성과 헌팅턴 비치의 영상(시각)이 결합 되어 매우 기억에 남는 경험을 만든다. 이것들은 모두 홀리스터 브랜드 스토리를 통해 연결된다. 해당 브랜드는 1922년, 존 홀리스터 John Hollister가 헌팅턴 비치에서 여행 중 수집한 유물을 판매하면서 시작되었다는 이야기를 기반으로 하고 있다. 수중의 물건을 모두 팔고 난 뒤 그는 서핑 웨어를 판매하기 시작했다. 홀리스터 매장 경험은 이 이야기의 각 측면을 반영한다.

고객 여정 설계

여섯 가지 요소는 고객 여정 전반의 경험과 상호작용을 설계할 때 상당한 큰 역할을 한다. 여정 지도는 이제 조직 생활의 일반적인 특징이 되었다. 그러나 고객에게 정말로 중요한 것이 무엇인지, 언제 이것을 명시화할지를 확인하는 문제에는 종종 정해진 답이 없다.

페르소나는 경험 디자인에 자주 사용되며, 실제 사용자들의 핵심을 압축한 존재다. 사용자 경험 디자인에서는 페르소나를 사용해 타겟 사용자에 대한 공감을 형성하고, 그들의 현실과 맥락에 집중한다. 페르소나는 항상 실제 사용자 관찰에 근거해 설정해야 하며, 막연한 추측이나 불확실한 이해만으로 사용자 모델을 만들어서는 안 된다. 이는 경험 디자인에서 매우 중요한 도구로, 설계가 준비되는 대상이며 반드시 사실을 기반해야 한다. 여섯 가지 요소는 페르소나의 활용을 확장하고 그것이 포괄적이며 통찰력 있게 설정되도록 보장한다.

다음은 항공사가 경험을 설계할 때 고려할 수 있는 다양한 유형의 승객을 보여준다.

- 기내에서 연락이 닿지 않는 시간을 '나만의 시간'으로 활용하는 CEO 및 고위 임원들이 있다. 이들은 자신이 인정받고, 승무원의 관심을 받으면서, 최소한의 방해 속에서 영화를 보거나 독서를 하길 원한다.
- 컨설턴트, IT 전문가, 임원들은 회의에 바로 임할 수 있도록 준비된 상태로 도착하기를 원한다. 그들은 아이들과 떨어진 자리에 앉기를 원하며, 방해받지 않고 가능한 한 오래 자신의 기기를 사용하고 싶어 한다.
- 도심 속 휴식이나 짧은 휴가를 떠나는 빈 둥지 노부부가 있다. 그들은 객실 직원과 교류하고, 도착지에 대한 정보를 얻고, 경험을 공유하고 싶어 한다.
- 특별한 휴일을 보내는 가족들이 있다. 그들은 자녀와 함께 동승할 때 도움을 받아 비행기에 탑승하길 원한다. 그들은 자녀들이 특별하다는 감정을 느끼기를 바란다.

표 8.2 여섯 가지 요소 및 부문별 고객 경험 니즈

	진실성	해결책	기대	시간과 노력	개인화	공감
고위 임원	최고경영자로서 지위를 존중하며 대우하기	문제 예측 및 방, 문제가 아닌 해결책을 제시하기	'나만의 시간', 외부와 단절된 재충전 시간	원하는 시간에 식사하기	내 일정에 맞게 경험을 조정하기	나의 니즈에 주의를 기울이고, 신경 쓰고 있음을 보여주기
컨설턴트, IT 전문가	일정을 확실히 하며, 약속 지키기	문제를 미리 예측하고 해결하기	내 기대치를 정확하게 설정 및 재설정하기	비행 중 노트북 사용 시간 최대화하기 회의준비를 마치고 도착할 수 있도록 하기	상용 고객임을 인지하고, 소중한 고객이라고 느끼게 해주기	아이들이 근처에 앉지 않도록 주의해서 자리 배정하기
빈 둥지 부모	목적지에서 보낼 수 있는 시간이 많지 않기 때문에, 방해를 최소화하기	문제가 있으면 미리 알려주고, 해결 방법을 알려주기	목적지에 대한 기대치를 설정하고, 기대 수준을 뛰어넘는 정보 알려주기	시간을 절약할 수 있는 지름길을 알려주기	목적지에 대한 정보 공유하기	말을 듣고, 특별한 주의를 기울여 주기
가족들	약속을 지키기, 예, 기내 유모차 반입	모든 문제를 신속하게 해결하고 안심시켜 주기	여행지에서 가족끼리 즐기기 좋은 유용한 팁 알려주기	아이 돌보는 것을 도와주기	아이들과 함께 신속하게 여행할 수 있도록 도와주기	가족이 즐거운 시간을 보낼 수 있도록 하는 데 관심이 있음을 보여주기

08. 기억에 남는 경험을 설계한다

여섯 가지 요소를 준수하는 고객 여정의 설계

리콜은 고객의 심리에 미치는 영향을 상당할 수 있다. 고객의 걱정 '안테나'는 매우 민감해져 있는 상태이므로, 고객 여정은 브랜드 원칙을 확실히 전달하면서 동시에 글로벌 최고 수준의 모범 사례를 반영하여 신중하게 설계되어야 한다.

세계적 수준의 여정은 각 접점마다 여섯 가지 요소를 반영한다.

그림 8.2 여섯 가지 요소와 고객 여정

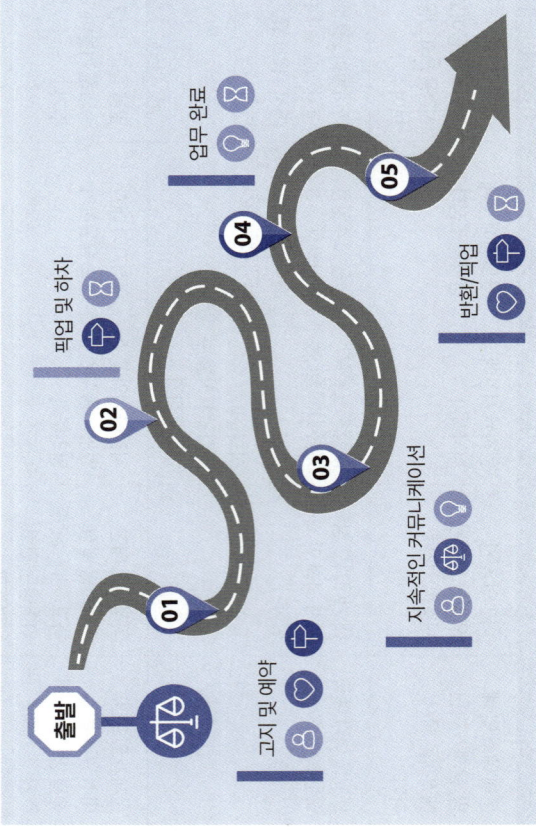

- 예약 및 픽업 서비스 관리
- 편리하고 빠른 전환 보장, 차량이 없는 시간 최소화
- 각 단계에서 신뢰가 구축되도록 보장, 신뢰를 약화시킬 수 있는 행동을 설계에서 배제하기
- 각 단계에서 쉽고 단순하며, 신중한 커뮤니케이션 보장하기

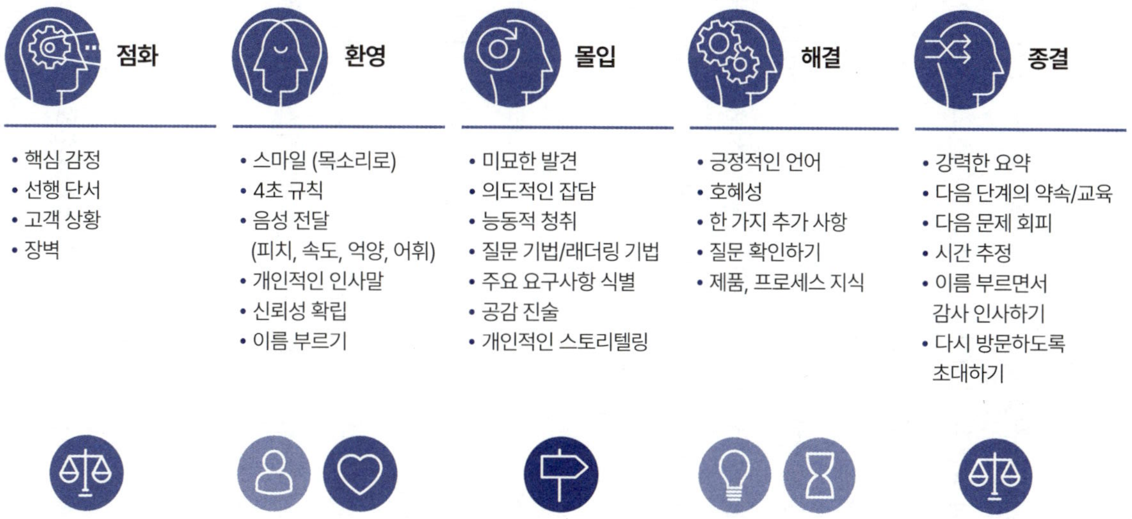

그림 8.3 감정적 상호작용 디자인

점화
- 핵심 감정
- 선행 단서
- 고객 상황
- 장벽

환영
- 스마일 (목소리로)
- 4초 규칙
- 음성 전달 (피치, 속도, 억양, 어휘)
- 개인적인 인사말
- 신뢰성 확립
- 이름 부르기

몰입
- 미묘한 발견
- 의도적인 잡담
- 능동적 청취
- 질문 기법/래더링 기법
- 주요 요구사항 식별
- 공감 전술
- 개인적인 스토리텔링

해결
- 긍정적인 언어
- 호예성
- 한 가지 추가 사항
- 질문 확인하기
- 제품, 프로세스 지식

종결
- 강력한 요약
- 다음 단계의 약속/교육
- 다음 문제 회피
- 시간 추정
- 이름 부르면서 감사 인사하기
- 다시 방문하도록 초대하기

• 소비자가 수단과 목적을 연결하는 인지구조를 바탕으로 제품·서비스 구매를 결정한다고 보고 그 구조를 밝히기 위해 실시하는 1:1 심층 면접 기법

여섯 가지 요소의 페르소나 프레임워크는 미래의 고객 여정을 설계할 때 활용될 수 있으며, 세계적 수준의 경험을 구성하는 핵심 요소들이 각 페르소나에 맞춰 맞춤형으로 반영되도록 한다. 표 8.2에서 우리는 앞서 언급한 항공사 페르소나에 프레임워크를 적용했다.

그림 8.2는 중요한 구매 후 고객의 실망과 불편을 초래한 자동차 고장 수리를 위해 리콜을 실시한 제조업체를 기준으로 한 것이다. 여섯 가지 요소는 각 접점에서 정확한 파악을 위해 중요한 역할을 한다. 이 예시에서 여정의 각 단계는 여섯 가지 요소가 다양한 조합으로 존재하는 것을 확인할 수 있다. 처음에는 고객에게 자신감과 신뢰를 구축하고, 경험을 개인화하는 것이다. 여정에서 시간과 노력은 집중 대상인 영역이다. 마지막으로 다시 한번 고객을 관리할 수 있도록 하는 것이다.

상호작용 설계하기

모든 상호작용은 인간에서 인간으로 또는 인간에서 디지털로 구성된 부분으로 나눌 수 있으며, 여섯 가지 요소들을 토대로 모범 사례를 사용해 최적화할 수 있다. 여섯 가지 요소들과 황금률은 상호작용이 감정적으로 최대한 연결되도록 돕는 체크리스트 역할을 한다. 그림 8.3은 상호작용 과정을 보여준다.

점화

점화의 첫 번째 단계는 고객이 조직과 접촉하게 되는 경로이다. 고객이 실제 직원과 대화하기 전에 가지게 되는 마음가짐을 형성한다.

고객이 대기해야 했는지, 대기 시간이 힘들었는지, 회사의 평판은 어떠하며, 인터넷 리뷰에는 어떤 이야기가 있었는가? 이러한 요소는 고객의 기대를 형성하며, 그 기대는 실제 경험을 통해 충족되거나 상황에 맞게 조정되어야 한다.

환영

두 번째로, 환영하는 태도가 핵심이다. 환대 업계는 직원들이 인사하는 방식이 고객이 숙박에 대해 느끼는 감정에 상당한 차이를 가져온다는 것을 알게 되었다. 리츠칼튼은 바로 이 부분에 주력하고 있다. 리츠칼튼은 공항에 차량을 보내 고객을 픽업할 때, 운전기사가 도어맨에게 고객의 이름을 문자로 전달해 호텔 도착 시 개인적인 인사를 건넬 수 있도록 한다.

첫인상은 매우 중요한 요소다. 점점 더 많은 기업이 좋은 첫인상을 전달하기 위해 노력하고 있다. 어떤 조직은 이를 '레드 카펫 환영'이라고 묘사하고, 다른 조직은 '세계 최고의 환영'이라는 문구로 좋은 첫인상을 전달하려고 노력한다. 소매업체, 레스토랑. 환대 업계는 일반적으로 고객 환영에 있어서 가장 뛰어난 역량을 보여준다.

온라인에서 아마존은 심리적 환대 요소들을 잘 충족시키고 있다. 고객의 이름을 불러주고, 이력을 함께 회상하며, 고객을 잘 아는 사람만이 할 수 있을 법한 추천을 하는 것을 목표로 한다. 자포스는 전화 회선 식별 제도를 통해 고객과 같은 마을에 거주했던 상담원에게 전화를 연결하여 고객 관계를 구축할 수 있게 한다.

일부 상담 센터에서는 고객의 성격 유형을 이전 상호작용이나 직접적인 질문을 통해 파악하도록 직원들을 교육했다. 그런 다음 고객이 선호하는 방식으로 대화를 통제하거나, 또는 고객이 직접 대화를 주도하도록 하는 등, 고객 유형에 따라 행동을 조정할 수 있다.

몰입

USAA와 같이 직원들에게 고객 경청과 관계 구축 기술을 가르치기 위해 노력하는 회사는 거의 없다. 직원들은 USAA 고객이 되는 의미가 어떤 것인지를 몇 달 동안 교육받는다. 고객의 이야기를 잘 듣는 것과 이해하려고 듣는 것은 고객의 입장이 될 수 있으므로 완전히 별개의 성격이다.

USAA는 공감을 전면에 내세운다. 고객을 알고, 고객의 상황과 니즈를 파악하는 것이 경험의 모든 측면을 정의한다. 고객 센터는 직원들이 고객이 겪고 있는 상황에 대해 깊이 이해할 수 있도록 생활 사건들을 중심으로 조직되어 있다. 직원들은 해당 사건에 공감하며 유용한 삶의 조언을 제공할 수 있다. 이러한 접근은 고객 자신이 중요하고 가치 있다고 느끼게 된다.

해결

상담원이 문의에 응답하는 방식은 고객에게 즉각적인 영향을 미친다. 긍정적인 언어와 정서 지능이 중요하다. 고객이 긴급함을 요구하는 경우, 상담원은 해당 요구 사항을 반영해야 한다. 고객이 안심이 필요한 상황이라면, '우리가 함께 해결할 수 있어요.'라는 태도가 필요하다. 고객은 자신이 잘 듣고 이해받고 있다는 느낌을 받아야 한다.

고객의 문제를 해결하는 일이 꼭 딱딱하고 진지하기만 할 필요는 없다. 제트블루, 디즈니, 사우스웨스트 항공은 외향적이고, 적극적인 고객 친화적인 행동으로 유명해졌다.

일화를 예로 살펴보자. 최근 한 제트블루 승객이 예기치 못한 요금 청구에 실망해 트위터에 메시지를 남겼다. 이를 본 제트블루 직원은 해당 고객의 페이스북 프로필을 확인해 얼굴을 인지한 뒤, 고객을 직접 찾기 위해 공항 곳곳을 수소문했다. 결국 그는 고객과 직접 만나 문제를 해결했다. 제트블루에서는 이러한 일들이 드물지 않게 발생한다. 또 다른 예로, 한 제트블루 고객은 보스턴에 도착했을 때 게이트에서 '환영 퍼레이드'를 기대한다는 농담을 트위터에 올렸다. 이 해당 트윗에 응답한 직원이 제트블루 직원에게 알렸고, 직원들은 자발적으로 행진 악단 음악과 손수 만든 환영 팻말로 그 탑승객을 맞이했다.

이 모든 것의 핵심은 권한 부여와 역량 부여다. 이는 직원들에게 현명한 판단을 내리고 올바른 일을 할 수 있는 자율성을 부여한 다음, 고객 문제를 해결할 수 있는 수단을 허용한다.

종결

마지막 요소는 나중에 그 기억을 출력하는 데 사용하는 수단이다. 애플 스토어는 오랫동안 이 요소를 잘 알고 있었고 직원들은 고객에게 작별 인사할 때 매우 관행적인 방식을 따른다. 애플 지니어스(직원)와 대화가 끝나면 그들은 고객과 함께 문까지 걸어가고, 주고받은 대화를 바탕으로 개인적으로 할 말을 찾고, 따뜻한 작별 인사를 한 뒤 향후 다시 방문해 달라고 정중히 초대한다.

기업은 이제 다음 문제 회피 개념에 집중하기 시작했다. 기업은 미래에 고객에게 어떤 일이 발생할 수 있는지, 혹은 어떤 문제에 직면할 수 있는지를 사전에 생각하고, 문제가 발생하기 전에 이를 피할 수 있도록 사전 조치를 하고 있다. 예를 들어, 2012년 영국 항공은 '조종실 넘어'라는 뜻의 '비욘드 더 플라이트 덱Beyond the Flight Deck' 프로그램을 시행해, 승객이 승무원에게 쉽게 다가갈 수 있도록 했다. 이 프로그램의 핵심은 기장이 승객이 비행기에서 내릴 때 직접 작별 인사를 하는 것이었다. 이는 작별 인사의 방식이 큰 차이를 만든다는 믿음에서 비롯된 것이며, 승객이 비행기를 떠나는 순간, 환승 지연이나 문제를 신속히 해결하여 이후 여행에서 발생할 수 있는 문제에 잘 대응할 수 있도록 돕는 것도 포함된다.

후속 조치

후속 커뮤니케이션 프로토콜은 고객 센터와의 상호작용 이후, 이메일, 편지, 체크인 전화로 관계가 확장되는 방식을 제어한다. 한 금융 기관은 2, 2, 4, 6 접근 방식을 실천한다. 새 상품 구입 이틀 후에 후속 전화를 걸어 모든 사항이 순조로운지 확인하고, 구매 2주 후에는 고객이 상품 사용에 대한 문의가 없는지 확인하고, 구매 첫 달의 마지막 일(4주 후)에 다시 점검하고, 6개월 후에 고객에게 추가 요구 사항이 있는지 확인한다.

훌륭한 상호작용들도 인간의 기억에서 사라지기 마련이다. 정기적인 점검은 훌륭한 기억을 유지하고 브랜드에 대한 긍정적인 고객 감정을 유발한다.

A.P.P.L.E.

애플 스토어 직원들은 단순히 물건을 판매하는 것이 아니라, 고객의 문제를 해결하는 것이 기들의 역할이라고 교육받고 훈련된다. 직원들의 역할은 고객이 명확하게 표현하지 못하는 경우가 많은, 숨겨진 니즈까지 이해하는 것이다. 애플의 서비스 표준은 고객이 어떻게 대우받아야 하는지를 정확하게 제시한다. 'APPLE'이라는 약어를 활용해 어떤 고객 상황에서도 기억하기 쉽고, 일관되게 대응할 수 있도록 돕는다.

- **Approach** 개인화된 따뜻한 환영 인사로 고객을 맞이할 것
- **Probe** 모든 고객의 니즈를 파악하기 위해 정중하게 조사할 것
- **Present** 고객이 오늘 집으로 가져갈 수 있는 솔루션을 제시할 것
- **Listen** 문제나 우려 사항을 경청하고 해결할 것
- **End** 다정한 작별 인사와 재방문 권유로 끝맺을 것

디지털 환경에서의 구매 경험

기업들이 디지털 기술을 더욱 수용하게 되면서, 고객이 엔드투엔드 경험을 개인화할 수 있도록 하는 것이 주류가 되었다. 이러한 변화는 구매 경험의 단편화로 이어졌다. 이제 기업들은 특정 구매 영역

을 선점하고, 하나의 환경에서 고객이 다양한 공급업체를 선택할 수 있도록 지원하는 플랫폼을 구축하고 있다. 잘란도와 아마존 마켓플레이스는 고객의 삶을 더 편리하게 만들고, 고객이 원하는 제품 조합을 손쉽게 구성할 수 있도록 구매 경험을 재구성하고 있다.

그 결과, 고객들은 점점 더 상품과 서비스를 분리하고 다시 조합하며, 자신의 개별적인 니즈에 맞춰 구매 경험을 재구성하고 있다. 연결된 소비자에 민감하게 반응하고, 고객이 고유하고 개인화된 방식으로 다시 묶어 경험을 구성할 수 있도록 지원하는 기업들이 점차 시장 경쟁 우위를 확보하기 시작하고 있다.

인터넷을 통해 고객은 자신만의 고객 경험을 만들 수 있게 되었다. 고객이 오랫동안 항공편, 호텔, 렌터카, 교통수단과 같은 구성 요소들을 선택할 수 있었던 여행업계에 특히 해당한다. 최근에는 고객 구성이 소매 부문에도 영향을 미치고 있다. 고객은 정보를 얻기 위해 실제 매장에 방문할 수 있지만, 실제 구매는 온라인으로 하고 선택한 시간에 제품을 배송 및 설치(필요한 경우)할 수 있다.

이 프로세스에는 서로 다른 여러 주체가 관여할 수 있지만, 고객에게는 모든 것이 빈틈없이 진행된다고 느껴진다. 기존에는 안정적이고 예측 가능했던 구매 과정이, 디지털 기술로 인해 소비자 중심으로 재편되며 분산되고 있다. KPMG 연구의 상위 랭킹 기업은 고객이 자신에게 가장 적합한 방식으로 제품과 서비스를 자유롭게 조합할 수 있도록 지원하는 생태계 파트너 네트워크를 구축함으로써, 고객과의 연결을 새롭고 흥미로운 방식으로 실현하고 있는 기업들이다. 이들은 모든 것을 스스로 다 할 수는 없다는 점을 인식하고 있으며, 대신 연결된 디지털 기술의 힘을 통해 소비자가 매끄러운 여정을 직접 설계할 수 있는 통합된 환경을 만들어내고 있다.

예를 들어, 싱가포르 항공의 경우, 호주 설문 조사에서 1위를 차지한 이유는 호주 고객이 여행 생애주기의 단계마다 자신들의 니즈와 요구를 더 깊이 이해하고 다가가는 능력이 있다고 평가했기 때문이다. 이는 싱가포르 항공이 관리하거나 제어하는 접점을 뛰어넘어, 해당 경험을 실제로 제공하는 주체가 누구든 상관없이 엔드투엔드 경험에 어떻게 가치를 추가하는지 이해하는 것을 의미했다. 싱가포르 항공의 고객 경험 관리 시스템에 대한 투자는, 해체와 재결합 과정을 거치는 동안 고객의 목소리를 듣고 반응할 수 있게 했다. 이를 통해 여러 접점에 걸쳐 승객의 경험을 개선할 기회를 발견하였다. 싱가포르 항공이 파악한 영역 중 하나는, 디지털 경험을 따라잡아야 한다는 것이다. 싱가포르 항공은 고객의 이익을 위해 기내 및 사전 탑승 여행 경험의 다양한 구성 요소를 다시 연결하고 이를 재결합하는 앱 개발에 착수했다.

뉴 월드New World는 온라인 쇼핑과 오프라인 쇼핑을 모두 통합하는 것을 목표로 하는 뉴질랜드 식품 소매업체다. 예를 들어, 건강한 저녁 식사 키트를 제공하거나, 매장 내 시연 및 경품 이벤트를 통해 고객의 참여를 유도하고 브랜드와의 연결에 영감을 주는 활동들이 있다. 뉴질랜드 고객들은 뉴 월드가 공정 무역과 강력한 환경 중심적 전략을 실천해서 기업의 진실성을 보여준다는 점에 주목한다.

고객 여정을 재구성하고 통합하는 것은 적절한 파트너를 선택하고 조율한 뒤, 참신하고 흥미로운 방식으로 고객에게 옵션을 제시하는 과정이다. KPMG 연구의 상위권 기업 다수가 브랜드 약속을 이행하는 응집력 있는 전체를 만들기 위해 이 재결합 과정을 활용하고 있다.

중국 기업 알리페이는 모바일 및 온라인 결제 플랫폼을 운영하는 기업이다. 알리페이는 고객 계좌에 잔고가 남아있다는 점에 주목해, 해당 금액을 머니마켓펀드MMF에 투자하고 은행보다 높은 이자를 지급하기 시작했다. 또한, 알리페이는 65개 이상의 금융 기관(비자와 마스터카드 포함)에 대한 다이렉트 링크를 제공하여 46만 개 이상의 온라인 및 현지 중국 기업을 위한 지급 서비스를 지원한다. QR 코드는 현지 매장 내 결제 시 사용할 수 있다. 고객은 알리페이 앱에서 신용카드 청구서 지불, 은행 계좌 관리, P2P 송금, 선불 휴대폰 충전, 버스와 기차표 구매, 음식 주문, 라이드 헤일링, 보험 선택, 디지털 신분증 저장 등의 업무를 처리할 수 있다. 알리페이는 또한 타오바오Taobao와 티몰Tmall과 같은 대부분의 중국 기반 웹사이트에서 온라인 결제를 허용한다.

측정 프레임워크

엔드투엔드 경험 설계를 완료한 기업은, 이제 접점의 전반에서 성과를 측정할 필요가 있다. 바로 이 영역에서 여섯 가지 요소는 특히 유용하며, 다른 핵심성과지표들과 통합되어 측정 프레임워크로 활용될 때 그 진가를 발휘한다.

측정 프레임워크는 고객의 목소리를 이해하기 위해 각기 다른 여러 데이터 소스들과 측정 방식을 통합하고 조정하는 메커니즘이다. 가장 성숙한 단계에서는, 각 접점에서 제공되는 일상적인 경험이 전반적인 고객 관계에 어떤 영향을 미치는지를 연결하고, 그에 따른 재무적 결과를 예측할 수 있게 된다.

선도적 조직들은 새로운 통찰력 패러다임을 빠르게 수용하고 있다. 그들은 여러 이해 관계자들이 데이터 기반 의사 결정을 내릴 수 있도록 지원하기 위해 사회, 운영, 재무 데이터를 결합해서 연구한다. 이는 고객 경험을 개선하고 가치를 창출하며 운영 효율성을 실현하도록 설계되었다. 그림 8.4는 여정 핵심성과지표, 제품 핵심성과지표, 마케팅 및 브랜드 핵심성과지표, 여섯 가지 요소 및 순고객추천지수, 고객만족도점수와 같은 고차원 지표 간의 관계를 보여주고 있다.

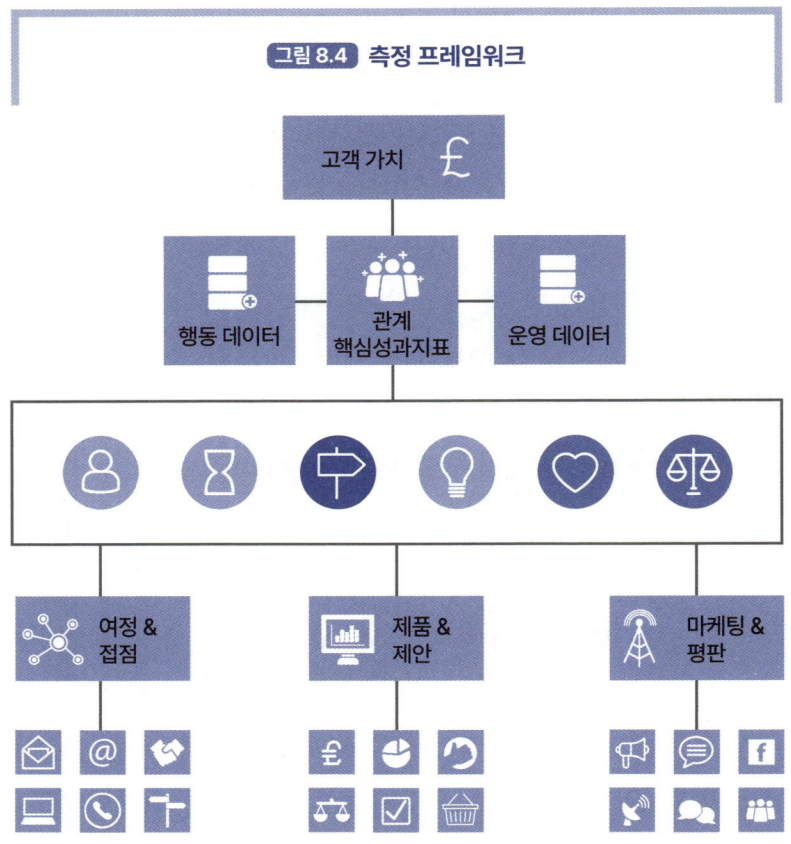

그림 8.4 측정 프레임워크

고객 여정 분석

기업들은 고객 여정 분석에 점점 더 큰 노력을 집중하고 있다. 여정 분석은 새로운 형태의 분석 기법으로, 정량 데이터와 질적 데이터를 결합해, 시간에 따라 다양한 접점에서의 소비자 행동과 동기를 이해하려는 방식이다. 이 분석은 여정의 여러 단계에서 일어나는 고객 활동을 깊이 이해할 수 있고, 불필요한 비용을 제거하여 수익을 높일 기회를 찾아, 고객에게 더 나은 경험을 제공하고 조직의 상업적 수익 증가를 위한 여정 개선 방법에 대해 풍부한 통찰력을 제공한다.

아마존은 고객 여정 분석에 집착하여, 고객이 성공적인 결말에 도달할 수 있도록 여정을 더 쉽게 만들고 장애물을 제거하며 경험의 질을 향상하기 위해 끊임없이 혁신을 주도한다. 또한, 조직은 분석을 통해 필요할 때 가치 있는 것을 제공하고, 고객을 사로잡을 수 있다. 예를 들어, 사전 문제 예방 기술이나 최적 행동을 추천하는 시스템은 고객과의 상황에 맞는 맞춤형 상호작용을 가능하게 하여, 개인화 수준과 메시지의 관련성을 더욱 높여준다.

- 전통적으로 핵심성과지표는 조직 내부의 운영 메커니즘(프로세스 리드 타임, 단계별 승인 통과 등)에 초점을 맞춰왔다.
- 하지만 진정한 고객 중심 조직은 지표를 '고객의 성과'에 맞춰 정렬한다.
- 이에 따라 조직은 '고객 집착' 문화로 나아가게 되며, 직원들은 비즈니스 성과가 아닌 고객에게 주는 이익을 기준으로 평가받는다.
- 이는 고객을 우선시하는 의사 결정 구조를 유도한다.
- 그 결과 고객 충성도 향상과 신규 고객 유치 등 앞서 언급한 혜택들이 자연스럽게 이어진다.

주요 시사점

1. 8장에서는 여섯 가지 요소를 하나의 경영 시스템으로 바라보고, 고객 경험 프로그램의 여러 측면을 통합하는 메커니즘으로 활용할 수 있는 방법을 살펴보았다.
2. 고객 생애주기 전체는 물론, 개별 고객 여정과 여정 내 상호작용의 설계, 측정, 개선에 이르기까지, 여섯 가지 요소는 일관성과 응집력, 통합성을 달성하기 위한 설계 기준으로 작용하며, 이를 마치 '황금 실'처럼 전체 경험을 유기적으로 연결해준다.
3. 일관성은 고객 경험 설계 시 기업이 직면하는 주요 과제다. 여섯 가지 요소를 지침으로 삼으면, 접점 전반에 대한 명확한 시야를 확보할 수 있으며, 가능하다면 모범 사례를 적용하고, 고객에게 가장 긍정적인 영향을 줄 수 있는 영역에 집중할 수 있다.

― 3부 ―

고객 경험 90일 플랜

09. 준비

10. 첫 30일

11. 두 번째 30일

12. 마지막 30일과 그 이후

09

준비

마이클 D. 왓킨스Michael D. Watkins는 그의 저서 《90일 안에 장악하라: 신임 리더를 위한 중요한 성공 전략(The First 90 Days: Critical Success Strategies for New Leaders)》에서 "조직 정렬은 먼 항해를 준비하는 것과 같습니다."라고 이야기한다. 목적지, 조직의 사명, 목표를 명확히 규정하고, 경로를 정의하며 계획(전략)을 수립한 다음에 비로소 항해에 필요한 구조, 과정 및 기술을 결정해야 한다. 또한, 잠재 여행자들에게 "항해 지도상에 표시되지 않은 암초를 조심하세요."라고 조언한다.

훌륭한 조언에 더해, 우리는 '목적'을 북극성처럼 설정함으로써 명확한 방향성을 제시하는 나침반으로 삼고자 한다. 잠재적인 암초를 고려할 때는, 과거에 무엇이 실패했는지, 그리고 조직 내에 뿌리 깊게 자리 잡은 한계들이 어떤 방식으로 여정을 지연시키거나 심지어 중단시킬 수 있는지를 평가하는 것이 유익하다. 3부에서는 고객 경험 제공 방식의 근본적인 전환을 위한 '항로 설정' 과정을 제시한다.

다음 질문에 대한 답변이 '그렇지 않다'라면 9장에서 다루는 내용이 유용할 것이다.

- 우리의 비즈니스는 혼란과 변화에 견딜 수 있도록 구조화되어 있는가?
- 새로운 형태의 경쟁과 효과적으로 경쟁할 수 있는 유연성과 민첩성을 갖추고 있는가?
- 신속하고 성공적으로 시장에 출시하고 있는가?
- 기업 문화와 내부 환경이 장기적으로 조직 전략의 달성을 지원하는가?

윈스턴 처칠Winston Churchill은 '좋은 위기를 절대 낭비하지 말라'고 이야기했다. 과거의 방식이 실패했다는 명백한 증거가 있고, 변화에 대한 강력한 이유가 있으며, 상황이 불리할수록 변화를 이루기는 훨씬 더 쉽다.

우리는 미래의 도전에 대응하기 위해 비즈니스를 재설정할 독특한 기회를 가진 시대에 살고 있다. 기술 변화, 혼란, 코로나19 이후의 대응, 새로운 업무 방식, 글로벌 경쟁 심화 등 다양한 핵심 과제들로 인해 고위 임원들은 지금 비즈니스 전반을 철저히 재검토해야 한다. 고위 임원이 충분한 사고의 시간을 가질 수 있는 이상적인 시점은 존재하지 않지만, 지금 이 과제를 외면한다면 가까운 미래에 그들은 자신의 자리를 위협받을 수도 있다.

여기서 개구리의 일화를 생각해보자. 차가운 물이 담긴 냄비에 개구리를 넣고 서서히 가열시키면, 개구리는 가만히 있다가 죽게 된다는 이야기다. 그러나 처음부터 개구리를 물이 끓는 냄비 속에 던지면 뛰어올라 도망갈 것이다.

많은 조직에서 변화는 느리고 점진적인 과정을 거친다. 다른 사람들, 아마도 벼랑 끝에 매달린 사람들에게는 엔드투엔드 전환 형태로 나타날 수 있다. 비즈니스 성과가 무난하고, 늘 해오던 방식대로 운영되고 있으며, 대규모의 산업 변화에 대한 초기 경고가 아직 멀게만 느껴질 때가 바로 광범위한 변화를 끌어내기 가장 어려운 시기이다. 안정된 상태에 있는 조직에서 이루어지는 변화는, 단편적이며 종종 냉담하다. 각 부서가 선의로 자체적인 변화 프로그램을 추진하면서 개별 이니셔티브들이 쌓여가지만, 이러한 다양한 시도들이 고객 경험에 근본적인 변화를 가져오는 경우는 드물다.

조직은 단절적이고 급진적인 변화에 직면했을 때, 표면적으로는 잘 드러나지 않는 저항을 자연스럽게 형성하는 경향이 있다. 이를 극복하려면 조직이 지속적이고, 신중하고, 엄격하게 필요한 조치들을 실행해야 한다. 코로나19의 영향, 거대한 기술적 변화, 그리고 빠르게 변화하는 소비자 행동 양상은 이제 누구나 뚜렷하게 인식할 수 있을 정도로 드러나 있다. 이제 더 이상 조기 경고 신호가 아니다. 이것은 명백하고 현재 진행 중인 위협이다. 지금은 위기이다. 이 위기를 결코 낭비해서는 안 된다.

수년간 90일 동안의 고위 리더십 전략 프로그램이 비즈니스를 재구상하고 재창조하는 데 있어 강력한 추진력과 촉매 효과를 발휘하는 것을 보아왔다. 이 프로그램은 기능별 계획에 대한 재무적 결과가 일반적인 원동력이 되고 대부분의 논의가 예산에 집중되는 전통적인 장기 계획 세션이 아니다. 또한, 전통적이고 연례적인 고위 경영진의 전략적인 워크숍에 관한 것도 아니다. 이것은 의식적으로 또는 무의식적으로 회피했던 까다로운 문제들을 실질적으로 파악해서 비즈니스 기반을 마련하는 데 사용되는 검증된 방법론이다. 그것은 말하지 못하고 있던 문제들을 전부 끄집어내고, 조직을 철저히 분석하는 과정이다.

이를 달성하려면 경영진의 사고력을 활용하는 새로운 방법이 필요하다. 좀 더 오랜 시간 회의를 하고 의견을 교환하는 식이 아니다. 이 과정은 이벤트 기반으로 진행되며, 전략적 결정이 이루어지고 실질적인 변화가 필연적으로 수반되는 여정이다. 또한, 이는 단순히 비즈니스를 재구상하는 데 그치지 않고, 변화가 경영진의 사고방식 내부에서부터 시작되는 깊이 있는 경험이기도 하다.

우리는 조직을 하나의 시스템으로 바라볼 필요가 있다. 하지만, 이것은 어떤 종류의 시스템일까? 복잡한 시스템과 복합적인 시스템을 구별하는 것이 중요하다. 복잡한 시스템은 자동차 엔진과 같은 명확한 결과물을 가지며, 이를 구체적으로 정의하고 관리하는 것이 가능하다. 따라서 모든 문제에 해결책이 있다. 한편 비즈니스와 같은 복합적인 시스템은 의도하지 않은 결과를 초래할 수 있으며, 올바른 방법으로 결과를 형성하기 위한 지침과 체크리스트, 그리고 행동 기준이 필요하다.

다음 장에서 설명하는 프로세스의 목표는, 복합적 시스템에서 발생하는 문제가 올바른 방향으로 이동할 수 있게 지원하는 플랫폼을 구축하여, 더 응집력 있고 일관된 결과를 달성하도록 지원하는 것이다. 우리는 고객에 대한 대부분의 비즈니스 접근 방식들의 근본적인 격차를 해결하는 것을 목표로 한다.

이 프로세스는 총 다섯 가지의 구성 요소로 이루어져 있다. 세 번에 걸쳐 진행되는 30일간의 집중 실행 단계로 구성되며, 그 이전에는 사전준비 기간이, 이후에는 성과를 정착시키기 위한 통합 단계가 이어진다. 이 과정은 입력과 출력이 명확한 프로세스며, 주요 세션은 일련의 고려 사항들로 구분된다. 여기서 '고려 사항'이라는 단어를 사용하는 것은 의도적인 선택이다. 이것들은 단순한 회의 안건이 아니다. 고려 사항은 열린 질문이며, 이는 신중한 사고, 체계적인 정보 투입, 다양한 옵션과 대안에 대한 탐색을 요구한다. 또한, 결정은 시간이 지나며 새로운 정보를 주고 충분히 검토되고 탐구되었을 때에야 비로소 유의미한 진실을 드러낸다. 우리의 경험에 따르면, 90일이라는 기간은 이 숙고 과정을 충분히 깊이 있게 진행할 수 있는 시간이며, 고품질의 결과물을 도출하기에 적합하다.

세계적인 기업들과 이 과정을 함께 수행해본 경험에 따르면, 이 방식은 전략적인 도약을 끌어낸다. 중대한 비연속적 전환은 경영진이 그때그때 반응하며 결정을 내리는 바쁜 루틴 속에서가 아니라, 구조적이고 신중한 방식으로 문제를 깊이 있게 사고할 수 있는 시간을 가질 때 발생한다.

게임의 규칙

성공하기 위해서는 조직을 복합적인 시스템으로 바라보아야 한다. 이를 위해서는 비즈니스와 작동 방식을 고려하는 전체적인 접근 방식이 필요하다. 이것은 90일 동안 진행되며, 세심한 조율이 필요하다. 90일 프로그램 운영에 대한 다음 지침들은 이 프로세스에 대한 우리 경험에서 비롯된 것이다. 사용자 고유의 프로세스를 생성할 때, 지침들을 활용할 것을 권장한다.

얼마나 많은 시간을 할애할지는 회사에 따라 다르다. 이상적으로는 각 30일 기간에 대해 일주일에 최소 이틀 또는 한 주 동안 집중적으로 시간을 할애하는 것이 좋다. 참여 인원은 회사 규모에 따라 달라지며, 최소 12명에서 최대 60명까지 운영된 사례가 있다.

이 프로그램은 리더십 팀이 주도하고 CEO가 직접 이끌어야 한다. 변혁 담당자에게 넘기거나 변화 관리팀에 맡기는 것은 실패를 보장하는 길이다. 조직은 CEO가 주의를 기울이는 것에만 실제로 관심을 기울이고 있다는 사실은 놀라운 일도 아니다.

외부의 의견을 구하고, 사고 리더들의 의견을 적극적으로 받아들여야 한다. 이것은 반드시 경험적이거나 일차적인 연구에 기초할 필요는 없다. 그것은 출처와 관계없이 통찰력에 관한 것이다. 임원 브리핑에 초대된 한 전문가는, 업계 CEO들의 연령대와 커리어 목표에만 초점을 맞췄다. 그는 전략적 논리보다는 그들의 커리어 욕구를 충족시키기 위한 인수합병이 일어날 것으로 예측했고, 실제로 그가 말한 대로 상황이 전개되었다.

이것은 그저 딱딱한 이사회 보고서 제출로는 효과를 볼 수 없다. 진정한 경험으로 진행되어야 한다. 적절한 촉진, 실제 고객과의 대화, 실제 직원들의 생생한 이야기가 직접 전달되거나 최소한 영상으로라도 제시되어야 한다. 그 환경은 철저히 준비되어야 하며, 논의에 필요한 모든 요소가 한 공간 안에 창의적으로 배치되어 있어야 한다.

이 과정은 비선형적 사고를 장려하고, 과거를 재창조하려는 경향을 줄이기 위해 도발과 도전 그리고 촉진이 필요하다. 실패를 감사하는 팀은 다시 과거 방식으로 역행하지 않도록 하는 중요한 장치다.

외부 벤치마크와 사례 연구를 활용해 모범 사례를 이해하고, 조직 내 '불가능하다고 여겨지는' 과제를 제거할 수 있도록 지원한다. 예를 들어, 고객 응대 행동의 일관성을 확보하는 데 어려움을 겪던 한 레스토랑 체인과 이 프로그램을 함께 진행하면서, 칙필레의 사례를 인용해 효과적인 해결 가능성을 보여주었다. 해당 사례는 직원 이직률이 높은 환경에서도 뛰어난 고객 응대 행동을 대규모로 구현할 수 있음을 입증하며, 핵심은 단지 그 방법을 찾아내는 데 있다는 점을 강조했다.

'이전에 시도했지만, 효과가 없었다'라는 반응을 금지한다. 실패한 원인은 무엇인가? 효과가 있으려면 무엇이 필요한가?

최신 유행하는 관리기법의 대규모 도입에 현혹되지 않아야 한다. 퍼스트 다이렉트는 각각의 새로운 사고방식을 살펴보고, 회사에 알맞은 실제로 연관 있는 통찰력을 선택한다. 이는 열정을 걷어내고, 처음에 그것이 울림을 줄 수 있었던 핵심의 고유한 진실을 분리해 내어, 그 진실을 자사의 비즈니스를 어떻게 운영할 수 있는지에 대한 지식 체계에 추가한다. 우리는 종종 동시 <벌레를 어떻게 먹을까(How to Eat a Worm)>가 유행하는 경영 트렌드에서 최대한의 효과를 얻는 방법을 정확히 말해준다고 느껴왔다. 즉, '머리를 잘라내고, 즙을 빨아먹고, 껍질은 버려라'라는 구절처럼 말이다.

마지막으로, '빠른 승리'의 함정에 주의해야 한다. 관리자들은 성공 가능성이 낮은 여러 개의 손쉬운 과제부터 시도하는 경향이 있으며, 이는 오히려 성공을 보장할 수 있는 보다 중요한 과제를 뒤로 미루게 만든다. 빠른 승리는 추진력에 대한 환상을 심어주지만, 현실에서는 오히려 업무추진에 방해가 된다. 실패한 비즈니스의 역사를 보면 빠른 성공을 거둔 뒤에 생존을 견인하는 실질적인 문제를 처리하지 못한 기업들로 가득하다.

90일 전, 무엇을 준비할 것인가

짐 콜린스Jim Collins는 그의 저서 《좋은 기업을 넘어 위대한 기업으로(Good to Great)》에서 "현재 직면한 가장 냉혹한 현실이라 할지라도, 그것을 회피하지 않고 마주할 수 있는 태도와 규율이 필요합니다."라고 관찰했다. 사전 90일 동안은 '냉혹한 사실'을 포함하여 여러 가지 입력정보들을 준비해야 한다. 이 프로세스를 통해 산정되는 품질 수준은 입력된 정보의 품질에 의해 좌우된다. 아무리 어려워도 진실을 왜곡하지 말라는 지시를 내려야 한다. 이 과정에는 냉혹한 정직함이 필요하다.

경험에 따르면, 이는 6주간 진행되는 작업이며, 다양한 부서로 구성된 팀이 정보를 수집하고 시각화하는 데 가장 적합하다. 이 작업은 결정을 요구하는 최종 발표가 아니다. 정보는 청중에 맞춰 희석되거나 임의로 해석되지 않는 것이 중요하며, 가공되지 않은 데이터일수록 더 효과적일 수 있다. 지나치게 정제된 발표 자료는 오히려 사고의 폭을 제한하므로, 우리는 사고를 확장하는 데 초점을 두고자 한다.

주요 시사점

1. 모든 산업은 엄청난 변화에 직면해 있다. 조직은 '미래를 대비'하기 위해 바로 지금 준비해야 한다.
2. 이는 경영진이 일상적인 업무에서 벗어나 자신들의 산업이 미래에 어떤 변화를 겪을지 예측하고, 조직이 매우 다른 현실에서 성공하기 위해 무엇을 해야 할지 깊이 고민해야 한다는 것을 요구한다.
3. 그것은 조직들이 거의 달성하지 못하는 수준의 정직성을 요구한다. 모든 문제는 명확히 드러내고 해결해야 한다.
4. 가능한 많은 통찰력을 한 곳에 집중하여, 경영진과의 몰입 세션을 마련하고 통찰력을 생생하게 전달할 수 있는 참신하고 창의적인 방법을 찾도록 한다.

10

첫 30일

이 장에서는 90일 프로세스를 수행하기 위해 필요한 주요 작업과 고려 사항을 간략히 설명한다. 특히, 데이터 기반 참여와 고객 및 내부 변화 역량에 대한 심층적인 이해를 바탕으로 조직을 어떻게 발전시킬 수 있는지를 중심으로 다룬다. 첫 30일은 모든 외부사항, 특히 고객과 관련된 모든 사항에 완전히 몰입해야 한다.

두 개의 스프린트를 권장하며, 첫 번째는 외부적으로, 두 번째는 내부적 관점으로 실시한다. 이것은 고객에 대한 새로운 이해와 환경 변화의 영향을 토대로 한 성찰 기간에 구축된다. 경영진은 두 세션 간의 시간을 활용하여, 그 내용이 개인과 책임 영역에 어떤 의미인지 깊이 고민해 볼 수 있다.

1-15일 차: 외부 세계로 향하는 창 열기

이 프로세스의 핵심은 고객, 시장, 경쟁업체를 이해하는 것이다. 연간 계획 프로세스를 위해 급히 진행하는 SWOT 분석 이상의 것이 필요하다. 즉, 진행을 가속화 하거나 억제할 수 있는 요인들을 실제로 파악하는 것을 뜻한다. 이는 데이터를 '철저히 파고드는' 과정을 필요로 하며, 경영진이 시장에 대해 더 다르고 객관적인 시각으로 진정으로 이해할 수 있도록 하는 몰입형 접근 방식이다.

표 10.1은 고려해야 할 주요 고객, 시장, 경쟁사 요소를 보여주고 있다.

표 10.1 첫 15일간 고려할 사항들

투입	고려 사항	출력
• 구조적인 산업 변화의 원동력 • 외부 스피커	• 3년 후 우리 산업은 어디에 와 있을까?	• 업계 미래에 대한 명확성 • 환경 변화의 구조적 동인에 대한 명확성
• 여섯 가지 요소의 PESTLE° 분석 • 외부 스피커	• 이 변화의 중요한 환경적 및 사회적 함의가 무엇인가?	
• 여섯 가지 요소의 미래 영향에 대한 예측 • 외부 스피커	• 이 기간 동안 고객의 니즈, 욕구, 그리고 원하는 것에 영향을 미칠 요인은 무엇일까? • 고객의 삶에서 어떤 상황이나 사건이 이러한 니즈를 발생시키는가?	• 고객의 니즈가 어떻게 변화하고 있는지에 대한 명확성
• 실제 고객들이 자신과 브랜드 사이의 관계를 이야기하는 모습	• 우리에게 최고의 고객은 누구인가? 그들은 우리에게 무엇을 이야기하는가?	

투입	고려 사항	출력
• 고객 가치 분석	• 어떤 고객과 어떤 제품이 우리의 수익 구조를 움직이고 있는가? • 진정으로 우리를 수익성 있게 만드는 요인은 무엇인가? • 어떤 부분이 손실을 초래하는가?	• 비즈니스가 수익적으로 작동하는 핵심 요소에 대한 명확한 이해
• 경쟁업체 평가, 여섯 가지 요소 전반에 걸친 벤치마킹	• 경쟁사들이 우리보다 더 잘하는 점은 무엇인가? 그리고 그들의 고객들은 경쟁사들을 어떻게 평가하고 있는가?	• 학습과 기회
• 여섯 가지 요소의 상호작용 모형	• 고객이 우리와 상호작용할 때, 무엇을 생각하고 어떤 감정을 느끼길 원하는가?	• 타겟 고객 경험
• 기회와 위협 분석	• 이로 인해 발생하는 기회와 위협은 무엇인가?	• 다음 세션에 대한 입력

• 전략관리를 위해 거시적 환경에 영향을 주는 다음의 여섯 가지 측면을 분석하는 기법, 정치(Politics), 경제(Economics), 사회(Social), 기술(Technological), 법(Legal), 환경(Environmental)

16-30일 차: 조직의 실행 능력 고려하기

두 번째 스프린트에서는 미래의 성공을 뒷받침할 수 있는 내부 역량, 즉 조직의 실행 능력을 고려할 시점이다. 이는 현재 상황을 깊게 이해하고, 현재 상태에 대해 가차 없이 솔직해지며, 회사의 경제적 원동력을 무엇이 움직이게 하는지를 완벽하게 파악하려는 노력을 포함한다.

조직으로서의 존재 이유를 명확히 하려면, 먼저 내부로부터 그 목적을 깊이 들여다보는 작업이 필요하다. 어디에서 왔는가? 왜 만들어졌는가? 사회 환경적으로 가장 큰 영향을 미치는 곳은 어디인가?

표 10.2 두 번째 15일간 고려할 사항들

투입	고려 사항	출력
• 첫 15일 동안 발생하는 기회와 위협 • 과거의 목적, 임무, 비전 및 가치	• 외부 분석이 우리의 목적에 대해 시사하는 바는 무엇인가? 그로 인해 우리는 목표를 재정의할 필요가 있는가? 지금의 목적은 우리 조직의 길잡이 역할을 할 만큼 충분히 설득력 있는가? 그리고 만약 존재하지 않는다면, 세상은 무엇을 잃게 될 것인가?	• 검증/재정의 된 목적 선언문
• 현재 구성원들의 행동을 이끄는 가치들을 파악하기 위한 문화 지도	• 우리의 현재 문화가 미래 전략을 지지하는가? 새로운 목적에 생명을 불어넣는 가치들을 확인할 것. 누가 권한을 박탈하거나 권한을 부여받아야 하는가?	• 미래의 행동을 안내하는 간단한 규칙
• 실패에 대한 조사 – 과거 실패의 원인 파악	• 과거 실패의 원인 분석(실패 이유) 및 완화 조치 개발	• 장애 발생 시 미래 보장
• 여섯 가지 요소를 위한 리더십 모델	• 우리의 리더십 스타일과 행동은 우리가 전략 달성을 위해 필요한 것을 모델링 하는가? 우리가 명령과 통제형 리더인가, 아니면 서번트 리더 유형인가?	• 리더 행동 프레임워크
• 직원 경험의 여섯 가지 기둥 분석	• 현재 직원들의 경력은 어떠한가? 앞으로 어떤 변화를 고려해야 하는가? 이것이 직원 생애주기에 어떤 영향을 미칠 것인가?	• 직원에 대한 이해 • 직원 생애주기 설계에 대한 시사점
• 자신의 목소리를 가진 직원들	• 직원들이 우리에 대해 어떻게 이야기하는가?	
• 시간 경과에 따른 직원 경험의 구조적 변화에 대한 평가(예, 새로운 업무 패턴, 새로운 기술)	• 미래의 직원 경험 정의	• 타겟 직원 경험

투입	고려 사항	출력
• 인적 가치 사슬 - 직원의 행동이 고객 경험을 주도하는 방식	• 목표 고객 경험이 우리 문화에서 자연스럽게 나타나도록 직원 경험과 고객 경험을 일치하기 위해 우리가 할 일은 무엇인가?	• 기업의 인적 자원 가치 사슬
• 직원 고객 기술의 매칭	• 우리의 경제 원동력은 무엇인가? • 이 업무를 진행할 수 있는 직원은 누구인가요?	• 적절한 장소에 알맞은 직원
• 여섯 가지 요소의 모델 여정 및 니즈 기반의 설계 옵션	• 조직 설계 측면에서 어떤 시사점이 있는가? 우리에겐 새로운 업무 방식이 필요한가?	• 새로운 설계를 위한 전환 계획은 무엇인가?

진정한 가치는 무엇인가? 이것이 고객들의 가치와 어떻게 연결되는가? 그런 다음 필요에 따라 이를 재정의하거나 수정한다. 이 과정은 다소 오랜 시간이 걸릴 수도 있지만, 제대로 하는 것이 중요하다. 목적은 길잡이와 같아서, 고객과 미래의 인재들이 당신에게 이끌리는 강력한 이유가 된다. 이것은 또한 기존 직원의 몰입을 위한 동기 부여를 제공한다.

표 10.2는 조직 내에서 '문화'와 같이 종종 간과되는 요소들이 주목받아야 함을 보여준다. 문화는 모든 변화가 거쳐서 실행되는 필터 역할을 하며, 필요한 것을 형성하거나 방해하거나 가속화 하는 힘을 가진다. 하지만 조직 대부분은 문화를 이해하더라도, 그것을 변화시키거나 강점으로 활용하기 위해 무엇이 필요한지에 대한 인식이 부족하다.

모든 비즈니스가 5장에서 소개된 퍼스트 다이렉트처럼 되지 못할 이유는 없다. 퍼스트 다이렉트는 고유의 기술 우위가 없으며(실제로 모회사 HSBC의 시스템과 IT 인프라를 사용함) 지리적 또는 구조적 이점 또한 없다. 퍼스트 다이렉트의 차별점은 그것이 어떻게 목적에 의해 이끌리는지, 그리고 그 목적이 조직의 사고방식에 어떤 영향을 미치는지에 달려 있다. 비즈니스의 모든 구성 요소는 철저하게 고려되어 다른 모든 사항과 일치하도록 설계되었기 때문에, 상호 강화를 위해 함께 모인다. 이것이 30일 동안 진행하는 작업이며, 응집력과 통합을 주도할 개념적 요소들을 만든다.

지금은 구식일 수 있지만, PESTLE과 SWOT 분석 기법은 여전히 산업의 구조적 변화를 해석하는 귀중한 수단이다. 프로그램에 참여하는 모든 구성원을 위해 고객에게 활력을 불어넣는 것은 매우 중요한 성공 요인이다. 구매 경로 분석 또는 고객 수명주기 맵을 사용하여 신규 고객이 어떻게 부상하고 있는지 보여주고, 변화하는 구매와 참여 기준, 인플루언서 네트워크를 파악할 수 있다. 중요한 것은 관련된 모든 사람이 고객의 입장이 될 수 있다는 것이다. 모든 직원이 고객의 눈을 통해 세상을 바라보는 QVC의 사례를 생각해보라. 2010년 혁신 초기에, QVC의 문화적 변화 프로그램을 주도한 것은 바로 공감 중심의 고객 통찰력이었다.

경제 엔진: 항공사

이 30일 집중 전략의 효과는, 저가 항공사들의 거센 압박을 받고 있던 한 프리미엄 항공사와의 협업에서 뚜렷하게 드러났다. 이 항공사는 저가 항공사들과 그들의 조건에서 경쟁할 것인지, 아니면 프리미엄 브랜드로서의 정체성을 유지할 것인지를 놓고 중요한 선택의 기로에 서 있었다.

출발점은 현재 상황에 대한 명확한 인식, 즉 냉혹한 현실을 직시하는 것이었고, 동시에 조직의 경제적 엔진을 움직이는 핵심 요인이 무엇인지 이해하는 것이 중요했다. 소수의 노선이 수익의 상당 부분을 창출하고 있었으며, 전체 노선망에서 일정한 서비스를 유지하려는 욕구는 핵심 고객과 수익을 창출하는 핵심 노선에 투자하고 이를 보호할 자금을 만들어내지 못하게 하고 있었다.

또한, 가장 수익성이 높고 까다로운 고객들을 응대하는 데 가장 훈련이 부족한 직원들이 배정되는 경우가 많다는 사실도 드러났다. 이에 항공사는 2년 이상의 경력과 뛰어난 승객 응대 능력을 갖춘 직원을 우선 배치하기로 신속한 결정이 내려졌다.

수익을 창출하는 핵심 요소를 보호하고 투자하기 위해 비핵심 영역의 서비스는 축소하는 등 어려운 결정을 내려야 했다. 이러한 결정이 실행된 이후, 항공사의 수익성은 30% 증가했다.

 목적: 유틸리티

이 프로세스를 주요 공기업과 함께 사용할 때, 경영진은 '고객 중심 사고'를 할 시간이 없다고 솔직하게 인정했다. 그들의 대부분의 회의는 운영 중심이었고, 고객에 할애하는 시간은 고작 전체의 5% 정도에 불과했다. 90일간의 프로세스를 통해 고객이 필요한 것이 무엇인지, 그리고 '홈네트워크 서비스'가 향후 비즈니스에 어떤 의미를 가질지 알게 되었다.

이보다 더 중요한 것은, 고객은 조직이 환경 분야에 훨씬 큰 역할을 하길 바란다는 사실을 깨닫는 것이었다. 이로 인해 이 회사는 한 걸음 물러서서 회사의 목적을 근본적으로 재검토하게 되었다. 그들은 아무리 높은 수준의 지속 가능성 목표를 설정하더라도, 그것이 단지 자신들을 위한 것이라면 충분하지 않다는 점을 인식하게 되었다. 고객의 목소리를 경청하는 이 과정을 통해, 경영진은 자사가 업계 리더로서 중심에 설 수 있을 뿐 아니라, 업계 전체와 주변 산업에까지 영향력을 미칠 수 있는 위치에 있다는 것을 인식하게 되었다.

선트러스트 은행(SunTrust Bank)

선트러스트 은행은 미국 고객 경험 순위에서 137위 상승하며, 체계적이고 지속적인 성과 향상을 입증했다. 회사를 돋보이게 하는 것은 체계적이고 목적 지향적인 조직의 접근 방식이다. 30일간의 시작 시점에는, 아웃사이드-인 접근 방식을 채택하여 그것이 고객의 삶에 미치는 차이를 실제로 이해하고, '선트러스트가 존재하는 이유는 무엇인가?'라는 질문에 답하는 데 집중했다.

그렇게 해서 선트러스트는 과거에 대한 집중적이고 신속한 30일간의 몰입을 시작했다. 이 기간 동안 은행은 고객층의 구성과 이들이 창출하는 가치에 대해 심층적으로 분석했다. 선트러스트(이후 BB&T와 합병하여 트루이스트Truist 은행을 설립함)는 지역 사회에 깊이 뿌리내린 조직으로, 혼란의 시기마다 고객과의 개인적 관계를 바탕으로 재정적 신뢰와 안정감을 회복하는 데 주력해왔다. "그것이 진정한 목적을 찾는 방법입니다. 우리는 모든 사람이 잘 보낸 삶을 살기 위해 재정적 자신감을 얻을 수 있다고 믿습니다. 그것은 우리의 함성, 우리의 입장, 그리고 우리가 시작한 운동이 되었습니다."라고 최고 고객 책임자인 제프 반데벨데(Jeff VanDeVelde)는 말했다.

이 시점부터 은행은 고객과의 관계를 개인화하는 방법에 중점을 두고, 개별 고객 여정과 커뮤니티와의 관계가 목적 달성에 어떻게 도움이 되는지 살펴보았다. 문제점을 제거하고, 고객이 통제할 수 있게 하고, 커뮤니티 링크를 구축함으로써 고객 경험을 크게 개선할 수 있는 길을 열었다. 선트러스트는 '외부관점에서 내부를 바라보며, 그 결과를 외부로 전달한다.'를 통해 변화를 일으키는 데 중점을 두었다.

경험의 향상과 은행의 재무 비율 사이에는 강한 연관성이 있다. CEO 윌리엄 H. 로저스(William H. Rogers)는 진정한 목적의 재발견 이후 보도 자료에서, "선트러스트 수익은 7% 증가했으며 효율성 비율과 실질 효율성 비율은 각각 90과 100 베이시스 포인트 향상되었습니다."라고 말했다.

문화

조직 문화가 전략의 성공적인 실행을 촉진하거나 방해할 수 있는지에 대한 검토는, 경영진이 좀처럼 시간을 들여 깊이 들여다보지 않는 영역이다. 그러나 이것은 전체 조직 역량의 필수적인 요소이며, 첫 번째 30일 스프린트를 실시하는 동안 경영진에게 실질적인 방식으로 체감되어야 한다. 이를 위해 조직 문화의 핵심 측면을 이해하고 문서화 하는 사전 작업이 필요하다.

문화는 조직의 보이지 않는 운영 체제다. 대부분, 비즈니스에서 '문화'는 종종 핵심 이니셔티브의 탈선 요인이라고 비난받지만 거의 관심을 기울이지는 않는다. 퍼스트 다이렉트는 문화와 그 강점, 단점을 아는 것이 매우 중요한 경영 정보임을 보여준다. 문화를 올바르게 유지하고 미래의 지도자를 위해 문화를 육성하는 것이 지도자의 역할이다. 조직 문화를 이해하는 수많은 방법 가운데, 특히 효과적인 것은 불문율 분석이다. 이 방법은 조직이 왜 그렇게 행동하는지를 깊이 있게 이해할 수 있는 메커니즘을 제공한다.

피터 스콧 모건 Peter Scott-Morgan 박사는 그의 저서 《불문율의 게임 (The Unwritten Rules of the Game)》에서 기업 문화가 일련의 불문율에 의해 잠재의식 속에서 통제된다고 설명한다. 이러한 규칙은 종종 서면 규칙의 예상치 못한 결과물일 수도 있다. 예를 들어, '올해 예산을 지출하지 않으면, 내년에 예산을 얻지 못할 것'은 많은 기업에서 널리 퍼져 있으며, 이것은 예산 수립 과정에서 의도치 않게 초래하는 결과 때문에, 조직에 도움이 되지 않는 직원 행동을 만들어낸다는 점이다.

한 기업은 직원들을 18개월마다 다른 직무로 순환 배치하며 다방면의 역량을 기르는 것을 자랑으로 여겼다. 그러나 그 안에는 암묵적인 규칙이 존재했다. 즉, 첫 3개월 안에 '영웅'이 되어야 하며, 종종 이전의 모든 것을 부정함으로써 존재감을 드러내야 했다. 또한, 후임자를 위해 남길 만한 것은 아무것도 없어야 한다는 암묵적인 기대도 존재했다. 이러한 관행은 다재다능하고 고도로 훈련된 인재 문화를 조성하려는 본래의 의도와 달리, 단기 성과 중심의 사고방식과 불건전한 경쟁 문화를 오히려 조장하게 되었다.

문화를 빠르게 이해하고 주요 불문율을 파악하는 효과적인 방법은 신입 사원과의 인터뷰다. 신입 사원은 종종 무의식적으로 조직 문화에 적응하는 과정을 거쳐야 한다. 그들은 주변 사람들에게 맞춰 자신의 행동을 조정해야 한다. 주변을 관찰하며, 어떤 행동이 용인되거나 성공적인지 직관적으로 파악한다. 신입 사원에게 처음 몇 달 동안의 경험에 대해 무엇이 이상하게 느껴졌는지, 이전 기업과 어떤 점이 달랐는지 간단하게 질문해 보면, 조직의 진정한 문화적 통찰력이 표면에 드러날 수 있다.

조직 설계: 고객 여정

모든 곳의 비즈니스는 대규모 애자일과 고객 여정 관리라는 두 가지 개념을 받아들이기 위해 고군분투하고 있다. 이 문제를 해결하려면, 기업이 관리하는 고객 여정에 대한 명확한 이해, 부서 간 협업의 역할, 그리고 애자일 방법론을 해당 비즈니스에 맞게 어떻게 조정할 수 있는지에 대한 이해가 필요하다.

4장에서는 고객 중심 조직 설계를 위한 전환 옵션을 살펴보았다. 고위 경영진은 전환 계획을 신중하게 고민해야 하며, 궁극적으로 도달하고자 하는 모습이 어떤 것인지에 대해 명확한 비전을 갖고 있어야 한다.

실패 조사

종종 변화 프로그램의 70% 이상이 실패한다는 말을 자주 듣는다. 우리의 관찰에 따르면 이 주장에 이의를 제기하기 어렵다. 그러나 조직 대부분은 과거 실패로부터 진정으로 배우지 않기 때문에, 같은 실수를 반복하는 경우가 많다.

실패 감사를 진행할 때, 기업은 최근 과거를 솔직하게 돌아보고,

어떤 프로그램이 목표를 달성하지 못했는지 파악하고, 근본적인 질문을 던져야 한다. 프로그램 관리 외에, 처음부터 이 이니셔티브를 실패로 이끈 조직 차원의 구조적 요인이나 신념, 업무 방식에는 어떤 것이 있었는가? 그 징후는 무엇이며, 근본 원인은 무엇이었는가?

실패를 유발한 근본 원인이 규명되었다면, 향후 이러한 요인의 영향을 줄이기 위해 필요한 대응 방안은 무엇일까?

인간 형평성 연속체

가치 사슬 모델을 완성하는 것은 직원-고객 간의 전체 복잡한 상호작용 시스템이 어떻게 일관성 있게 형성될 수 있는지를 파악하게 해준다.

IBM

1993년, 루 거스너Lou Gerstner가 IBM을 선도적인 솔루션 회사로 복원한다는 임무를 가지고 IBM을 인수했을 때, 그가 한 첫 번째 행동은 고위 임원이 고객들에게 연락하도록 하는 것이었다. 그는 IBM에서는 고객이 두 번째로 밀린다는 사실을 깨달았다. 그는 더 이상 회사를 '로마 제국처럼, 스스로의 패권을 확신한 채 국경을 넘보는 외부의 위협을 대수롭지 않게 여기는 방식'으로 운영할 수 없다는 것을 깨달았다.

그는 '베어 허그 작전'으로 고객 몰입 과정을 시작했으며, 50명의 최고 경영진들이 3개월 동안 최소 5명의 핵심 고객을 직접 방문해 '베어 허그'를 수행하도록 요구했다. 각각의 임원은 자신들이 발견한 문제를 상세히 기술한 두 페이지 분량의 보고서를 제출해야 했다. 거스너는 모든 보고서를 꼼꼼하게 읽었고, 경영진이 그가 진심이라는 것을 깨달았을 때, 고객 중심적인 사고방식이 눈에 띄게 향상되었다. 이후 경영진들도 같은 방식으로 자신들의 보고 체계에 적용했고, 결국 그 문화는 조직 전체에 스며들었다.

주요 시사점

1. 성공으로 가는 쉬운 길은 없다. 그 어떤 묘책도 단일 수단이 성공을 보장하지 않는다. 잘 알려진 격언처럼 99%의 땀과 1%의 영감이 필요하다.
2. 첫 30일은 고객의 삶, 변화하는 니즈, 새로운 기술 및 내부 역량에 대한 세부 사항에 집중한다. 조직이 오랫동안 무시해온 문제에 기꺼이 참여하고, 고객의 관점을 통해 정직하게 바라보고자 하는 의지가 필요하다.
3. 이를 위해서는 문화, 직원 경험 및 직원과 고객 간의 연결고리를 파악해야 한다.
4. 고객의 목소리와 직원의 목소리는 단순히 존재하는 것을 넘어, 크고 깊게 울려 퍼져야 한다.

11

두 번째 30일

·
○

 이 두 번째 30일간의 스프린트에서는 역량에 초점을 두고 활동한다. 기업은 강화된 고객 및 환경에 대한 이해를 실제로 활용할 수 있는 역량을 갖추고 있는가? 그렇지 않다면, 이 역량을 효과적으로 구축하기 위해 어떤 방향으로 나아가야 하는가?

 우리는 수많은 기업이 한동안 유행에 따라 개인화 기술이나 직원 대상 공감 능력 훈련에 집중하는 모습을 지켜봐 왔다. 이제는 기업들이 AI와 머신 러닝에 투자하고 있지만, 정작 핵심적인 프로세스들은 여전히 고객 관계를 약화하는 방향으로 작동하고 있다.

 '기초부터 먼저 고쳐라.'라는 격언은 충분한 설득력이 있는 말이다. 이는 고차원의 투자를 병행할 수 없다는 뜻이 아니라, 보다 본질적이고 중요한 기초 개선을 희생하면서까지 그에 집중해서는 안 된다는 의미이다. 또한, 투자가 가능하더라도 고객이 핵심 프로세스의 개선 효과를 경험할 때까지 순고객추천지수 또는 고객만족도점수와 같은 지표의 향상을 기대하지 말아야 한다.

표 11.1에는 향상된 기능으로 고객 여정을 지원할 방법에 대한 고려 사항들이 나열되어 있다.

이 과정에서 세 가지 중요한 검토 영역이 있다. 역량 개발의 영향을 가속할 수 있는 기술, 고객이 삶의 목표를 달성하고 회사와 함께 수행하는 여정, 프로젝트 포트폴리오가 어떻게 집합적으로 관리되는가에 대한 우선순위 설정이 있다.

표 11.1 두 번째 30일 동안 고려할 사항들

투입	고려 사항	출력
• 여섯 가지 요소 기술 스캔	• 비즈니스를 혁신적으로 변화시킬 수 있는 새로운 또는 부상 중인 기술들은 무엇인가?	• 추후 평가가 필요한 후보 기술들 • 기업 시스템 아키텍처에 미치는 잠재적인 장기적 영향
• 여정 지도책	• 비즈니스로서 우리가 관리하는 고객 여정은 무엇인가? • 그것은 제품 여정인가 고객의 생애 여정인가?	• 조직 전체에 걸친 고객 여정에 대한 명확한 이해
• 여섯 가지 요소의 계층 • 여섯 가지 요소의 우선순위 템플릿	• 거래량 분석과 여섯 가지 요소 분석을 통해, 가장 많은 고객이 경험하고 있으면서도, 가장 많이 망가져 있는 여정이 무엇인지 답하기	• 개선이 우선시되는 고객 여정 • 핵심 역량 분석
• 중요 기능 분석	• 아무리 어렵더라도 성공을 보장할 수 있는 특징적인 프로젝트에는 무엇이 있을까?	• 고위 리더십 감독이 필요한 프로젝트

투입	고려 사항	출력
• 리더십 팀 의제	• 주요 프로젝트의 구현과 전달을 어떻게 관리하고 있는가?	• 리더십 팀 보고 일정
• 성숙도 모델링에 맞춰 조정된 포트폴리오 관리 기술	• 모든 고객 여정 프로젝트에서 버전 관리를 어떻게 효과적으로 수행할 것인가?	• 내부 우수성 센터
• 초안 로드맵	• 우리의 거시적 로드맵은 무엇인가?	• 조직 전체 로드맵
• 현행 금융 비즈니스 사례 방법론	• 변화를 추진하는 데 드는 비용을 어떻게 관리할 수 있을까? 절감 가능한 영역은 어디이며, 그렇게 확보한 자금을 어떻게 재투자할 수 있을까?	• 개선된 금융 비즈니스 사례 방법론

기술 스캔

기술 스캔은 일련의 신기술을 살펴보고, 고객 경험을 향상하거나 비용을 절감하여 상업적 이익을 가져올 수 있는 부분을 식별해야 한다. 목록은 광범위하지만, 기업은 AI, 디지털, 증강 현실, 블록체인 같은 기술이 고객과 직원 모두의 삶을 개선하는 데 어떤 역할을 할 수 있는지 이해해야 한다. 다음 사례 연구는 기업이 기술 이점을 놓치거나, 이와는 반대로 기술을 활용하여 큰 효과를 낼 수 있음을 보여준다.

1960년대와 1970년대에 제록스는 캘리포니아 팔로알토에 본사를 둔 세계 최첨단 기술 연구소를 보유하고 있었다. 기업은 현재 우리가 매일 사용하는 기술을 개발하는 데 엄청난 돌파구를 마련한 세계 최고의 과학자들을 고용했다. 제록스는 오늘날 사용 가능한 모든 컴퓨터 및 모바일 장치의 기본 인터페이스 매체인 창과 아이콘을 만드는 일을 담당하며, 이더넷과 네트워킹 기술, 디지털 스캐닝과 레이저 인쇄를 개발했다. 그러나 이러한 기술을 상업적으로 실현할 수는 없었다. 그 대신 애플, 마이크로소프트, 휴렛팩커드HP와 같은 다른 회사들을 지원했다. 이 사례는 기술을 목적 없이 추구할 때 생기는 교훈적인 사례를 보여준다.

　오늘날 많은 기업이 설계 연구소를 운영하고 있지만, 이들은 첨단 기술을 창의적으로 사용하여 해결할 수 있는 실제 고객 문제에 더 중점을 두고 있다. USAA 연구소는 이러한 고객 참여의 한 예이다. 이곳은 고객에게 제품 테스트 패널이나 포커스 그룹에 참여하거나, 'USAA가 부채 상환을 위해 노력하는 회원들과 더 잘 소통하고, 상호작용하며, 지원할 수 있는 방법'과 같은 주제에 대해 해결책 아이디어를 제안할 수 있는 '도전 프로그램' 참여 기회를 제공한다. 또한, 고객은 자신의 피드백이나 참여가 실제 제품과 서비스에 어떤 영향을 미쳤는지 확인할 수 있는 '결과 섹션'도 확인할 수 있다.

　세포라Sephora 혁신연구소는 고객과 협력하여 새롭고 종종 혁신적인 상호작용 방식을 개발한다. 예를 들어, 세포라 버추얼 아티스트는 얼굴 인식 기술을 사용하여 고객이 가상으로 메이크업 제품을 사용해 볼 수 있도록 하는 AI 기능이다. 또한, 이 소프트웨어는 세포라 뷰티 스튜디오 예약 기능과 함께, 쇼핑 중 고객의 구매 이력과 멤버십 정보를 담은 '인사이더 카드'를 보관하는 디지털 지갑 역할도 한다. 그런 다음 앱은 고객에게 온라인으로 제품을 구매할 수 있도록 하거나 상점에서 제품을 찾을 수 있는 위치를 알려줄 수 있다. 세포라는 오프라인 매장 내 경험을 온라인으로 복제하여 고객의 디지털 사용량 증가에 대응했다.

고객 여정 지도 만들기

고객 여정의 개념이 등장하면서, 이제 더 이상 되돌릴 수 없게 되었다. 조직이 다시 기능 중심의 접근 방식으로 돌아갈 가능성은 낮으며, 고객의 여정을 지원하는 방식은 앞으로도 계속 유지될 것이다.

하지만 기업 대부분은 고객이 자사와 함께 경험했을 수 있는 모든 여정을 완전히 파악하지 못한다. 이러한 여정을 단순한 제품 중심이 아닌 고객의 삶의 맥락에서 보는 사람은 여전히 많지 않다. 여정 지도책은 고객의 삶의 관점에서 바라본 다양한 여정들을 고차원으로 매핑한 집합들이다. 이러한 관점을 가진 비즈니스는 단순한 소비 촉진을 넘어, 고객에게 혁신과 솔루션을 제공하고 진정한 관계를 형성할 수 있다.

따라서 조직은 여정 중심 환경에서의 경영을 핵심 역량으로 삼아야 한다. 불행히도, 현실에서는 많은 설계가 플립 차트나 갈색 메모지에 적혀 있는 수준에 머물러 있다. 여정은 고객의 니즈 변화에 따라 계속해서 바뀌기 때문에, 여정 설계는 언제나 진행 중인 작업이 될 수밖에 없다. 그렇기에 조직은 여정의 지속적인 개선을 성공적으로 관리할 수 있는 체계를 갖추는 것이 필요하다.

선도적인 조직들은 고객 여정 관리 탁월성 센터를 갖추고 있다. 여기에는 몇 가지 핵심 요소가 있다.

- 여정 설계는 표준화된 방법론에 기반해야 하며, 각 팀이 제각기 즉흥적으로 만들어가는 방식으로는 안된다. 의도는 좋더라도, 즉흥적으로 진행하는 방식은 장기적인 성공을 보장하지 못한다.
- 조직 내에는 여정 관리 탁월 센터가 존재해야 하며, 이곳이 전체 여정 설계 방법론을 최신화하고 과업에 적합하도록 유지하는 책임을 져야 한다.
- 사람들은 방법론을 사용하기 위해 공식적인 교육과 인증을 받아야 한다.
- 여정 설계를 위한 중앙 저장소가 필요하다. 이 저장소는 버전 관리가 가능해야 하며, 새로운 설계의 공개 일정이 있고, 항상 최신 상태로 유지되어야 한다.

우선순위 정하기

이니셔티브 과부하나 변화에 따른 피로감을 호소하지 않는 경영진은 드물다. 한 동료는 '경영진이 화살을 쏘느라 너무 바빠서 기관총 판매원과 이야기할 수 없다.'라고 이런 상황을 표현했다. 이 세상에서는 모든 것이 긴급하고, 생각할 시간이 없으며, 모든 결정이 항상 상황에 끌려간다. 문제가 생기기 전에 미리 대비하고 관리하는 것은 어렵다. 설상가상으로 시스템에 저항하는 것이 오히려 약점으로 보일 수 있다는 것이다. 이러한 환경은 자칫 잘못된 허세와 파괴적일 수 있는, 무조건 해내야 한다는 태도를 낳는다. 이는 개인에게 큰 대가를 치르게 하고, 여러 프로젝트의 실패로 끝날 수 있다.

그렇다면 왜 임원들은 우선순위를 정하는 데 어려움을 겪을까? 그 이유 중 하나는 모든 프로젝트가 누군가에게는 긴급하기 때문이다. 긴급함을 객관적으로 측정할 수 있는 절대적인 기준은 없다. 이 책의 앞부분에서 언급한 대형 은행 사례를 보면, 이 은행은 동시에 400개가 넘는 대규모 이니셔티브가 진행 중이었고, 그 모든 이니셔티브는 긴급하다고 표시되었다. 그러나 실제로 고객에게 의미 있는 개선을 가져온 프로젝트는 전체 400개 중 단 11개뿐이었다. 이 11개의 프로젝트를 '핵심'프로젝트라 불렀고, 리더십 팀이 2주마다 진행 상황을 확인할 수 있을 만큼 중요한 것으로 지정했다. 그 결과, 100개 이상의 프로젝트가 중단되었고, 해당 자원을 고객 대면 프로젝트의 고품질 실행에 집중시킬 수 있었다.

우리는 기업들이 역량 파악과 순서 결정이라는 두 가지 주요 영역에서 추진력을 잃는 것을 관찰한다. 이러한 영역들이 정체되는 이유가, 조직 내 다른 부분들이 아직 그 변화를 수용하거나 통합할 준비가 되어있지 않기 때문이라고 본다. 이는 일반적으로 프로젝트 내부 흐름에만 초점을 맞추는 핵심 경로 분석보다 훨씬 복잡한 문제다. 이것은 프로젝트 간 문제이기 때문이다.

포트폴리오 관리는 대개 하드 시스템, 즉 기술 역량에 초점을 맞추는 경향이 있지만, 조직 문화 개발, 고객 행동, 의사결정 방식과 같은 소프트 시스템은 거의 포함하지 않는다. 하지만 성공 모델은 하드 요소와 소프트 요소가 상호 의존적인 전체 시스템으로 본다. 따라서 전체 변화 포트폴리오를 감독하는 시야가 필요하다. 성숙도 모델링이 여기에 도움이 된다. 이를 통해 프로젝트를 단순히 완료 일정에 따라 진행하는 것이 아니라, 특정 시점에 조직이 도달하고자 하는 목표 상태에 맞춰 순차적으로 배열할 수 있게 해준다.

우리는 한 주요 투자 은행과 협업하며, 목적·비전·전략, 고객, 직원, 조직, 기술, 채널의 여섯 가지 핵심 영역을 기준으로 조직 전체의 역량을 시점별로 조망할 수 있도록 유도하는 프로젝트 포트폴리오 관리 방식을 개발했다. 이것은 조직 전체의 성숙도를 나타내는 진술이 되었다. 즉, 특정 시점에 조직 전체가 어떤 역량을 갖추게 될지를 정의하는 것이다. 다음과 같은 예를 들어보자.

- 모든 직원이 조직의 목적을 자신의 일과 연결 지어 이해하고 있으며, 고객 중심적인 행동이 조직 전체에서 분명히 나타난다.
- 고객 여정의 주요 접점에서 자사의 목적을 실천하는 입증 가능한 사례들을 보기 시작했다. 직원들은 고객과의 응대에서 브랜드 행동을 자연스럽게 적용할 것이다.
- 애자일 실행팀은 첫 번째 스프린트 세트를 완료했고, 조직은 테스트와 학습 환경으로 전환되었다.
- 옴니채널 기반의 상호작용 기술을 도입했으며, 고객들도 점차 이를 사용하는 데 익숙해지고 있다.

- 고객 여정 지표 기반의 조직 설계로 전환했으며, 이는 전체 여정 관리로 나아가기 위한 안정적인 플랫폼 역할을 하고 있다.
- 리더십 회의는 이제 고객 중심으로 운영되며, 조직 전체의 의사결정은 고객의 목소리 프로그램을 기반으로 이루어지고 있다.

여기에서 핵심 키워드는 통합과 조정이며, 조직 개발의 각 주요 단계에서 목표 지점에 대한 명확성을 확보하는 것이다. 그래야만 변화의 모든 혜택을 온전히 실현할 수 있다.

주요 시사점

1. 빠르게 발전하는 기술 환경 속에서, 잠재적인 신규 고객 활용 사례를 파악하는 것은 쉬운 일이 아니다.
2. 많은 조직은 전문 실험실의 필요성을 인식하고 있다. 이러한 실험실은 신기술을 탐지하는 것에 그치지 않고, 이를 고객에게 유용한 형태로 신속하게 전환할 수 있는 기술 역량을 갖춘 팀이어야 한다.
3. 혁신 자체를 위한 혁신이 아니라, 고객 문제를 어떻게 해결할 수 있는지, 고객 여정을 어떻게 개선할 수 있는지, 그리고 직원들의 삶을 어떻게 더 쉽고 보람차게 만들 수 있는지에 관한 문제다.
4. 고객 여정 관리는 조직의 중요한 역량이 되고 있다.

12

마지막 30일과 그 이후

이제 변화를 어떻게 관리하고, 어떻게 추진력을 만들어낼 것인가에 대한 프로세스를 구축하는 데 집중하고 있다. 이러한 프로세스는 여러 면에서 과거의 방식에 대한 해독제 역할을 하게 될 것이다. 이들은 변화가 안정적이고 체계적으로 일어날 수 있는 여건을 조성해준다. 이번 장에서는 변화의 필요성을 명확히 하고, 조직이 지닌 자연스러운 관성을 극복하며, 무엇보다도 변화가 선택이 아닌 필수임을 명확히 전달하기 위해, 필요한 요소들에 대해 살펴본다.

표 12.1은 조직 내에 깊이 뿌리내린 프로세스와 절차를 유연하게 바꾸기 위해 경영진이 고려해야 할 사항들을 간략하게 설명하고 있다. 특히, 이 표는 이전 장에서 더 자세히 다루었던 애자일과 서번트 리더십의 개념을 기반으로 하고 있다.

- **혁신:** 혁신이 고객의 문제에 대한 깊은 이해와 가능한 솔루션에 대한 광범위한 이해에서 비롯된다고 굳게 믿는다. 고객 경험 혁신에 특히 유용한 '고객이 해결하고자 하는 일'이라는 혁신적인 접근법을 지지하며, 이는 고객 경험 혁신에 특히 유용하다. 이 접근은 고객이 겪고 있는 문제를 더 깊이 있게 이해하게 해주며, 조직이 도와줄 수 있는 고객 문제를 표면화하는 데 매우 유용한 메커니즘이다.

- **대규모 애자일:** 새로운 애자일 방법론은 명령과 제어 기반 관리에 대한 근본적인 대안이다. 권한이 부여된 다기능 업무팀을 구성함으로써 최전선에 에너지를 방출하고 시장 출시 시간을 획기적으로 단축할 수 있는 수단을 제공한다. 대규모 애자일은 IT 세계에서 주류 조직 설계로 방법론을 확장한다. 애자일은 다기능 업무팀 기반의 접근 방식을 신속하게 구현할 수 있도록 하는 동시에, 혼란이 발생하지 않도록 신중하게 고려된 기법들을 적용한다.

- **업무 명확성:** 다양한 연구에 따르면 직원들이 회사의 전략과 목적에 대한 명확한 시야를 가질 때 더 많은 참여와 활력을 얻을 수 있다. 비오니어Veoneer의 얀 칼슨Jan Carlson 회장은 '당신이 직접 고객을 응대하는 역할이 아니라면, 고객을 응대하는 사람을 돕는 것이 당신의 일이다.'고 요약했다. 직원은 자신의 역할, 고유한 기여와 궁극적으로 고객에게 미치는 영향을 이해하기

위한 업무 명확성이 있어야 한다.

- **리더십 정렬:** 궁극적으로 이 90일은 리더십 정렬에 도달하기 위한 시간이었다고 할 수 있다. 이 기간은 문제를 자유롭게 논

표 12.1 마지막 30일간 고려할 사항들

투입	고려 사항	출력
• 혁신 방법론 (예, 해결 과제 중심 접근)	• 경험 혁신을 어떻게 추진할 것인가?	• 혁신 전략
• 애자일에 대한 현재의 경험과 지식	• 우선순위를 추진할 애자일 다기능 업무팀은 무엇인가?	• 신속한 변화를 위한 합의
• 초안 프레임워크	• 우리는 성공을 어떻게 측정할 것인가? 측정 프레임워크는 무엇인가?	• 합의된 성공 척도
• 업무 명확성 접근법	• 우리의 모든 인력을 고객과 어떻게 연결할 수 있는가?	• 시각적 연결의 연습을 시행하라
• 현재의 커뮤니케이션 프로세스와 단점 • 의사소통과 이해 달성이 가능한가?	• 이해와 행동 욕구를 보장하는 직원 커뮤니케이션 과정은 무엇일까?	• '이해를 위한 프로세스' 구축하기 • 커뮤니케이션 프로세스가 합의되고 이해되었는지 확인할 것
• 과거 고려 사항들을 바탕으로 아이디어 도출	• '트로이 마우스' 역할을 하는 작은 쥐는 무엇인가? 사고방식을 바꾸고 강화하는 데 필요한 토템과 기호는 무엇인가?	• 이행에 동의한 '쥐'
• 리더의 서약과 공약	• 리더십 정렬 – 리더들은 새로운 목적과 경험 중심 전략에 얼마나 헌신하고 있으며, 이를 어떻게 실행하고 주도할 것인가?	• 십계명 – 내각 공동 책임

의하고 해결하며, 모두가 같은 방향을 바라보도록 하는 데 목적이 있다. 현재 과업에 대한 공통된 이해와 앞으로 나아갈 방향의 기준을 만들어냈으며, 이제 리더들은 그 방향에 대해 확고한 결의를 표명해야 할 시점이다.

중간 관리자의 오너십

전략을 아무리 신중하게 구축해도, 성공적인 변화는 궁극적으로 중간 관리자에게 달려 있다. 그들은 충격을 흡수하고, 전략과 실행을 연결하는 매개 역할을 한다. 종종 보이지 않는 네트워크를 동원하는 능력이 없다면, 전략은 그저 잘 정리된 미래 방향성에 불과할 것이다. 실행되지 않는 전략은 아무런 가치가 없다.

중간 관리자는 종종 좋지 않은 평판을 받는다. 한 조직에서는 모든 것이 위쪽으로 전달되면서 부드럽게 바뀌기 때문에 마지팬 층(marzipan layer, 최고경영자 또는 고위 임원 바로 아래에 위치하며, 하위 조직을 관리·감독하는 중간 관리자층을 지칭)으로 묘사되었다. 다른 조직에서는 아무것도 통과하지 못하기 때문에 영구 동토층으로 묘사되기도 했다. 또한, 중간 관리자는 지속적이고 끊임없는 지시 사항을 받는 공동체가 될 가능성이 크다. 변화 피로감은 중간 관리자 그룹에서 변화 피로 현상이 나타나며, '또 새로운 게 시작됐군'이라는 반응이 흔하다.

그들이 동기를 가지고 몰입하려면 이 과정의 일부가 되어야 한다.

오너십 만큼 헌신적인 태도를 구축하는 것은 없다. 그들은 단지 관여하는 것이 아니라 성공에 중요한 역할을 한다고 느낄 필요가 있다. 연구 내 선도 기업들을 보면, 오너십과 집중을 주도하는 것은 권한 부여이다. 방향 설정은 변화 프로그램의 20%를 차지하지만, 나머지 80%는 그것이 구현되는 방식이다. 중간 관리자는, 첫 번째에는 참여하고 두 번째에서는 오너십을 가지고 주도해야 한다.

트로이 마우스 작전이란?

이해를 창출하는 과정은 '트로이 마우스'를 통해 가속화될 수 있는데, 이것은 눈에 띄지 않게 도입되며 작지만, 집중력 있는 변화를 발생한다. 이 변화는 모두가 받아들이고 이해할 수 있을 만큼 작지만 강력한 변화 속성과 상징성이 내재하여 있다.

10장에서는 루 거스너가 IBM의 고위 경영진들이 고객 중심적 사고를 하도록 이끈 사례를 소개하였다. 그의 지시 사항은 '가서 다섯 명의 고객에게 이야기하고, 결과를 보고하라'라는 매우 간단한 행동이었다. 그러나 그 안에는 심오한 변화의 역동성이 내포되어 있었다. 우리는 이것을 '트로이 마우스'라고 부른다. 언뜻 보기에는 단순한 질문이지만, 이것이 결국에는 큰 변화로 연결되는 것이다.

우리는 한 대형 은행과 협업하던 중, '트로이 마우스'의 강력한 효과를 처음으로 인식하게 되었다. 전면 교체된 새로운 경영진은 '은행업에 대한 인간성'을 회복하고, 판매가 아닌 서비스에 집중하기를 열망했다. 직원들은 과거에 판매 실적에 대해 큰 압박을 받았고, 이로 인해 고객은 도움이 필요한 사람이 아닌 목표물로 인식하는 등의 잘못된 행동으로 이어졌다.

이 과정이 처음 시작될 때, 한 지점의 직원 화장실에 앉아있었다. 한 직원이 들어와 '신용 카드 1건, 개인 대출 3건이 있는데 누가 맡을래요?'라고 말했다. 고객은 특정 제품을 구매할 가능성만으로 인간성이 제거된 상태였고, 이는 마치 고객의 등에 표적을 그려놓은 것과 같은 조직 문화를 상징했다. 이로 인해 직원들은 고객을 장기적인 파트너가 아닌, 단순한 금전적 대상으로 인식하게 되었고, 관계를 발전시키려는 노력조차 사라졌다.

새로운 경영진은 고객의 니즈를 중심으로 한 탁월한 경험을 제공하면, 강요하지 않아도 자연스럽게 고객이 구매하게 될 것이라고 믿었다. 이를 위해서는 영업 중심의 사고방식을 깨야 했다. 그들은 '트로이 마우스'라는 단 하나의 행동을 통해, 조직 문화를 빠르게 변화시키는 계기를 만들었다

그들은 실제로 모든 판매 번호를 포함한 모든 판매 관리 정보들을 금지했다. 이전에 지점들은 서로 경쟁하며 리그 테이블에서 좋은 성적을 거두려고 노력했다. 이제 그들은 자신이나 다른 직원이 무엇을 팔았는지 전혀 알지 못했다. 그 이유는 간단했다. 고객을 잘 대접하면, 상품을 구매할 것이기 때문에 우리는 판매 활동을 할 필요가 없는 것이다. 모든 직원은 즉시 그 이유를 이해했다. 이 결정은 각각의 지점이 좀 더 고객 지향적인 행동으로 채울 수 있는 여유 공간을 확보하게 했다. 직원들은 고객의 삶을 더 좋게 만들기 위해 스스로 생

각하고 행동에 옮기도록 장려받았다. 그 해에 IBM은 국가 고객 경험 리그 테이블 순위가 140위 상승했으며, 주주 가치가 60% 증가했고 고객 경험을 위한 선도적인 은행으로 발돋움했다.

항공사의 엔지니어링 이사가 4,500명의 엔지니어링과 유지 보수 팀을 대상으로 한 연설에서 또 다른 모범 사례를 찾아볼 수 있었다. 그 항공사는 중간 기착지에 정비 기지가 없을 경우, 비행 중 발생한 경미한 결함에도 통상적으로 항공기를 본래 기지로 회항시켜 정비가 가능한 곳에서 수리를 받아왔다. 이런 경우 승객들은 당연히 심각한 결함이 발생했다고 믿게 되며, 그들의 여행 일정에 큰 차질을 빚는 결과를 낳았다.

연단에서 엔지니어링 이사는 이러한 관행이 오늘부로 중단될 것임을 공식적으로 선언했다. 그는 승객들이 다시는 걱정하는 것을 원하지 않았다. 앞으로 비행기는 목적지까지 계속 비행할 것이고, 기술 정비 담당 승무원은 대체 항공기에 탑승하게 될 것이었다. 운영 절차의 간단한 변경을 통해 고객이 우선이라는 명확한 메시지를 중심으로 강력한 변화의 역학을 구축하였다.

90일 실행의 마지막 단계: 조직 전체의 참여

이 기간에는 지난 90일의 작업이 실제로 실행된다. 조직이 대규모 변화를 한 번에 소화하기에는 어려운 경우가 많다. 조직이 경영진을 뒤따라 가는 데는 시간이 걸린다. 경영진은 이 과정을 통해 영감을 받고 변화를 주도하기 위해 확고한 의지를 갖게 되지만, 그 구성원들은 같은 여정을 함께하지 않았기 때문에 이러한 변화에 대한 이해가 부족하다. 이로 인해 변화 프로그램에 대한 부정적인 반응이나 저항이 발생할 수 있다.

경영진은 직원들을 자신들이 걸어온 여정에 참여시켜 다른 사람들이 자신에게 의미하는 바를 내면화할 수 있도록 해야 한다. 이것은 의사소통을 뛰어넘어 서로가 이해한 바를 공유하는 과정이다. 경영진이 마치 모세처럼 산에서 내려와 '우리는 앞으로 이렇게 할 것이다. 그 이유는 이렇다.'라고 일방적으로 선언하는 시대는 이미 지나갔다. '지시하고 설득하기' 방식은 노골적인 저항, 형식적인 동의와 무관심한 실행, 혹은 가장 나쁜 경우엔 조용한 방해로 이어진다. 조직 전체의 참여가 중요하다. 90일간의 프로그램은 비즈니스가 올바른 방향으로 나아갈 수 있도록 해주는 기반이자, 방향을 잡아주는 설계 장치를 마련해준다. 그것은 행동과 사고방식을 안내할 것이다. 그러나 이제 우리는 전체 조직을 참여시켜야 한다. 양방향 의사소통은 모든 조직을 하나로 묶는 접착제 역할을 한다.

IBM에서 루 가스너는 고객뿐만 아니라 직원들도 따뜻하게 포용했다. 그는 매일 회사 현장을 방문하고 모임을 주최하여 정보를 공유하고 아이디어를 토론하며 우려 사항을 해결했다. 대본 없는 90분간의 세션을 진행하면서 그는 한 번에 최대 20,000명의 직원에게 연설하기도 했다. 그는 열심히 듣고 판단을 유보하며 객관적인 태도를 유지하려고 노력했다. 동시에 변화 활동을 이끌고 다듬어나갔다.

'트로이 마우스' 전략은 지속적인 모니터링과 개선이 필요하다.

이를 위해서는 직원들의 정기적인 피드백을 받고, 변화 프로그램이 조직 내에서 어떻게 진행되고 있는지에 대한 지속적인 탐색이 필수적이다. 변화 활동은 종종 의도치 않은 결과를 초래할 수 있다는 것을 알고 있다. 리더들은 조직 전체에서 어떤 일이 벌어지고 있는지를 항상 파악하고 있어야 한다. 전략이 정의되었다고 해서 일이 끝난 것이 아니다. 처칠의 말을 빌리자면, 그것은 시작의 끝조차도 아니다.

거버넌스 구조: 8가지 리더십 전략

고객 경험 전략의 구현을 관리하고 활동 전반에 걸쳐 연결성과 응집력을 유지하는 것이 중요하다. 효과적인 거버넌스가 이를 위한 핵심이다. 90일의 결과물을 구현 단계에서 신중하게 변경해야 한다. 이를 위해서는 거버넌스 구조가 필요하다.

고객 경험을 위한 거버넌스는 단순히 감독 문제만은 아니다. 이 구조들은 일상적인 비즈니스 결정을 내릴 때 고객 경험을 고려하도록 하는 프로세스를 구축한다. 많은 회사에서 거버넌스는 경험 제공에 가장 많이 관여하는 8-10명의 임원으로 구성된 고객 위원회를 중심으로 이루어진다. 최소한 여기에는 HR^{CPO}, IT^{CIO}, 마케팅과 브랜드^{CMO}, 운영^{COO} 그리고 고객^{CCO} 부문이 포함되어야 한다. 그들은 90일간의 결과물을 책임지고 지키는 관리자로서, 모든 일이 제대로 진행되고 있는지 끊임없이 점검하는 팀이다.

이것은 변화된 행동을 모델링하고 영감을 주는 리더십 역할을 대체하지 않는다. 한번은 저명한 CEO와 무대에 함께 섰을 때, 청중으로부터 '당신의 조직에서 고객을 책임지는 사람은 누구입니까?'라는 질문을 받은 적이 있다. 그는 '당신은 바로 그 사람을 보고 있습니다.'라고 대답했다. 거버넌스 위원회의 다기능 구성은 응집력과 통합의 중심에 있다. 위원회의 역할 범위는 다음과 같은 사항들을 포함해야 한다.

1. **고객 경험 전략**: 이 팀은 조직의 목적을 실현하는 책임을 지고 있다. 이를 위해 고객을 세분화하고, 목표 경험을 설계·유지하며, 직원 경험과 고객 경험 간의 연계를 유지하는 임무를 수행한다. 이러한 조치들이 시행되면 고객 중심 문화가 보장된다.
2. **우선순위 지정 및 순서 지정**: 이는 전체적인 이익을 위해 활동들을 유연하게 재조정하고 재배열할 수 있는 역량을 관리하는 것을 포함한다. 일단 실행되기 시작하면, 많은 이니셔티브들이 자체적인 생명력을 갖게 되어 일부는 앞서 나가고, 일부는 뒤처지며, 결국 목표 지점이 이동하게 된다. 각 이니셔티브 간의 연결성, 상호 의존성, 그리고 상호작용을 꾸준히 파악하는 것이 매우 중요하다.
3. **역할과 책임**: 팀이 끊임없이 구성되고 재구성되는 역동적인 환경에서는, 누가 언제 무엇에 책임이 있는지를 명확히 관리하고 소통하는 것이 매우 중요하다.
4. **모니터링 및 제어**: 고객 경험 측정을 위한 구조를 마련해야 한다. 여기에는 성과를 추적하고 모니터링할 수 있는 지표들을 포

함해야 하며, 탁월한 사례를 식별하여 우선순위 지정과 실행 순서 조정 활동에 반영할 수 있어야 한다.

5. **설계 기준 준수 보장**: 조직은 일관된 경험을 제공하기 위한 지침이 필요하다. 이 지침들은 단순한 규칙, 여섯 가지 요소들 또는 디자인 기준이 될 수 있다. 이 지침들이 준수되어야 장기적인 경험의 일관성을 보장할 수 있다.

6. **의사 결정 체계**: 조직의 의사 결정 프로세스를 모니터링하여 의사 결정 시 고객의 통찰력이 적극적으로 반영되도록 한다. 고객과 직원의 통찰력을 핵심성과지표와 고객 만족도 지표에 모두 매핑한다.

7. **이해 관리**: 직원들의 피드백을 분석하여 핵심 메시지를 전달되고 실행되도록 한다.

8. **상업적 결과**: 궁극적으로 각 이니셔티브는 투자 수익을 전제로 하며, 변화 포트폴리오 내에서 자신의 위치를 정당화하는 비즈니스 사례를 수반한다. 그러나 조직 대부분은 실제로 이러한 목표가 달성되었는지를 검토하거나 확인하지 않는다. 만약 달성되지 않았다면, 그 이유가 무엇인지 파악하지 않는다. 이는 조직 차원의 어려운 학습 과정이지만, 종종 비난과 책임 추궁을 피하고자 회피된다. 그러나 성공적인 조직이라면 이러한 두려움을 내려놓아야 한다. 만일 실패의 원인을 직면하고 처리하지 않는다면, 탁월성을 기대할 수 없다.

고객 경험 거버넌스

페덱스Fedex

페덱스는 창립자 겸 CEO인 프레드 스미스Fred Smith가 위원장을 맡은 고객 경험 운영 위원회를 매달 개최하고 있다. 위원회는 고객 경험 환경 개선 프로젝트를 검토하고, '매우 절제된' 프로세스를 통해 앞으로 나아갈 방향을 결정한다.

어도비

어도비는 제품 개발, 고객 지원, 재무, 마케팅 및 비즈니스 프로세스 관리와 같이 고객 경험에 영향을 미치는 모든 중요 영역의 다기능 고위급 리더가 참여하는 고객 옹호 협의회를 두고 있다. 협의회는 정기적으로 모여 최신 고객 정보와 각종 측정지표를 논의한다. 이를 통해 고객 경험을 크게 개선하고 기업에 상업적 영향을 줄 수 있는 다양한 현안을 파악할 수 있다. 그 중요도와 영향력을 평가해 우선순위를 정하는 데 도움이 된다.

어도비의 고객 옹호 협의회는 자체적으로 운영되지 않는다. 협의회는 어도비의 또 다른 다기능 그룹인 비즈니스 프로세스 개선 협의회와 파트너 관계를 맺고 있으며, 이 개선 협의회는 고객 경험 개선 이니셔티브를 후원하고 이를 위한 업무에 인력을 배치한다.

캐나다 우체국 Canada Post

캐나다 우체국은 모든 부서에서 요청하는 모든 자금 지원에 대하여 비즈니스 케이스에서 고객 집중과 관련된 질문 10개에 답변하도록 요구한다. 이를 통해 모든 리더는 프로젝트가 재무 성과만이 아니라, 자신의 프로젝트가 고객 경험에 어떤 영향을 미칠지도 생각할 수 있다.

주요 시사점

1. 조직의 관성과 혁신에 대한 피로감을 극복하는 것은 변화 프로그램에서 마주치는 주요 걸림돌이 될 수 있다.
2. 조직 변화의 성공을 위해서는 중간 관리자의 인식과 태도를 재정렬하는 과정이 필요하다. 중간 관리자는 조직의 완충 장치로, 전략을 실행으로 전환하는 계층이며, 이들에게는 지원과 도움이 필요하다.
3. '트로이의 마우스'는 작지만 강력한 메시지를 전달하는 신중하게 선택된 변경 사항들로, 중간 관리자가 메시지를 전달할 때 매우 유용하다.
4. 변화에는 신중한 거버넌스가 필요하다. 변화 위원회/팀은 프로세스와 일치하고 조직 전반에 대한 명확한 관점을 갖는 것이 성공의 열쇠다.

결론

지금까지 훌륭한 조직들과 함께 일할 수 있었던 것은 매우 특별한 기회였다. 그 경험 덕분에 여섯 가지 요소를 고객 추천, 충성도, 그리고 궁극적으로 성장을 이끄는 검증된 전략으로 정의할 수 있었다.

연구를 통해 성공을 달성하기 위해서 무엇이 효과가 있고 없는지에 대해 심도 있게 이해할 수 있었다. 이를 통해 성공으로 향하는 분명한 경로가 있다는 것을 알게 되었다.

비즈니스에서 발생하는 수많은 일처럼, 변화는 그중 하나의 과정이다. 변화는 언제 어떤 변화가 일어나야 할지 정의 내리고, 자세한 설명이 가능하다. 연구를 진행하면서, 많은 기업이 '그때그때 즉흥적으로' 대응하는 모습을 지켜보았다. 고객에 대한 깊은 고민이나 조직 차원의 대응 전략 없이, 마치 진짜 일은 IT, 거버넌스, 프로젝트 관리 같은 구체적인 실행 영역에서만 이루어진다는 생각이 자리 잡은 경우가 많다.

이 책 전반에 걸쳐 주장하는 핵심은, 고객을 깊이 이해하고 그들의 니즈를 충족시키는 것, 또한 새로운 니즈를 발견하고 고객의 삶을 더 편리하고 충만하게 만드는 것이야말로 진짜 일이라는 점이다. 우리는 경험을 통해 조직을 위대하게 만드는 요소들을 설명하는 여섯 가지 요소를 자세하게 소개해왔다. 일관된 고객 경험에서의 탁월성을 이루기 위해, 이 여섯 가지는 기업이 자신들의 아이디어와 인사이트를 기반으로 삼을 수 있는 프레임워크를 제공하며, 우수 사례와의 직접적인 연결고리를 형성하고, 고객에게 중요한 것이 모든 접점에서 중심이 되도록 보장해 준다.

그러나 여섯 가지 요소들이 전부가 아니다. 고유한 조직의 사고방식, 이들이 고려하는 사항들과 개발 역량들이 모두 결집 되어 다양한 방식으로 탁월성을 창출해낸다.

이 책에서 사용한 여러 가지 사례 연구들은 탁월성이 선택적인 것이 아님을 보여준다. 탁월성은 어떤 특정 유형의 조직이나 산업에만 국한된 것이 아니라, 조직 내부로부터 탁월성을 구축하고, 그 위에 외부와의 관계를 쌓아가는 방식으로 존재하는 조직의 태도이자 방식이다.

또한, 조직이 성공하기 위해 취해야 할 단계들을 다소 낙관적인 시선에서 제시했다. 대부분의 조직에서는 위대함을 증명하는 사례들을 찾아볼 수 있다. 그러나 미래학자이자 대표적인 공상과학 소설 작가인 윌리엄 깁슨William Gibson의 말처럼, '그것들은 아직 연결되지 않았을 뿐'이다. 이 책에서 제시한 여섯 가지 요소와 90일간의 여정이 여러분의 조직, 직원, 그리고 고객 간에 새로운 연결을 만들고, 더 큰 성공으로 나아가는 계기가 되기를 바란다.

감사의 글

이 책은 KPMG의 전폭적인 지원 없이는 제작할 수 없었을 것입니다. 책 전반에 걸쳐 인용된 고객 경험 탁월성과 여섯 가지 핵심 요소에 대한 KPMG의 연구 자료는 이 책의 중요한 기반이 되었습니다. 특히 아낌없는 격려와 지원을 보내주신 영국 파트너십의 댄 토마스 Dan Thomas와 데이비드 로우랜드 David Rowlands, 그리고 KPMG의 CEEC를 세계적으로 이끄는 훌리오 헤르난데즈 책임자께도 감사드립니다.

또한, 글로벌 컨설팅과 디지털 전환 과정에서 여섯 가지 고객 경험 요소를 실제로 적용해온 KPMG의 뛰어난 직원들에게도 감사드립니다. 이분들은 수많은 조직이 추구하는 지속 가능한 비즈니스의 중심에 모범적인 고객 경험 사례들이 자리 잡을 수 있도록 지원해 주셨습니다. 여러분과 함께 일할 수 있었던 것은 우리의 커리어에 큰 영광이었습니다.

책 안에서 KPMG가 여섯 가지 요소 개념을 인용하고, <커넥티드 엔터프라이즈(Connected Enterprise)>와 <나, 나의 삶, 나의 지갑(Me, My Life and My Wallet)> 등 미래의 기업과 변화하는 소비자에 관한 KPMG의 주요 연구 자료를 참고할 수 있도록 허가해 준 것에 감사드립니다. <커넥티드 엔터프라이즈>의 경우 특히 미리암 에르난데스-카콜 Miriam Hernandez-Kakol, 훌리오 헤르난데즈, 던컨 에이비스 Duncan Avis, 아드리안 클램프 Adrian Clamp께서 전폭적인 지원을 해 주셨습니다. <나, 나의 삶, 나의 지갑>의 경우 콜린 드러먼드 Coleen Drummond, 일라이자 래드포드 Eliza Radford, 제니퍼 리나도스 Jennifer Linardos, 우르바시 로

Urvashi Roe, 훌리오 헤르난데즈, 윌리 크루Willy Kruh에 이르기까지 여러 관계자분께서 책 제작에 영감이 되는 콘텐츠들을 추가로 지원해 주셨습니다. 끊임없는 격려와 훌륭한 아이디어의 원천이 되어주신 조지나 세버즈Georgina Severs께도 감사드립니다.

시간과 지혜를 아낌없이 지원 해주신 퍼스트 다이렉트First Direct CEO인 크리스 피트Chris Pitt와 버진 머니Virgin Money CEO인 데이비드 더피David Duffy에게도 큰 감사를 드립니다. 이분들이 없었다면 책에 이토록 풍부한 콘텐츠들을 담지 못했을 것입니다.

생각들을 명료하게 표현하고, 엄격한 사고를 할 수 있도록 전폭적으로 지원해 준 조 테이트Jo Tait 담당자께도 무한한 감사를 전합니다. 코간 페이지Kogan Page 출판사의 스티븐 더넬Stephen Dunnell은 이 책을 더 나은 방향으로 개선하고 다듬는 데 있어 탁월한 통찰과 조언을 제공해 주었습니다. 이 책은 일상의 본업과 병행하며, 수많은 주말과 저녁 시간에 즐거운 마음으로 작업한 결과물입니다. 제작을 위해 필요한 공간을 내어주고 이해해준 가족들에게 감사의 마음을 전합니다.

끝으로, 여섯 가지 요소를 단순한 좋은 아이디어에서 출발해 현재 34개국의 비즈니스 리더들을 지원하는 글로벌 싱크탱크(think tank, 기업의 경영 전략을 분석하고 수립하는 역할을 담당하는 조직)로 발전시킨 한 분을 언급하고자 합니다. 탐신 젠킨스Tamsin Jenkins 책임자는 10년 이상, 이 글로벌 연구조사의 핵심 업무를 담당해 왔고, 그녀가 없었다면 이 여섯 가지 요소는 오늘날 단지 좋은 아이디어로 머물러 있을 것입니다.

탐신 젠킨스 책임자께 진심으로 감사드립니다.

참/고/문/헌

- Christensen, C., Hall, T., Dillon, K. and Duncan, D. (2016) Know your customers' 'jobs to be done'. Harvard Business Review, September.
- Christensen, C. M. and Raynor, M. E. (2003) The Innovator's Solution: Creating and Sustaining Successful Growth. 18th edn. Boston, MA: Harvard Business School Press.
- Collins, J. (2001) Good to Great. 1st ed. Chicago, IL: Random House.
- European Journal of Marketing (2017) An embodied approach to consumer experience: the Hollister brandscape. European Journal of Marketing, 58(9), 1-51.
- Gerstner, L. V. (2002) Who Says Elephants Can't Dance? 1st ed. New York: HarperCollins.
- Kahneman, D. (2011) Thinking, Fast and Slow. New York: Farrar, Straus and Giroux.
- Levitt, T. (1969) The Marketing Mode: Pathways to Corporate Growth. New York: McGraw-Hill Book Company.
- McChrystal, G. (2015) Team of Teams: New Rules of Engagement for a Complex World. London: Portfolio Penguin.
- O'Donovan, D. (2007) The impact of benefits on business performance.
- Patnaik, D. (2009) Wired to Care: How Companies Prosper When They Create Widespread Empathy. 1st ed. Upper Saddle River, NJ: FT Press.
- Pelham, B. W., Mirenberg, M. C. and Jones, J. T. (2002) Why Susie sells seashells on the seashore: implicit egotism and major life decisions. Journal of Personality and Social Psychology, 82(4), 469-87.
- Price, B. and Jaffe, D. (2008) The Best Service Is No Service: How to Liberate Your Customers from Customer Service, Keep Them Happy and Control Costs. 1st ed. San Francisco: Wiley & Sons.
- Robertson, G. (2021) Ritz-Carlton case study: meet the 'unexpressed' needs of guests.
- Rogers, C. R. (1959) A Theory of Therapy, Personality, and Interpersonal Relationships as Developed in the Client-Centered Framework. 1st ed.

New York: McGraw-Hill.
- Scott-Morgan, P. (1994) The Unwritten Rules of the Game: Master Them, Shatter Them, and Break Through the Barriers to Organizational Change. 1st ed. New York: McGraw-Hill.
- Tolstoy, L. and Magarshack, D. (1961) Anna Karenina. New York: New American Library.
- Turner, D. A. (2015) It's My Pleasure: The Impact of Extraordinary Talent and a Compelling Culture. 1st ed. New York: Elevate.
- Watkins, D. M. (2003) The First 90 Days: Critical Success Strategies for New Leaders. Boston, MA: Harvard Business School Free Press.

CX 매니저를 위한 고객 경험 관리 바이블

3500개 브랜드의 서비스 혁신 분석

초판 발행 2025년 6월 20일
펴낸곳 유엑스리뷰
발행인 현호영
지은이 팀 나이트, 데이비드 콘웨이
옮긴이 김지연
편 집 김서영
디자인 김윤남, 이미영
주 소 서울특별시 마포구 월드컵북로58길 10, 더팬빌딩 9층
팩 스 070.8224.4322

ISBN 979-11-94793-09-0

Customer Experience Excellence: The Six Pillars of Growth
© Tim Knight, David Conway 2021
This translation of Customer Experience Excellence: The Six Pillars of Growth is published by arrangement with Kogan Page.

이 책의 한국어판 저작권은 골드스미스와 Kogan Page의 독점계약으로 한국 내에서 보호를 받습니다. 무단전재 및 복제를 금합니다.

* 출판사의 허가 없이 본 도서를 편집 또는 재구성할 수 없습니다.
* 잘못 만든 책은 구입하신 서점에서 바꿔 드립니다.

좋은 아이디어와 제안이 있으시면 출판을 통해 가치를 나누기길 바랍니다.
uxreviewkorea@gmail.com